本书系国家社科基金青年项目"中日文人交往与东亚文化圈的中国形象建构研究（1860-1950）"（项目号：15CZW040）的结项成果。

由广东省 2022 年度高水平大学建设经费、暨南大学海外华文文学与华语传媒研究中心项目"中国现当代文学的译介与'新中国'形象在战后日本的传播"（项目号：22JNZS08）资助出版。

文化中国的越境书写

近代
中日文人
交往
／与／
中国形象
建构

刘婉明 著

社会科学
SOCIAL SCIENCES ACADEMIC PRESS (CHINA)
科学文献出版社

刘婉明

1983 年生，南京大学文学博士。现任暨南大学文学院副教授、硕士生导师。主要从事中日近现代比较文学文化研究。主持国家社科基金青年项目 1 项。出版专著 2 部：《日本留学与创造社作家的国家想象》（花木兰文化出版社，2014 年）和《古都幻影：日本人笔下的南京》（南京师范大学出版社，2017 年）。在《文艺理论研究》《中国比较文学》等刊物上发表论文 20 余篇。

目 录
contents

绪　论

　　东亚文化圈一般被认为成形于隋唐时代，地理上以中国为中心，政治上依靠朝贡－册封体制，向四周辐射至朝鲜半岛、越南等地。日本虽然没有像朝鲜、越南那样紧密地加入册封体系，但历代统治者时常会派遣使节赴华（如室町幕府时代的将军足利义满更是以"日本国王臣源"的名义向明朝遣使纳贡、接受册封，以属国名义进行朝贡贸易），展开外交、文化、经济上的交流，积极接受中华文化。从这一意义上看，日本也属于这一文化圈中的重要成员。因该文化圈以中华文明为中心（以儒教为共通价值体系，以汉字作为共通书写系统，再加上律令制政体、汉传佛教、中国的科学技术等），也被称为"中华文化圈"、"汉文化圈"、"儒教文化圈"或"汉字文化圈"。19世纪中期以降，东亚历史进入近代阶段，东亚文化圈的"天下"秩序和中国的"天朝上国"地位一起日趋瓦解。日本则依靠明治维新所获得的强大国力，要求取代中国，重组亚洲秩序，主导东亚文化圈。

　　在这一中日文化势力消长的过程中产生了一个重要主题，即对"中国"这一原东亚文化圈主宰形象的建构与重构，或谓"中国是什么？"的问题。葛兆光指出，1895年于甲午之役败于日本之后，清王朝才真正"开始从'天下'走出来，进入'万国'"，"不得不面对诸如'亚洲''中国'和'世界'这样一些观念的冲击。为什么是'亚洲'？究竟什么是'中国'？中国如何面对'世界'？"① 同样，当时的日本虽然在经济、军事实力上胜过中国，但是要取代中国在东亚文化圈的主导地位，还需要子安宣邦所说的"理念上的胜利"。② 重构中国形象，掌握关于"中国"和"东亚"叙事的话语权，就是获得这种理念胜利的关键。孙歌指出，早在 17 世纪中叶，日本江户儒学者就将明清易代视为"华夷变态"，产生了不再将中国视为实体国家，而将其符号化为"文化正统性、文化优越性的代名词"，由此将日本视为"中华"正统的动向。到了明治时代，被认为更先进的西方文明因此也被视为新的"中华"。③ 由此可见，近代以来，东亚文化圈中有关中国形象的建构与重构所反映出的，是中国和日本如何在"现代"语境中重新认识自我与对方，如何应对西方文明的挑战，如何在以中华文化为绝对中心的"天下"秩序解体之后建立新的东亚文化圈秩序等重要问题。

目前，学界对此问题的研究深受"西方冲击-反应"说和萨义德（E. W. Said）东方主义理论的影响。在此理论视域中，日本因其强大国势所带来的强大文化实力，也因其似乎成功应对了西方冲击而为东亚其他国家提供了样板，从而极大地影响了近代以来此区域内中国叙事的走向。在由日本主导建构的中国形象中，日本是高傲的侵略者，中国被描绘成"半野蛮"的落后国家，以此来建立侵略的合法性，一些文化人流露出的对中国的文化趣味不过出于东方主义的猎奇。同时，面对西方冲击的日本又焦虑地想摆脱"野蛮"的东方世界，进入西方的"文明"世界，于是通过塑造中国这一"他者"形象以达到确认"自我"之目的。

子安宣邦就认为，日本近代以来建构的"东洋""东亚"概念，实际上是内化了黑格尔（G. W. F. Hegel）的历史哲学思想。福泽谕

---

① 葛兆光：《宅兹中国》，中华书局，2011，"自序"第 2 页。

② 〔日〕子安宣邦：《东亚论》，赵京华编译，吉林人民出版社，2004，第 37~38 页。

③ 孙歌：《主体弥散的空间——亚洲论述之两难》，江西教育出版社，2002，第 104、228 页。

吉在《脱亚论》所阐述的文明论中，构建了"文明国"日本与停滞于文明之外的中国、朝鲜的对比这一体现了黑格尔"东洋"概念的"东方主义构图"："专制与停滞的中国，便成了亚洲中非亚洲的日本——近代化＝文明化日本的自我差异化时所确立起来的不可避的他者。"① 吴光辉从子安宣邦的"中国他者论"引申，认为日本的中国观中存在着"作为'存在前提'或者'文化背景'的中国和作为'异质文化'或者'绝对他者'的中国"，② 分析了日本眼中的中国在前近代"中华意识"观念下的他者形象、在"东西文化"框架下的他者形象，以及在"东方主义"视野下的他者形象（包括"作为恶友的他者""被奴役的他者""被拯救的他者""被同化的他者"等）。吴光辉认为，"近代以来的中国形象或者中国认识则是屈服在了西方的话语之下，是在一个二元对立的框架下得以建构起来的"。③ 西原大辅从以谷崎润一郎为代表的大正时代日本文人的中国书写入手，认为当时文坛上流行的浪漫主义思潮和对急速西化的日本社会的反感，使谷崎等日本文人开始将中国视为反西方资本主义物质文明的古典纯真浪漫的"乌托邦"，出现了将玩味中国风的家具、饮食视为"摩登新生活"的"中国趣味"。④ 李雁南也从此角度出发，并将研究对象扩大至整个近现代日本文学，认为明治以来的日本文人塑造中国形象，是出于日本作为新兴帝国自我确认的需要以及成为欧洲式殖民宗主国的渴望，因此"由他们的叙事所构建的中国形象作为一种话语力量有助于进一步激发日本帝国的殖民欲望"。⑤

　　原产于日本的"中国形象"也影响了彼时的中国人。石川祯浩指出，以福泽谕吉为代表的明治知识人接受了西方的文明史观，开

① 〔日〕子安宣邦：《东亚论》，赵京华编译，吉林人民出版社，2004，第 40～41、73～74 页。

② 吴光辉：《他者之眼与文化交涉》，厦门大学出版社，2013，第 18 页。

③ 吴光辉：《日本的中国形象》，人民出版社，2010，第 2 页。

④ 西原大辅『谷崎潤一郎とオリエンタリズム』、中央公論新社、2003、第 39 頁。

⑤ 李雁南：《在文本与现实之间：近现代日本作家笔下的中国》，北京大学出版社，2013，第 17 页。

始以"文明/野蛮"划分世界，旅日的梁启超也受到这一学说的影响。石川借用萨义德的学说，指出普世文明理论其实是西方通过将东方想象为"野蛮的他者"而定义自己正当性的工具之一。无论福泽谕吉还是梁启超，一旦接受了这种文明观，就不得不依赖西方眼光来定义自己，其对"中国形象"的描述不过是一次"'东方主义'的再生产"。① 刘建辉也认为，如"落后野蛮的中国""国民无国家观念的中国"等产自日本的"中国形象"，被中国人作为一种"真实"接受，从而产生了"自我东方化"的现象。②

上述研究都构建出作为"西方"或想成为"西方"的日本，和作为"东方"或被"东方化"的中国，双方是"侵略－被侵略"的二元对立关系。萨义德理论的确为考察近代以来东亚文化圈内中国形象的生产提供了很好的理论切入点，但是，这种理论本来是为了分析欧洲与中东世界的关系而建立的，二者分属基督教和伊斯兰教两个文化圈，彼此之间异质程度远大于同属东亚文化圈的日本和中国。用这种理论嵌套很容易导致对东亚文化圈共性和传统的忽视，在这种视域中，似乎这一绵延千年的文化场域在 19 世纪末凭空消失，唯有用侵略者与被侵略者可以言说两国关系。

本书希望跳出东方主义理论范畴，打破"文明"与"野蛮"二元对立的思考方式，立足于中日共生其中的文化圈语境，在两国交流与互动所产生的文化场域中，思考新的"文化中国"形象如何越境、如何被建构与重构，由此发掘出文化圈大传统及其近代以来的嬗变与转化。

近年来，摆脱东西方二元对立模式，以地域为基点发掘各国间的文化交流与互动，重新思考本土文化传统，渐成学界趋势。沟口雄三指出，不应该把近代的中国视为"西方冲击"的承受者，而应

---

① 石川祯浩「梁啓超と文明の視座」、狭間直樹編『梁啓超：西洋近代思想受容と明治日本：共同研究』、みすず書房、1999、第 122～123 頁。

② 〔日〕刘建辉：《产生自日本的中国"自画像"》，中国社会科学研究会编《中国与日本的他者认识》，社会科学文献出版社，2004，第 83～84 页。

该理解为经历了"'旧中国'的蜕化过程。蜕化是一种再生,换个角度,也可视为新生"。"天下"与"国家"的对抗不应被视为"野蛮"与"文明"的对抗,而应在文明史上受到同等的对待。① 滨下武志则提醒,是时候摆脱"亚洲对欧洲"的思维模式,在全球视野下"围绕理念与现实、话语与认同(identity)来重新审视东亚世界"。② 张伯伟提出"作为方法的汉文化圈",用文献学和比较文学方法探索自汉代至 19 世纪中叶,以汉字为基础联系起来的文化圈内各国共同的精神世界。③ 葛兆光也提出"从周边看中国",认为应该将视界放大到环东海地区,通过发掘周边国家的新文献,摆脱"以中国解释中国"之偏见,为阐释中国提供新视角与新问题。④ 李永晶认为,如果将中日关系纳入东亚世界自身秩序演变中思考,就可以发现明治维新以后日本所形成的国家意识,与其说是希望成为欧洲式殖民帝国,不如说是想成为像古代中国那样具有强大区域文化影响力的国家。⑤

立足于东亚文化圈文化交流的历史语境探讨中国形象,首先有助于发掘这一区域经千年累积的文化传统。有些学者认为,近代以来,西方冲击,中国衰落,日本势强,民族国家意识日炽,标志着以中国为中心的东亚文化圈解体。但是,维系东亚文化圈的并非只是对作为实体国家中国的向心依附,更重要的是由"中华"所象征的筑基于文化圈大传统的共同记忆、知识谱系、价值观念、思维和情感方式。此传统不只是中国的,而是由各国经数千年文化交流合力构建而成的。子安宣邦认为,文化史上"东亚"概念的产生与日

---

① 〔日〕沟口雄三:《作为方法的中国》,孙军悦译,生活·读书·新知三联书店,2011,第 55~56、71 页。
② 〔日〕滨下武志:《全球化中的东亚地缘文化》,中国社会科学研究会编《中国与日本的他者认识》,社会科学文献出版社,2004,第 32~33 页。
③ 张伯伟:《导言》,《作为方法的汉文化圈》,中华书局,2011,第 5~7 页。
④ 葛兆光:《宅兹中国》,中华书局,2011,第 269~270 页。
⑤ 李永晶:《分身:新日本论》,北京联合出版公司,2020,第 39 页。

本帝国主义扩张的野心密切相关，甚至是"互为表里"的，① 所以，他对于文化"东亚"中所包含的政治意义总是保持警惕。的确，如子安宣邦所言，近代以来的"东亚""亚洲"话语中潜藏着太多的政治意图，但是，其中不能为政治所涵括的文化因素也不应就此被否定。松浦正孝考察亚洲主义时曾经提出过这样的问题：假设将近代以来一直与国民国家捆绑在一起的亚洲主义从"国家"中解放出来，那么，人们是立足于什么来想象"亚洲"的？② 同样的问题视角也可用于中国，毕竟，"亚洲想象""东亚想象"很大一部分都与中国有关。可以说，作为一个巨大的文化场，东亚文化圈自身所具有的可与政治博弈的文化力量、那些在政治角逐的空隙或者为政治之力所忽略之处发生的种种文化动向，才更值得深究。近代以来东亚文化圈中的中国形象，不应单纯被视为日本的文化输出，它是国与国文化交流、博弈的产物。从 19 世纪中期至 20 世纪中期，中日两国交流前所未有地频繁，因战争而导致的冲突与对抗也前所未有地激烈，形成了充满张力的文化场域，从中生产出种种中国形象，映射出东亚文化传统在"现代"语境中的种种变化。因此，研究彼时中国形象的生产正是追寻文化圈大传统的绝好途径。

　　研究中国形象的建构与重构，还有助于考察东亚文化圈在 19 世纪和 20 世纪之交这一关键历史时间段中的转变。开始思考"中国是什么？"、描绘中国形象的行为，标志着东亚文化圈进入了"现代"。因为此前中国是不证自明的存在，"中华"与"文化"是可互换的同义语。19 世纪中叶以降，中华帝国荣光不再，"华夷秩序"解体，加之受欧洲民族主义思潮在全球散布、东亚民族国家共同体成形、日本的侵略战争等强烈冲击，许多学者认为，此文化圈是否还存在尚需讨论。野村浩一直言："亚洲的近代就是亚洲逐渐变得不再是亚

---

① 〔日〕子安宣邦：《东亚论》，赵京华编译，吉林人民出版社，2004，第 48 页。
② 松浦正孝「『アジア主義』の広域比較研究」、松浦正孝編著『アジア主義は何を語るのか』、ミネルヴァ書房、2013、第 4 頁。

洲的时代。"① 葛兆光指出，"亚洲"在学术界重新受到关注，很大
程度上是出于"超越各自的民族国家的政治边界，重新建构一个想
象的政治空间，对内消解'国家中心'，向外抵抗'西方霸权'的
意义"。但是，他对于亚洲"何以能够成为，或者什么时候可以成为
一个可以互相认同、有共同历史渊源、拥有共同'他者'（欧美或
西方）的文化、知识和历史甚至是政治共同体"仍然持有疑虑。②
子安宣邦也认为，"近代日本"成立的过程就是"对亚洲的压抑，
对亚洲的遗弃"，特别是把中国这个"先在的、历史性先验存在"
的大国"从自己的意识构图中抹消掉"的过程。近代日本学者用
"东亚文明"来代替"中华文明"，其中就隐含着"脱亚"的东方学
概念。③ 本书所欲探究的便是：如果东亚文化圈已不存在，那么，是
什么导致其解体？是否还有重建之可能？或者在其解体之后，还有
什么是可以为我们今天所继承的？如果东亚文化圈还存在，又是什
么维系着这一文化空间，使其历经冲击而不堕？沟口雄三沿着竹内
好"作为方法的中国"之思路提出，将中国作为媒介或者方法，就
意味着提出一个"以欧洲标准无法衡量的世界"，这将使包括现代日
本、现代亚洲在内的整个"现代"世界都"问题化"和"相对化"，
日本人研究中国的意义正在于此。竹内好直面"中国的当下"的遗
训，根本上是为了让人们"重新思考东亚的历史"，"重新追问亚洲
近代的内在涵义"。④ 如果将竹内好和沟口雄三的思考再延伸下去，
那么可以说，"中国"无论是作为问题还是方法，都意味着展开东亚
文化圈这一巨大的古老文明体与西方文明的对话，这种对话不是传
统与现代，更不是野蛮与文明、后进与先进的对话，而是"现代"
的诸种可能之间的对话。这不仅是中国人研究日本或日本人研究中

---

① 野村浩一『近代日本の中国認識』、研文出版、1981、第 4 頁。
② 葛兆光：《宅兹中国》，中华书局，2011，第 11 页。
③ 〔日〕子安宣邦：《东亚论》，赵京华编译，吉林人民出版社，2004，第 2、99 页。
④ 〔日〕沟口雄三：《序言》，沟口雄三、小岛毅主编《中国的思维世界》，孙歌译，
　江苏人民出版社，2006，第 3~4 页。

国的意义,也是东亚文化圈中诸国重新审视己国与他国关系以及整个文化圈的意义所在。对于东亚文化圈而言,"现代"既是冲击、挑战,也是重生、转生的契机。回顾近代以来东亚文化圈内中国形象产生、传播、嬗变、转化的历史,从中找出能维系这一文化空间的要素,方能在全球化的今天,东亚诸国间误解多于理解的现实语境中探讨未来对话和共生的可能,探索东亚文化自身独特的现代化之路。

因此,本书将在东亚文化圈进入"现代"的历史语境下,以"天下"与"国家"之争为问题主线,以两国文人间的交往为切入点,选取 19 世纪中期至 20 世纪中期流行于中日间的几种代表性"中国形象",通过考察其产生、传播、嬗变、转化的过程,探究其中所反映出的文化圈大传统如何在应对"现代"冲击的同时,进行着自身的转化与再生。

近代以来,东亚文化圈的一大变化是各国民族国家意识日趋强化,儒家理想的"天下"所象征的"华夷秩序"逐渐瓦解。这一现象从政治层面看,是在西方冲击下,"天下"与"国家"之争以"天下"败给"国家",各国相互离心而告终。倘若从文化层面看,则可以说"天下"代表着区域共同的文化传统、历史记忆、知识谱系、思维和情感方式等,"国家"代表着西方文明冲击所带来的民族国家意识、进化论的文明史观等。二者对抗的结果,是出现了一面不断加固民族国家界限,强调己国文化的主体性、独特性,一面又试图超越这一界限而维系文化圈共同传统的现象。这在中日两国文人对中国形象进行建构、拆解与重构的过程中体现得尤为明显。中国形象是立体和流动的,是东亚文化圈内各种文化、政治、经济等要素共同运作的产物。一国创出的中国形象通过文人交往传播至他国后,常常会经接受者改造后又回传给最初的传播者,从而发生传播者和接受者地位的反转。也就是说,中国形象在两国间的传播实际上经历了"传播—接受—改造—回传—再改造—再传播……"的过程,而此过程无时无刻不受文化圈场域运转变化的影响。

本书选取"文人"为研究切入点，是因为这一群体是文化圈传统的重要载体。这里的"文人"包括学者、教师、文学家、艺术家、记者等。他们常身兼多种身份，或多或少还保留着儒家士人气质：在成长过程中接受传统教育，共享着东亚文化圈的古典文化知识谱系、价值观念、思维和情感方式。考辨古代中国典章制度的日本汉学家、怀揣"中国趣味"的日本作家、追寻乡土梦幻中国的留日中国学生……尽管他们描述的中国形象各不相同，却都包含着对古老东亚文化圈的集体文化记忆。他们不同于古典士人之处在于，身处西方主导的"现代"语境中，对这一语境和己身身份已有自觉。他们的活动方式是现代的，他们是当时最积极也是最早进行跨国旅行的一批人，面对强势的西方，己身所携之文化传统何去何从是他们念兹在兹之事。这批进行越境旅行的文人，或是感叹在对方那里发现了己国已逝之文化精髓，或是互相指责对方背弃了东亚文化传统。这一看似矛盾的现象揭示出中日间的文化传统联系尚未完全断绝，这些赞叹或指责的背后，是对已开始解体的古典东亚文化圈的眷恋。同时，西方冲击则迫使文人们重新审视己国文化在世界上和东亚文化圈中的定位。例如，滨下武志就曾指出，即使是选择以"国家·民族主义"来设定与邻近国家间差异的明治知识分子，当他们在译介西方思想时，也是在"东亚知识分子所共有的中国古典知识"基础上进行的。也就是说，在应对西方冲击上，"存在了一个共同的理解方式"，近代"亚洲"概念的形成实则包含了很多传统的观念。① 石川祯浩也认为，对"包括日本在内的东亚知识分子在理解近代西方、翻译西方文明的关键性概念和思想时，他们原有的知识及学养（很大程度来自儒教）曾发挥怎样的作用？日中两国是否存在差异？"这样的问题应当深究。② 子安宣邦尽管认为"东亚"是带有强

① 〔日〕滨下武志：《全球化中的东亚地缘文化》，中国社会科学研究会编《中国与日本的他者认识》，社会科学文献出版社，2004，第38~39页。
② 〔日〕石川祯浩：《序言》，狭间直树、石川祯浩主编《近代东亚翻译概念的发生与传播》，袁广泉等译，社会科学文献出版社，2015，第3页。

烈日本帝国地缘政治意味的概念，但也承认这个新概念的确预设了区域内多元文化的发展。他由此指出，剔除了帝国日本霸权政治污染的新"东亚"概念，应该建立在"以中国为文明起源的广泛地域的共通性上，同时又是试图继承地域内多元文化发展"，"使该地域生活者多层次交流成为可能"的空间。① 沟口雄三更是身体力行地推动建立两国间的"知识共同体"，认为只有依靠知识人的"富有自省性的知性，共同才能成为可能"。②

本书选取"文人交往"为切入点，也是为了尝试探索这种建立于知性基础上的"多层次交流"的文化空间。中国形象的产生与嬗变折射出近代以来东亚文化圈中"国家"兴起、"天下"隐去的过程，实际参与其中的两国文人既难舍古代东亚文化圈传统，同时也清楚：面临此千年未有之大变局，文化圈欲存续，必须寻求新的支撑体系。李永晶认为，近代以来产生的关于中日"同俗""同文""同种"的观念，代表着"双方共有的精神氛围和意义空间"，从中可以"看到东亚世界内古典精神的相逢"。尽管这种建构共同性的努力最终以失败告终，但是应该承认这是"东亚古典世界秩序及其精神在近代世界体系中的自我拯救"。③ 可见，文人群体既是文化圈传统的承载者，也是接受西方文明挑战最积极、最敏感的应对者。本书将重点考察中国形象所反映出的两国文人面对西方冲击带来的文化圈大变局，所感受到的痛苦与矛盾，所做的思考与抉择，以及由此对文化圈产生的影响。

本书所论"文人交往"，既包括结社交游、师承、书信往来、品跋题鉴等传统方式，也包括留学、游历、出版、翻译等在现代交通设施整备、媒体事业发展后出现的现代方式。文人间新旧交融的交往方式以及依托其上的相互想象、观看、对话、竞争等，正是彼时

---

① 〔日〕子安宣邦：《东亚论》，赵京华编译，吉林人民出版社，2004，第58页。
② 〔日〕沟口雄三：《中国的冲击》，王瑞根译，生活·读书·新知三联书店，2011，第39页。
③ 李永晶：《分身：新日本论》，北京联合出版公司，2020，第462页。

维系东亚文化圈运转的重要方式，由此形成了一个想象中国的文化共同体。文人们在有关"中国是什么？"问题上，一面依托文化圈传统，一面引入西方观念，征引申发，辩驳问难，不断对中国形象进行增饰与删减、拆解与重构，也为争夺构建中国形象的话语权展开博弈。近代以来东亚文化圈内的中国形象正是在这种文人交往中生成、传播的。

　　本研究的时间上限定在 1860 年代，是因为 1862 年江户幕府使节团抵达上海，重启因幕府锁国政策而中断二百余年的两国直接交往。此后，正如很多学者指出的，越来越多的中国人和日本人得以踏上对方国土，交往的频繁程度前所未有，构成了近代中日关系的一个显著特点。他们留下的大量见闻录、笔谈录、文学作品、图像等，成为构建中国形象的重要素材。这种交往不同于古代之处在于，它是在当时以欧洲模式为主导的国际关系中展开的。如子安宣邦所指出的，1850 年以后，日本先是被动卷入欧洲资本主义经济、政治体系中，随后通过参加两次世界大战，积极要求参与、重构"世界史"，重组"世界秩序"，"把自己构筑成近代国家"。① 中日两国现代交往的重启也是在这一背景下展开的。两国先后被卷入资本主义世界体系，交往日渐密切的同时也伴随着现代民族国家意识的日渐强化。研究的时间下限定在二战结束后，是因为"冷战"的开始使中日两国的直接交往又中断了数十年。日本政府于 1951 年签署《旧金山和约》和《日美安全保障条约》，由此加入西方阵营，与中国之间拉起了"竹幕"。其间除民间交往外，文人们再也无法像之前那样容易地自由地进入对方国家，战争带来的痛苦和仇恨更是延续至今。

　　本书对文人交往中产生的游记、日记、书信、回忆录、文学作品、译介作品、研究著作等进行了收集、整理、比较、分析，结合对上述文本生产和传播的过程研究，考察中国形象如何跨越国境——民族国

---

① 〔日〕子安宣邦：《东亚论》，赵京华编译，吉林人民出版社，2004，第 5~6 页。

家界限的象征——而传播、嬗变与转化，分析影响中国形象生产的各种文化、经济、政治因素，立体呈现中国形象建构和变构的过程。

第一至第三章围绕 19 世纪晚期开始在知识界流行的将国家视为身体的思想展开。这种思想中既包含了中国传统的国家观念，也融合了欧洲和日本的国家有机体思想，它将中国描绘为一个有生、老、病、死的身体。这部分选取严复、梁启超和鲁迅为对象，从他们对中国传统"国家身体"思想的继承和革新、对欧洲国家有机体思想的译介、留日经历、与日本文人的接触、所受日译进化论和国家有机体理论之影响等方面入手，探讨他们对作为身体的中国形象的表现与传播。

这一形象得以成立，是基于如下隐喻观念：国家是一个与人体同形同构的有机体。以人身喻国家在传统中国政治思想中本已存在，但是赋予其现代生物学意义，将其置于进化论体系中，则是中日文人共同译介、阐释西方社会进化论和国家有机体学说的产物。它既是西方文明冲击的产物，也显示出文人欲将西方文化因素整合进己身文化传统，由此构建出中国危机的解释话语之努力。本土传统与外来思想的融合与竞争，在这一形象的建构、散布过程中可见一斑。

严复首先通过翻译进化论学说，在传统国家身体隐喻体系中植入欧洲现代国家有机体观念，在个体身体与国家身体间建立起直接联系。将当时中国危机的解释话语从"国家之病"转移至"国民之病"，从而改造了中国人的国家想象和对己身身体的想象，为个体身体在国人对国家身体想象中的登场铺平了理论道路。梁启超则在这一形象的传播过程中扮演了关键角色。他笔下的中国形象杂糅了传统中国的"病国"隐喻，经严复改造的基于社会进化论的"国家身体"观念，以及从日本接受的基于伯伦知理（J. C. Bluntschli）国家有机体学说的"国家身体"理论。梁启超在喻象层面对其进行了增饰，利用自己的舆论影响力对其进行了广泛传播，将"医国之士"的指称对象从传统精英士大夫扩展到所有国民，使"国家身体"的隐喻越出了政治学领域，在知识界迅速传播。鲁迅对中国现代"国家身体"隐喻体系最重要的贡献,是借助留日时所吸收的浪漫主义文学资源和进化论遗传学说,将血肉之躯赋予严、梁笔下面目模糊、仅作为"国家身体"政治构成单位的"民",使其真正呈现为现代意义上的"个体",由此超越了传统"医国之士、病国"的二元范畴。他对背负遗传之病的个体身体痛苦的深度思考和描写,超越于同时代有关国民性的普遍观念之上。

第四章聚焦于"现代中国"与日本知识界对东亚现代化模式的探索、文化主体性确立间的关系问题。明治维新以后很长一段时间,受福泽谕吉"文明论""脱亚论"影响,"现代中国"在日本知识界的视域中都代表着文明秩序中"半野蛮"的"后进国"形象。但是,随着日本知识界对一味模仿西方的现代化模式的反思,这种中国观也开始受到质疑,中日现代化比较论更是成为日本战后反思的重要主题。

武田泰淳既是日本现代中国研究的开拓者,也是"战后派"文学代表作家,他通过译介和阅读鲁迅,从鲁迅直面民族被侵略、被侮辱的黑暗现实的"文学者"姿态中得到了启发。他将鲁迅和他背后的"现代中国"内化到了自己的文学创作中,先后塑造出"政治鲁迅"、"魔神鲁迅"和"文学者鲁迅"形象,由此反思日本的现代化之路,寄寓了他重建日本现代文学主体的希望,代表着日本知识人从现代中国经验出发,探索亚洲独立现代化之路的努力。鲁迅所代表的反抗侵略的、革命的"现代中国",成为了武田泰淳这样的日本文人重建东亚文化主体性、探索亚洲式现代化可能性的思想资源,这种思想共鸣与交流之所以成为可能,是因为他们都相信,东亚文化的主体性必须立足于自身的民族现实,特别是底层民众的生存现实之上,亚洲真正的现代化之路也必须由此出发。

第五至第七章主要考察中日间现代书籍流通网络的建立和大批留学生的跨境流动,对作为东亚文化圈共通书写系统的汉字的影响,以及由此带来的中国形象的变构。国家间正式交往的重启和现代交通设施的整备,使两国间书籍的直接、迅速、大量的输入和输出成为可能，以学习现代文明为目的的留学生派遣也带来前所未有的留学生群体的跨境流动。这使得一直以来作为东亚文化圈共通书写系统的汉字，通过以留学生为主体进行的书籍翻译、传播而发生了新的文化越境，由此也带来中国形象的变构。一个显著的现象就是，在近代日本出现了由汉文代表的"古典中国"和由汉语代表的"现代中国"形象的分裂，"汉文"和"汉语"的这种分裂，根本上反映了近代以来日本人中国观的分裂："古典中国"代表着东亚文化圈内以中华文化为中心形成的文化传统，"现代中国"代表着欧洲文明视野中"半野蛮"的"后进国"。与此同时，日本文人在译介西方现代文明时所借用、创造的大量汉字词，也随着书籍和留学生的往来展开了跨境流动，对现代日语和现代汉语的形成都产生了深远影响，也为两国间形成新的汉字共同体奠定了基础。

本部分选取日本战前著名中国学书籍经营者田中庆太郎、日本研究现代中国文学的先驱者中国文学研究会以及日本中国留学史研究的开拓者实藤惠秀为对象，考察他们如何通过输入、翻译、出版汉语书籍建构中国留学史叙述。他们一面尝试通过统一"汉文"和"汉语"来统一近代日本分裂的中国观，确立日本和中国作为对等文化体的主体性，一面通过对汉字进行"去中国化"处理，寻找建立超越民族国家界限和一国中心的新汉字共同体的可能。

第五章研究田中庆太郎与中国文学研究会的关系。田中庆太郎作为中国文学研究会的重要赞助者，不仅以出版同人译作、协助刊物出版等方式提供经济支持，以同步引进最新的中国现代文学作品和刊物的方式提供译介资源，更是与研究会同人在反对作为官学权威代表的"汉学"和反思"同文"观念上达成共识。他利用沟通文、学、政、商界，横跨中日两国间的人脉网络，将自己的书店营造成中国学研究者的交流场，使之成为研究会同人酝酿出以翻译对抗汉学主流这一姿态的文化空间。

第六章考察黄遵宪《日本杂事诗》的日译过程。《日本杂事诗》的第一个日语译本由中国文学研究会成员实藤惠秀和丰田穣合译完成，这个译本的出版是该会反对日本汉学界一直采用的"训读式翻译"、挑战"同文"观念的翻译改革运动的一次实践。同时，周作人也在翻译理念建设、黄遵宪思想推介、版本提供等方面对该译本的翻译产生了关键影响。《日本杂事诗》从生产、改写到传播、译介的过程，既显示出从晚清至民国中国知识界日本观的变化，也反映了明治以来日本知识界对华文化心态的复杂之处。

第七章聚焦于实藤惠秀的中国留学生史研究。作为中国人日本留学史研究的开拓者，实藤惠秀有关中国人留日史和中日文化关系史的叙述，旨在将中国留日学生塑造为日本向中国输出现代文明和日本"固有文化"的载体，试图由此构建出"现代"背景下中日间新的"同文"文化共同体，确立日本作为现代民族国家的主体性，反映出日本在"现代"名义下想取代中国、掌握东亚文化圈话语权的渴望。

第八至第九章从日本文学对中国文人的中国书写之影响入手，选取具有留日背景的中国左翼文人为研究对象，考察当时的日本文学思潮是如何影响了他们的"中国想象"，这种"中国想象"与他们投身于马克思主义之间又有着怎样的联系。

第八章以留日学生夏衍为研究对象，结合当时日本文坛流行的浪漫主义思潮背景，分析夏衍在跨越中日国境的越境旅行中对中国形象认知的变化。夏衍希望在故国旅行中寻找被视为浪漫理想之乡的"古典中国"，然而，旅行中目睹的现实中国被侵略的现状却使他的民族国家意识变得强烈，无法沉浸在"古典中国"的幻想中。而留学时代所受的大正浪漫主义思潮影响，又使他一直向往着能够建立超越民族国家界限的人类情感共同体。这次越境之旅同时跨越了地理和政治意义上的民族国家界限，作为夹在浪漫的"古典中国"和被列强侵略的"现代中国"之间的个体，夏衍开始重新思考个体身份认同与民族国家间的关系。从这一意义上看，他之后投向马克思主义，或许正是因为其所倡导的超国家的无产阶级国际联合的思想，正符合他寻求重建东亚民众情感共同体的渴望。

　　第九章从日本文学影响角度，考察 1930 年代中国左翼文学对文体形式的探索，分析当时在上海活动的中国左翼文人对日本左翼理论的借鉴，是如何影响了他们对作为"摩登都市"的"现代中国"形象的表现。这一时期左翼文学的形式探索乃是基于这样一种意识：打破"五四"时代流行的作者—叙述者—"我"三位一体的模式，寻找能与无产阶级的"现代"相匹配的文学形式。通过对"蒋光慈模式"和"五四"告白体的批判，伴随着引进日本左翼文学的新写实主义、集纳主义、报告文学等最新理论，中国左翼文学家把电影、摄影、新闻等现代形式相继引入文学创作，展开了对文学形式的现代性探索，尝试呈现一个充满摩登都市质素的"现代中国"。在这场跨越民族国家和艺术形式界限的文学实验中，可以看到中日两国的左翼文人运用马克思主义，立足于超国家的"无产阶级"和"现代"，发掘东亚文化圈新的场域能量的努力。

第一章　严复对传统“国家身体”形象的改造

　　晚清以降，一个经常出现在知识界的中国形象是“生病的中国”。目前，研究多集中于其所反映出的、当时根据现代卫生概念建构起来的“文明的西方”和“野蛮的东方”的观念问题。例如，游佐徹分析过近代中国对“病”与“医”、“睡”与“醒”隐喻的使用，认为清末出现的将国家和社会喻为身体的表述显示出浓郁的近代特征，反映出“围绕着卫生概念建筑起来的‘文明’和‘野蛮’观念的普遍化”。① 此外，“病夫”和“医国”这一对隐喻的出现，“睡狮”“东亚病夫”等形象的流行，都表明当时中国知识分子试图通过将中国的困境现状“身体化”，将他者赋予自己的形象内化，从而找到摆脱困境之途的努力。“病夫”和“医国”这对概念同时传达了正反两方面的信息：国家出了问题——“生病”，以及“医治”的可能。② 杨瑞松考察了“东亚病夫”在晚清的出现和流行，认为“病夫”一词在西方舆论界本已存在，用以“形容一个国家长期衰败又无力改革的窘态”。甲午战后该词首先被西方媒体用以形容中国现状，“反映了西方舆情对于当时中国国力衰败和清政府无能改革的看法”，而后很快被中国思想文化界所接受，引为变法图强、鼓动民

---

① 遊佐徹「近代中国の自画像　序説—『睡獅』『東亜病夫』『少年中国』『三等国』」『岡山大学文学部紀要』2010 年第 53 号、第 97 頁。

② 遊佐徹「梁啓超が描いた中国の自画像（資料編）」『中国文史論叢』2010 年第 6 号、第 168 頁。

心的言论利器。在 20 世纪初国民改造成为主流思潮的背景下，又被梁启超等扩展到对中国人身体的形容上，国人身体由此而被"问题化"（problematize），建立起了"个人乃至群体的身体强弱和民族的生死存亡"之间的因果关系。① 杨念群也将"身体"作为一个问题出发点，指出中国人的身体自近代开始被视为病弱不堪，"得病的身体作为一种文化的隐喻载体，内涵和边界日益扩大"，承载了彼时国人有关中国的种种想象。② 那么，"中国人的身体感觉是如何被改变的？或者说当代中国人的身体到底在什么样的位置和状态下被加以改造，并造成了其自我认同的危机"？③ 杨念群认为，西医的进入在这种针对中国人身体的现代改造过程中起了关键作用。他指出，"早期进入中国的西医传教士都认为，中国人的疾病是没有建立类似基督教西方世界那样的道德秩序的一种反映"。④ 高岛航从男性特质的视角，考察了中国人对"东亚病夫"概念的接受与现代体育在中国的传播之间的关系，指出当时中国知识界强烈地意识到西方的注视，对体育的提倡成为将中国人身体铸造成"理想"的西方成年男性的手段，中国人的身体由此经历了"西化"的过程。⑤

还有一些学者探讨了知识分子与国家之间的"医－患"关系，分析了这种关系中知识分子对自己启蒙者身份的定位等。⑥ 如谭光辉

① 杨瑞松：《想像民族的耻辱：近代中国思想文化史上的"东亚病夫"》，《"国立"政治大学历史学报》第 23 期，2005 年，第 1～44 页。
② 杨念群：《再造"病人"：中西医冲突下的空间政治（1832－1985）》，中国人民大学出版社，2006，第 3 页。
③ 杨念群：《如何从"医疗史"的视角理解现代政治》，《中国社会历史评论》第八卷，2007，第 29 页。
④ 杨念群：《再造"病人"：中西医冲突下的空间政治（1832～1985）》，中国人民大学出版社，2006，第 2 页。
⑤ 〔日〕高岛航：《"东亚病夫"与体育——以殖民地男性特质为视点的观察》，〔日〕狭间直树、石川祯浩主编《近代东亚翻译概念的发生与传播》，袁广泉等译，社会科学文献出版社，2015，第 331～369 页。
⑥ 参见杨联芬《晚清至五四：中国文学现代性的发生》，北京大学出版社，2003；谭光辉《症状的症状：疾病隐喻与中国现代小说》，中国社会科学出版社，2007；李音《再造"病人"——19 世纪与 20 世纪之交中国文界"疾病隐喻"的发生》，《文艺争鸣》2012 年第 9 期；等等。

考察了中国现代小说中大量出现的"疾病隐喻",指出自晚清开始,知识分子们在中国是一个需要治疗的生病的有机体这一点上基本达成共识。受达尔文思想影响的现代作家们"致力于对中国文化病态特征的展示,用以隐喻整个社会文化乃至社会制度,隐喻现代人的生存困境、人生观念和精神追求的选择等方面的问题",① 但并未深入分析这种隐喻关系是如何在社会进化论的影响下建立的,以及为何对中国文化整体病态的展示会与现代个体生存相关联等问题。

上述学者在指出晚清以来流行的"病国""病夫"叙事话语中的西方因素时提出了发人深省的证据并予以分析,然而中国知识界当时能够迅速接受并传播这种话语,除西方影响外,还有一个重要原因:它与中国传统国家观念中的身体隐喻体系有契合之处。这一点尚未得到深入探讨。此外,当时流行的在"生病的中国"和"生病的中国人"之间建立联系的原因,也还未得到足够的解析。黄金麟从社会学角度考察过中国人的身体近代以来在建立民族国家的历史过程中是如何被征用、控制、改造的,并且指出,与欧洲以资本主义发展为目的而对个体身体进行改造不同,"中国的着意在农业为主、工业为辅的基础上建立起一个富强的国家,和倾向以国家主义来统整人民的心智与身体,是一个非常特出的征候。……这种以'国'的生存作为无限上纲的身体发展形式,自然是和以资产阶级利益马首是瞻的身体发展模式有极大的不同。这些歧异是我们在进行中国的身体研究时,必须小心计及的地方。"② 黄金麟提及译介社会达尔文主义的影响,因其主要关注点在社会学方面,故而对此未作深究,但他确实触及了近代以来个体与国家关系中非常重要的层面:个体的身体是如何成为国家的一部分的?个体的健康与否和国家盛衰间的因果关系是如何建立的?沈松侨指出,以救亡图存为目的的

---

① 谭光辉:《症状的症状:疾病隐喻与中国现代小说》,中国社会科学出版社,2007,第 3 页。

② 黄金麟:《历史、身体、国家:近代中国的身体形成(1895～1937)》,新星出版社,2006,第 16 页。

晚清知识分子吸收欧洲思想中关于国家和国民的观念，根本上是为了将古代的"黔首""庶民"改造成适应现代需要的"国民"，在此基础上缔造一个与"国民"合为一体的强大民族国家。[①]"生病的中国"与"生病的中国人"之间因果联系的建立，其实也属于上述国家与国民建构工程的一部分。

笔者认为，"生病的中国"形象得以成立是基于如下观念：国家和人一样有生、老、病、死的身体。在中国传统国家观念中，以人身喻国家可以远溯至先秦，经后世阐发、增饰，逐渐形成了以"国病"喻国乱，谓治国如医人，由精英士大夫承担"医国之士"职能的隐喻谱系，这成为中国士大夫描述国家混乱状态，批判君主无能、政府失职时所经常使用的一套话语。晚清以降中国知识界流行的"生病的中国"形象，与严复对斯宾塞（H. Spencer）基于进化论的国家有机体学说的译介间存在联系。严复通过翻译，在传统国家身体隐喻体系中植入了欧洲现代国家有机体观念，在个体身体与国家身体间建立起直接联系。

本章试从严复译介社会进化论时对 organism 一词的翻译入手，考察传统中国的国家身体隐喻如何成为严复接受国家有机体观念之基础，他又是如何利用这一西方观念，对传统国家身体隐喻进行改造，表达出自己对解决历史危机的看法。

第一节　"官品"与传统国家身体隐喻

史华兹（B. Schwartz）认为，斯宾塞给严复最大的启发有二：一是将"国家－社会"比喻为生物体；二是指出组成"国家－社会"有机体的个体对整体质量至关重要的影响。特别是将"国家－社会"

---

① 沈松侨：《国权与民权：晚清的"国民"论述，1895～1911》，《"中央研究院"历史语言研究所集刊》第 73 本第 4 分，2002 年，第 724 页。

比喻为有机体这种"栩栩如生的"国家想象方式，在欧洲政治学传统中源远流长，但在中国的古代典籍中即使不是完全不存在，也只是偶尔出现，它与"'不可思议'的道教和中国医术"相关，"着重点不在于政府或社会，而在于人体的不可思议的卫生学的统治方式"。因此，这种比喻对于严复而言是"很新鲜的"，[①]为当时"正在摸索把中国作为一个社会－国家，而不是一种文化来理解的"严复，"提供了对于国家的尽可能生动的想象，这就是：一个有机体与其他有机体共处在达尔文主义的环境中，为生存、为发展、为优胜而斗争"。[②]然而，以人身喻国家并非只"偶尔"出现在中国古代典籍中，且严复对此有相当的自觉，这种自觉是他译介社会进化论的本土思想基点之一。

以人身比喻国家，在中国传统的国家观念谱系中可上溯至先秦。《国语·晋语八》中记载了秦国医师医和与晋国大夫赵文子有关"医国"的对话。晋平公有疾，秦景公派医和前往诊治。医和认为平公之疾乃因沉溺女色，"惑以生蛊"，以致"良臣不生，天命不祐"，已"不可为也"。闻知此事的赵文子表示不解，认为自己辅佐平公，政事太平，"内无苛慝，诸侯不二"。医和反驳道，正因赵文子等大臣"不能谏惑"，才导致平公之疾。面对赵文子"医及国家乎？"的质问，医和答道："上医医国，其次疾人，固医官也。"[③]结果不出医和所料，当年赵文子便死去，诸臣叛晋，数年后平公也驾崩。

在这个记述中，君主晋平公的身体被视为整个国家的象征，他的身体出现疾病隐喻着国家政事出现问题，他最终的死亡则预示着国家的灭亡。后人读到这个记述时已经知晓三家分晋的历史结局，这一结局的肇因也正是在平公时代就埋下的。因此，这其中隐含着

---

① 〔美〕本杰明·史华兹：《寻求富强：严复与西方》，叶凤美译，江苏人民出版社，2010，第38页。
② 〔美〕本杰明·史华兹：《寻求富强：严复与西方》，叶凤美译，江苏人民出版社，2010，第37页。
③ 徐元诰：《国语集解》，中华书局，2002，第434～435页。

理政治国的教训意味。在这里，国家并没有被直接比喻为身体，而是以君主的身体为中介，要解决国家问题，需要通过"医治"君主的身体——"谏惑"来实施。

此记述还涉及当时对医者理想功能的认识，即医和所谓："上医医国，其次疾人，固医官也。"医官在《周礼》中属于天官系统："乃立天官冢宰，使帅其属而掌邦治，以佐王均邦国。"① 隶属于天官系统的医官负有包括调和君主饮食、治疗疾病在内的重要职责。理想的医官还应该履行医国之职，因此，医和认为自己有责任指出君主身体疾病和国家政事混乱间的因果关联，并在力所能及的范围内提供医治方案，即所谓"医及国家"。东汉王符在《潜夫论》中对此做了进一步发挥，明确在"国乱"与"身病"、"真贤"与"真药"、"任贤"与"服药"间建立起隐喻联系，他写道："上医医国，其次下医医疾。夫人治国，固治身之象。疾者，身之病；乱者，国之病也。身之病，待医而愈；国之乱，待贤而治。治身有黄帝之术，治世有孔子之经。"② "夫治世不得真贤，譬犹治疾不得真药也。"③ 这种医者身份功能的定位，奠定了后世中国士大夫作为"医国之士"的自我身份认同的基础。

先秦时代也存在"国病"的说法，意指国家发生危机、遭遇灾难或国力衰弱等。如《左传·襄公十年》载楚郑联军攻宋，卫侯发兵救宋，郑国大夫子展认为此时应当对卫出兵，否则将会破坏与楚之同盟，得罪楚晋两个大国。子驷则反对，认为接连用兵会导致"国病"。子展反驳道："得罪于二大国，必亡。病不犹愈于亡乎？"④《左传·襄公二十二年》载晋人欲征召郑国朝聘，郑使公孙侨对曰："以大国政令之无常，国家罢病，不虞荐至。"⑤《国语·鲁语上》载

---

① （清）孙诒让：《周礼正义》卷一《天官冢宰第一·叙官》，中华书局，1987，第15页。
② （东汉）王符：《潜夫论》卷二《思贤第八》，上海古籍出版社，1978，第88页。
③ （东汉）王符：《潜夫论》卷二《思贤第八》，上海古籍出版社，1978，第91页。
④ 杨伯峻：《春秋左传注》，中华书局，1981，第978页。
⑤ 杨伯峻：《春秋左传注》，中华书局，1981，第1067页。

鲁国发生饥荒，臧文仲向鲁庄公建议以名器换取齐国救助："铸名器，藏宝财，固民之殄病是待。今国病矣，君盍以名器请籴于齐？"①

身体隐喻还被用于形容君主的统治行为。荀子在《君道》篇中曾把君主喻为"天下"这个身体中最重要的"心"，认为如果君主能够实现有序统治，使臣子各司其职，百姓各守其分，那么整个国家的运作将如人体四肢在心脏的指挥下协调行动："故天子不视而见，不听而聪，不虑而知，不动而功，块然独坐而天下从之如一体，如四肢之从心。夫是之谓大形。"②《管子·君臣》中同样将安居国都的君主喻为心脏，其统治行为表现于整个国家身体，好比人的言行容止皆由心所出："君之在国都也，若心之在身体也。道德定于上，则百姓化于下矣。戒心形于内，则容貌动于外矣。"③《礼记·缁衣》中以"心-体"比喻"君-民"间休戚与共的关系："民以君为心，君以民为体。心庄则体舒，心肃则容敬。心好之，身必安之；君好之，民必欲之。心以体全，亦以体伤；君以民存，亦以民亡。"意即作为"体"的民的状况会反映出作为"心"的君的统治行为是否得当。所以唐代陆德明认为此篇中包含了"君上化民"之道，④宋代吕大临也认为："心、体之说，姑以为譬，然求之实理，则非譬也。体完则心说，犹有民则有君也。体伤则心憯，犹民病则君忧也。"⑤《吕氏春秋·审分览第五》论说只有善审度的英明君主才能使国家身体免于疾病："奸伪邪辟之涂可以息，恶气苛疾无自至。夫治身与治国，一理之术也。"⑥至汉，这类比喻在《春秋繁露》中发展为完整的国家身体形象：

> 一国之君，其犹一体之心也；隐居深宫，若心之藏于胸；

①　徐元诰：《国语集解》，中华书局，2002，第148页。
②　梁启雄：《荀子简释》，中华书局，2010，第167页。
③　（唐）房玄龄注，刘绩增注《管子》，上海古籍出版社，1989，第107页。
④　（清）孙希旦：《礼记集解》，中华书局，2015，第1322页。
⑤　（清）孙希旦：《礼记集解》，中华书局，2015，第1329页。
⑥　张双棣等《吕氏春秋译注》，北京大学出版社，2000，第532页。

> 至贵无与敌，若心之神无与双也。其官人上士，高清明而下重
> 浊，若身之贵目而贱足也。任群臣无所亲，若四肢之各有职也。
> 内有四辅，若心之有肝肺脾肾也；外有百官，若心之有形体孔
> 窍也；亲圣近贤，若神明聚于心也。上下相承顺，若肢体相为
> 使也。布恩施惠，若元气之流皮毛腠理也。百姓皆得其所，若
> 血气和平，体无所苦也。①

这幅国家身体图显示出严格的等级制度和职能分配制度。身体各器
官的重要性和尊贵程度自上而下逐渐降低，最尊贵的是作为心脏的
君，其次是各类官人上士，好比四肢和各种脏器，百姓也是身体的
一部分，但对身体的运行似乎并不发生作用，而是作为国家身体的
健康指标，也就是衡量统治行为是否得当的指标而出现的。

严复对上述隐喻传统有着相当的自觉，救国如治病的比喻在其
各个时期的著述中均有出现。甲午后所作《原强续篇》论说，在甲
午之役终于暴露出国家病态之前，整个中国上下好比扁鹊故事里那
位讳疾忌医的蔡桓公，"深忌讳而乐死亡"，故"救时之道通于治
病"。② 随后的戊戌变法时期，严复草拟上光绪帝建议书时也使用了
治病比喻："臣闻为政之道，除旧布新，相因为用者也。譬如病痞之
夫，欲求强健，良医临证用药，必将补泻兼施，夫而后积邪去而元
气苏，徐收滋补之效。使其执不可攻削，恐伤病人之说，而专补不
泻，日进参蓍，则虽所费多金，以求良药，恐痞疾终不可愈，积邪
日以益坚，而大命之倾将无日矣。陛下试观今日诸臣所为，何以异
此？"③ 1907 年在为《大公报》创始人英华《也是集》作序时，他
将如英华般慷慨激愤的"谋国之士"比作"诊疾之医，惟所遇之犹
可以生，故其词滋危，其说弥厉"。④

---

① （汉）董仲舒：《春秋繁露》卷十七《天地之行》，上海古籍出版社，1989，第
95 页。
② 严复：《原强续篇》，《严复集》（第一册），中华书局，1986，第 36 页。
③ 严复：《拟上皇帝书》，《严复集》（第一册），中华书局，1986，第 69 页。
④ 严复：《〈也是集〉序》，《严复集》（第二册），中华书局，1986，第 246 页。

这种自觉更体现在严复译介社会进化论时对 organism 一词的翻译上。严复将 organism 译为"官品"。他在《天演论·能实》按语中写道:

> 而晚近生学家,谓有生者如人禽虫鱼草木之属,为有官之物,是名官品。而金石水土无官,曰非官品。①

据王道远和黄克武的研究,上述按语系严复译自赫胥黎(T. H. Huxley)原书的注释,而该条注释实际上出自德国学者魏斯曼(August Weismann,严复译为"怀士满")。② 在 1905 年发表的《政治讲义》③中,严复专门对这一译语进行了解说。

> 按"有机"二字,乃东文取译西文 Organism。其字原于希腊。本义为器,又为机关。如桔槔乃汲水之器,便事之机关。而耳目手足,乃人身之器之机关,但与前物,生死异耳。近世科学,皆以此字,命有生者。其物有生,又有机关,以司各种生理之功用者,谓之有机体。不佞前译诸书,遇此等名词,则翻官品。譬如人为官品,以其在品物之中。而有目为视官,有耳为听官,手为司执,足为司行,胃为消化之官,肺为清血之官,皮肤为出液之官,齿牙为咀嚼之官,百骸五脏六腑,无一不有其形矣。有形即有其用,此两间品物中,机官之最为茂密

---

① 〔英〕赫胥黎:《天演论》,严复译,《严复集》(第五册),中华书局,1986,第1361~1362 页。
② 黄克武:《惟适之安:严复与近代中国的文化转型》,(台北)联经出版公司,2010,第 139~140 页。
③ 《政治讲义》系 1905 年夏严复应上海基督教青年会延请所做演讲的讲稿。演讲共八次,主题为明言"立宪为何事"。随后,讲稿被刊登在 1905 年 9 月 29 日至1906 年 5 月的《政艺通报》上,并被《广益丛报》等数家报刊转载。1906 年又由上海商务印书馆出版单行本《政治讲义》。有学者考证,严复的《政治讲义》基本依照英国剑桥大学近代史钦定讲座教授约翰·西莱爵士(1834~1895)的《政治科学导论》一书写成。该书原系西莱爵士 1885~1886 年在剑桥大学的讲稿,西莱去世后,于 1895 年以《政治科学导论》为题出版。详见戚学民《严复〈政治讲义〉文本溯源》,《历史研究》2004 年第 2 期,第 85~97 页。

> 完具者也。官品云者，犹云有官之品物也。有机体云者，犹云
> 有机关之物体也。①

此处指出一物可称"官品"，必备条件有二：有生命；有各司其职之"官"。严复继而强调日语译词"有机体"不若"官品"。因后者特指人禽虫鱼草木等"有生者"，而前者亦可指无生命的木铁机器："官品、有机体二名，原皆可用。然自不佞言，官品二字，似较有机体为优。盖各种木铁机器，可称有机之体，而断不可称官品。然则'官品'二字，诚 Organism 之的译矣。"②（不过，由梁启超从日本引入的"有机体"最终还是胜过了"官品"，成为 organism 的通行译语。在 1913 年发表的《天演进化论》中，严复也开始使用"有机体"阐说斯宾塞理论。）

浦嘉珉（J. R. Pusey）指出："从一开始，严复对达尔文的兴趣是政治学和社会学的兴趣，而非人类学或生物学的兴趣。"③ 严复引进化论入中国，看重的就是这种学说在政治和社会领域的应用，从对 organism 译语的取舍标准中首先可见他对其中所包含的生命体意义的强调，强调"官品"作为 organism 的译语，就是强调"官品"涵义中的生命属性，就是为论说他最关心的"官品"——国家做出铺垫。

严复在《政治讲义》中论国家为"官品"，称这一随着天演学说兴起而被大加阐论的西方观念，与中国上古以来的国家观念名虽不同，义实相通。

> 肢体不具，不可以为成人；法制不张，不可以为完国。所
> 可导者，此理在西国，自天演学兴，而后其义大著。而吾国则
> 自唐虞上世以来，若已人人共喻。试读明良喜起之歌，曰"元
> 首"，曰"股肱"。更读《灵枢》、《素问》，则人身内部，自黄

---

① 严复：《政治讲义》，《严复集》（第五册），中华书局，1986，第 1255 页。
② 严复：《政治讲义》，《严复集》（第五册），中华书局，1986，第 1255 页。
③ 〔美〕浦嘉珉：《中国与达尔文》，钟永强译，江苏人民出版社，2014，第 52 页。

帝以来，即名藏府。藏府，政界中物也。而吾身所有，乃与同称。他若喉舌心膂之喻，体国经野之谈，盖吾古人之知，视国家为有机体，为官品久矣。①

"明良喜起之歌""元首""股肱"等语出自今本《尚书·益稷》：

乃歌曰："股肱喜哉！元首起哉！百工熙哉！"

乃赓载歌曰："元首明哉！股肱良哉！庶事康哉！"又歌曰："元首丛脞哉！股肱惰哉！万事堕哉！"②

"股肱喜哉！元首起哉！"句，孔安国释曰："元首，君也。股肱之臣喜乐尽忠，君之治功乃起，百官之业乃广。""元首丛脞哉！股肱惰哉！万事堕哉！"句，孔传释曰："丛脞，细碎无大略。君如此，则臣懈惰，万事堕废，其功不成，歌以申戒。"③后世遂以"明良"谓贤明之君与忠良之臣，以"喜起"谓君臣协和，政治美盛。类似比喻在今本《尚书》中出现过多次，如《益稷》中还有："帝曰：'臣作朕股肱耳目。'"孔传谓此句"言大体若身"。④《说命下》："股肱惟人，良臣惟圣。"孔传谓："手足具乃成人，有良臣乃成圣。"⑤

《灵枢》《素问》合称《内经》，传为黄帝所作。严复所谓"藏府"一语为人体内脏器官之总称，出自《素问·金匮真言论》："言人身之藏府中阴阳，则藏者为阴，府者为阳。"⑥

"喉舌"语出《诗·大雅·烝民》：

出纳王命，王之喉舌。赋政于外，四方爰发。⑦

---

① 严复：《政治讲义》，《严复集》（第五册），中华书局，1986，第1256页。
② 《十三经注疏·尚书正义》，北京大学出版社，1999，第130页。
③ 《十三经注疏·尚书正义》，北京大学出版社，1999，第130页。
④ 《十三经注疏·尚书正义》，北京大学出版社，1999，第116页。
⑤ 《十三经注疏·尚书正义》，北京大学出版社，1999，第254页。
⑥ 龙伯坚编著《黄帝内经集解》，天津科学技术出版社，2004，第68页。
⑦ 《十三经注疏·毛诗正义》，北京大学出版社，1999，第1220页。

毛诗谓"喉舌"即冢宰。郑玄笺云:"出王命者,王口所自言承而施之也。纳王命者,时之所宜,复于王也。其行之也,皆奉顺其意,如王口喉舌亲所言也。以布政于畿外,天下诸侯于是莫不发应。"① 后世以"喉舌"喻掌握机要之重臣。

"心膂"本义为心脏和脊骨。今本《尚书》中《君牙》篇有"今命尔予翼,作股肱心膂"之语,② 以"心膂"与"股肱"并称,比喻辅翼君王之重臣或亲信之人。后世沿用此喻,如《三国志·吴书·周瑜传》云:"瑜昔见宠任,入作心膂,出为爪牙,衔命出征,身当矢石。"③

"体国经野"语本《周礼》,本指针对国都内外进行的建设规划:

> 惟王建国,辨方正位,体国经野,设官分职,以为民极。④

《周礼》之《天官》《地官》《春官》《夏官》《秋官》五篇起首皆有此句。郑玄注曰:"体犹分也,经谓为之里数。郑司农云:'营国方九里,国中九经九纬,左祖右社,面朝后市。野则九夫为井,四井为邑之属是也。'"⑤ 后引申出创建国家体制(特别是职官体制)、治理国家之意。如庾信《贺新乐表》云:"我太祖文皇帝体国经野,设官分职,变魏作周,移风正雅,衣裳而朝万国,珪璧而会诸侯。"⑥ 杜佑《通典·选举四》云:"议曰:古之圣王,建官垂制,所以体国经野。"⑦ 贾公彦为《周礼》作疏,释"体国"二字,更明确将之与人身相联系:"言体犹分者,谓若人之手足分为四体,得为

---

① 《十三经注疏·毛诗正义》,北京大学出版社,1999,第1220页。
② 《十三经注疏·尚书正义》,北京大学出版社,1999,第527页。
③ (西晋)陈寿:《三国志》卷五十四,中华书局,1964,第1266页。
④ (清)孙诒让:《周礼正义》卷一《天官冢宰第一》,中华书局,1987,第9~15页。
⑤ (清)孙诒让:《周礼正义》卷一《天官冢宰第一》,中华书局,1987,第13页。
⑥ (北周)庾信:《庾子山集》卷八《贺新乐表》,四部丛刊景明屠隆本。
⑦ (唐)杜佑:《通典》,中华书局,1992,第386页。

分也。"① "体国"之喻及至严复的同时代人邹容的《革命军》中还在使用。只不过，邹容眼中的中国已是一具残躯："吾不忍执社会上种种可丑、可贱、可厌嫌之状态，以出于笔下。吾但谥之曰：'五官不具，四肢不全，人格不完。'"他认为，德、意等当世强国才真正能"于兵连祸结之时，举国糜烂之日，建立宏猷，体国经野，以为人极"。②

严复列举的古代中国有关国家身体的言说包括如下要素：国家与人体间的隐喻关系，"元首－股肱""心膂""喉舌"等意象隐喻的君臣关系，"体国经野"所象征的国家体制建设，以及"设官分职"所代表的官僚制度设立等。后世中国人有关国家身体想象的许多要素都已涵盖其中，由此也可大致勾勒出严复对中国古代国家身体观念的理解，正是这种理解影响了他对 organism 译语的选择。

被严复视为 organism 之"的译"的"官品"一词，在中国古代本指官职的品位等级。"官""品"二字连用可能起源于魏晋时的九品中正制。九品中正制分职官为九品，一品最高，九品最低，以品级定俸禄。《晋书·食货》载晋武帝时实行"官品占田制"："其官品第一至于第九，各以贵贱占田。"③ 隋唐时沿用此制，又分出正从。《旧唐书·职官》云："自高宗之后，官名品秩，屡有改易。今录永泰二年官品。其改易品秩者，注于官品之下。"④ 书中记载了当时的官制，先录官名，后叙品秩，是为"官品"，如"左光禄大夫、从一品"。⑤ 杜佑《通典·职官一》中也列有"官品"一项，专记自周至唐的职官名称、品位等级以及沿革等。⑥

众所周知，严复对译语的选择相当谨慎，乃至"一名之立，旬

---

① 《十三经注疏·周礼注疏》，北京大学出版社，1999，第 5 页。
② 邹容：《革命军》，周永林编《邹容文集》，重庆出版社，1983，第 59～60 页。
③ （唐）房玄龄：《晋书》卷二十六，中华书局，1974，第 790 页。
④ （后晋）刘昫等：《旧唐书》卷四十二，中华书局，1975，第 1786 页。
⑤ （后晋）刘昫等：《旧唐书》卷四十二，中华书局，1975，第 1784 页。
⑥ （唐）杜佑：《通典》，中华书局，1992，第 481 页。

月踟蹰"。① 他以"官品"这个中国古代表示官职等级的政治术语作为欧洲现代生物学概念 organism 的译语，释为"有官之品物"（即有器官的生命物），而笔者目前尚未在中国古代典籍中发现有在此意义上使用"官品"之例，因此推测，这个涵义很有可能是严复翻译时新加上去的。但严复也并非随意添加，"官品"的本义可令人联想起那个自先秦时代就开始构建的、依靠儒家等级秩序运行的古老的国家身体，长久以来维持这个身体运转的正是由上至下、自贵而贱不同品位等级的官员以及他们所代表的各层组织，而这正是严复在他的国家身体图中，于生命属性之外着重强调的第二点：身体内部各司其职之"官"的有序合作。严复解释"国家"这一官品的特质时写道：

> 秩序分明是为礼，和同合作是为乐。彼西人有此，不独国家之大、朝廷之尊为然。下至一乡一邑之中，一旅一城之内，一银号一兵船，其中莫不有如是之组织部勒。其制立者，而后其事举，而其为如是之事者，其语曰 Organization。此意犹云取无机之体而与之以机，即无官之品而赋之以官，得此而后，其物其众有生命形气之可言，内之有以自立，外之有以御侮。其物之生理，乃由此而发达，有以干事，有以长存于天演界之中。且有此之后，其团体之立，无异一身。②

各部分的秩序和协作以及由此而实现的官品内部的统一性，是严复这段论说的重点。国家是一个远比人体巨大、演化程度更高的官品，官品之为生命体，在其有"官"，有"组织部勒"。各组织部门各司其职、协调有序，才会赋予机体以"生命形气"，否则只是无机死物。即便是在被认为趋于保守的晚年，严复在《平报》上撰文阐说进化论时仍然强调，将社会比拟为有机体之说，"中西古人莫不知之"，不过名称不同：

---

① 严复：《〈天演论〉译例言》，《严复集》（第五册），中华书局，1986，第1322页。
② 严复：《政治讲义》，《严复集》（第五册），中华书局，1986，第1256页。

西人谓之机关功用，而中国谓之官司。有机关则有功用，犹之有官则有司也。有时取无官之物，而予之以官，今人谓之组织，古人谓之部署，谓之制置。①

可见，严复对"官品"这一译语的执着，除了对国家生命属性的强调外，还包括对有机体内部各"官"的协调运作，也就是对秩序的强调：国家是一个各部分各司其职才能发挥最大功能的有组织的生命体。因此可以说，严复在接受进化论体系中的国家有机体观念时，是首先将之置于中国传统"国家身体"的隐喻谱系中加以理解的，而并非如史华兹所论，视之为全新的西方思想。在严复眼中，现代西方社会得以有序运转，得益于井井有条的 organization，而这正可与上古贤王制礼作乐、体国经野、设官分职的理想统治秩序遥相呼应。

第二节　国家身体中的"民"

严复并未仅仅将国家有机体观念纳入中国传统"国家身体"隐喻谱系中进行阐发。史华兹等学者已经指出，严复利用斯宾塞学说，推演出依靠人力，而且是每个个体的共同努力，从而建成现代国家的途径。而在社会进化论的体系中，所谓现代国家，就是一个强健的、能够应对严酷生存竞争环境的身体。如前所论，对严复而言，将国家喻为身体并不新鲜，将国家这个身体放置在进化论体系中进行阐释，通过翻译引入 organism 背后的整个进化论世界观，突出决定国家身体进化程度的"民"的重要性，由此寻找到令机体重获活力的途径才是最"新鲜"的。《原强》中写道："夫一国犹之一身也，脉络贯通，官体相救，故击其头则四支皆应，刺其腹则举体知

---

① 严复：《天演进化论》，《严复集》（第二册），中华书局，1986，第314页。

亡。"① 这虽然仍是在传统"国家身体"隐喻体系内言说，却更进一步，从斯宾塞处拿来了散发着浓烈自由主义气息的观点，强调决定社会有机体质量的个体的重要性，由此开始了他对传统"国家身体"隐喻体系的改造。

古代中国的国家身体言说，不论其对君主的态度如何，都必须首先明确君主在这个身体中的地位和功能，整个国家身体以此为核心，再发散衍生出其他部分。比如在荀子和董仲舒那里，最终决定国家身体命运的是作为心脏的"君"，或者像在《国语》里那样，将君主身体视为国家身体的象征。在传统"国家身体"隐喻系统中，国家可以被喻为"人体"，但并不与作为"民"的"个体"发生直接联系，"个体"唯有累积成广众的"百姓"，成为衡量君主统治是否得当的标准时才有意义。然而，在严复几次有关国家身体的描述中都不见对君主地位的讨论，他虽非激烈的废君革命党人，但是显然被英国这个君主立宪的成功样板所吸引，认为在这个由天演法则支配的世界中，君主并不是必需的，如果一定要有，那么也最好恭己袖手，听民自为。

严复在一生最激进时期写作的《辟韩》中，将韩愈《原道》篇中关于君主的论说摘出，以自由主义观念一一批驳之。韩愈笔下的君是民的统治者、保护者，也是一切社会制度礼法文化的制作者，在一个没有君的世界中，民是无法生存的。严复则以为大谬，说"君臣之伦，盖出于不得已"，君民之分不过是社会分工不同，民事生产，君掌刑兵：

> 通功易事，择其公且贤者，立而为之君。其意固曰，吾耕矣织矣，工矣贾矣，又使吾自卫其性命财产焉，则废吾事。何若使子专力于所以为卫者，而吾分其所得于耕织工贾者，以食子给子之为利广而事治乎？此天下立君之本旨也。②

---

① 严复：《原强》（修订稿），《严复集》（第一册），中华书局，1986，第19页。
② 严复：《辟韩》，《严复集》（第一册），中华书局，1986，第34页。

并且，这种分工是民之进化程度未达至善之前的权宜之计："民之所以有待于卫者，以其有强梗欺夺患害也。有其强梗欺夺患害也者，化未进而民未尽善也。是故君也者，与天下之不善而同存，不与天下之善而对待也。"① 西方诸国之民，以国为"民之公产"，王侯将相为"通国之公仆隶"，而中国则国为君之私产，民为君之"奴虏"。一旦有战事，西洋之民是"为公产公利自为斗"，中国则是"奴为其主斗"。② 因此，这场中西种族竞争的结果，一开始就已注定。甚至是在戊戌时所作、拟呈光绪帝的变法建议书中，严复也大胆提出，富强如英国，关键不在有一个事必躬亲、宵衣旰食的君，而是有无数能"相率自为"、救国于倾危的民：

> 今使中国之民一如西国之民，则见国势倾危若此，方且相率自为，不必惊扰仓皇，而次第设施自将有以救正。陛下惟恭己无为，顺民所欲，而数稔之间，吾国固已强已富矣。彼英国之维多利亚，不过一慈祥女主耳，非所谓聪明神武者也。至若前主之若耳治，则尤庸暗非才。然而英吉利富强之效，百年以来，横绝四海，远迈古初者，则其民所自为也。③

相比之下，戊戌时同样在上奏光绪时使用了病国之喻的康有为，则仍旧将君主视为医治"国病"的关键："今中国之形与突厥同，中国之病，亦与突厥同。（……）窃幸恭逢我皇上神圣英武，维新变法，且决立宪，有以起病而扶衰焉，惟此独与突厥异。"④ 将君主拉下圣坛，也就扫清了在国与民之间直接建立联系的障碍。严复的着眼处不再是君主，而是构成国家身体的基本元素——民。

严复译 society 为"群"。谓积"人"而成"群"，而成"国"，

---

① 严复：《辟韩》，《严复集》（第一册），中华书局，1986，第34页。
② 严复：《辟韩》，《严复集》（第一册），中华书局，1986，第36页。
③ 严复：《拟上皇帝书》，《严复集》（第一册），中华书局，1986，第68页。
④ 康有为：《进呈突厥削弱记序》，汤志钧编《康有为政论集》（上），中华书局，1981，第300页。

三者皆属官品，皆受进化论支配：

> 盖群者，人之积也，而人者，官品之魁也。（……）一群之成，其体用功能，无异生物之一体，小大虽异，官治相准。知吾身之所生，则知群之所以立矣；知寿命之所以弥永，则知国脉之所以灵长矣。一身之内，形神相资；一群之中，力德相备。身贵自由，国贵自主。生之与群，相似如此。此其故无他，二者皆有官之品而已矣。①

在《政治讲义》中，严复强调了国家与其他有机体间的同质同构性："吾学眼法平等，视一国一朝无异一虫一草。"② 他同时引用法国政治学家萨维宜的"国家乃生成滋长，而非制造之物"，以及斯宾塞的"人群者，有机之大物，有生老病死之可言"加以辅证。③ 通过反复论说斯宾塞理论，特别是其中强调个体地位的自由主义观念，严复建立起"人－群－国"的架构。在这一架构中，国家与个体的身体同形同构，左右吾身之理即是左右吾国之理，这"理"是进化论之理。

严复还引入 total（严译"拓都"）和 unit（严译"么匿"）这组概念，阐述"国"与"民"的关系：

> 东学以一民而对于社会者称个人，社会有社会之天职，个人有个人之天职。或谓个人名义不经见，可知中国言治之偏于国家，而不恤人人之私利，此其言似矣。然仆观太史公言《小雅》讥小己之得失，其流及上。所谓小己，即个人也。大抵万物莫不有总有分，总曰"拓都"，译言"全体"；分曰"么匿"，译言"单位"。笔，拓都也；毫，么匿也。饭，拓都也；粒，么匿也。国，拓都也；民，么匿也。社会之变相无穷，而一一基

---

① 严复：《原强》（修订稿），《严复集》（第一册），中华书局，1986，第 17～18 页。
② 严复：《政治讲义》，《严复集》（第五册），中华书局，1986，第 1266～1267 页。
③ 严复：《政治讲义》，《严复集》（第五册），中华书局，1986，第 1267 页。

于小己之品质。①

严复援引太史公为例，反驳中国"言治之偏于国家，而不恤人人之私利"的说法，论说个体与国家/社会（严复在这里并未区分社会和国家）是单位（unit）和全体（total）的关系，而非等级从属关系。国家/社会的任何变化，都是基于个体的"小己之品质"，由此申说个体对变革国家的重要性。1914 年在给袁世凯政府的提案《导扬中华民国立国精神议》中，严复更进一步明确了"国/民 – 有机体/细胞"的隐喻关系：

> 近世之言群治者曰：无机之物，则有原子，有机之体，则有细胞，原子细胞，皆为么匿。（……）国者，有机之体也；民者，国之么匿也。②

即便是在向传统回归的晚年，严复仍未放弃对这一点的强调，甚至欲将之统合入儒家的人伦秩序中去。

> 斯宾塞以群为有机团体，与人身之为有机团体正同。人身以细胞为么匿，人群以个人为么匿。最初之群，么匿必少。言其起点，非家而何？家之事肇于男女，故《易传》曰："有男女然后有夫妇，有夫妇然后有父子，有父子然后有君臣，有君臣然后有上下，有上下然后礼义有所错。"此吾国之旧说也。③

此外，严复还以"肉"与组成肉的"质点"比喻国与民之关系。1897 年在致吴汝纶的信中写道：

> 今日之中国譬之如肉，当其生时，全块中亿万质点皆有吸

① 严复：《〈群学肄言〉译余赘语》，《严复集》（第一册），中华书局，1986，第126 页。
② 严复：《导扬中华民国立国精神议》，《严复集》（第二册），中华书局，1986，第342 页。
③ 严复：《天演进化论》，《严复集》（第二册），中华书局，1986，第310 页。

力，能相资以生，至于今则腐肉耳，所有莫破微尘有抵力而无吸者，与各国遇，如以利剑齿之，几何其不土崩瓦解也！①

严复运用"有机体－细胞""肉－质点""拓都－么匿"这些比喻和概念，都是为了凸显作为个体的"民"。个体之"民"作为基本构成要素——细胞加入到"国家身体"隐喻体系中，被赋予了相当重要的地位，而不再仅仅作为国家身体康健的指标，不再是面目模糊的"百姓"，由此走出了传统国家身体的言说框架。既然"民"是构成国家身体最重要也最基本的"细胞"，那么，在这个由进化论支配的世界中，国与国之间的竞争本质上就是构成这些国家身体的"民"之间的竞争，所谓"夫一国一种之盛衰强弱，民为之也"，②"民智不蒸，而国亦因之贫弱"。③

严复告诉他的读者："中国者，固病夫也。"④ 由此很容易看出，他身上留存着可以上溯至先秦时代的中国士大夫以"医国"为己任的古老精神。但严复与古代"医和"们的不同之处在于，他的目光不再集中于君主，也不聚焦于国体。在他看来，中国的病源不在器物，不在制度，也不在君，而在民。他清楚地描述出进化论宇宙图景下"民"之于"国家身体"的重要性，即"有生之物各保其生"方能保种，再三强调"民"由"自治""自由"而臻于"自利"。⑤这也正是西方富强之本："夫所谓富强云者，质而言之，不外利民云尔。"《原强》修订稿中进一步明确了斯宾塞的体力、智力、道德三要素与国家富强之关系："苟民力已茶，民智已卑，民德已薄，虽有富强之政，莫之能行。"⑥ 此处添加了初稿中所没有的对于三要素的

---

① 严复：《与吴汝纶书（一）》，《严复集》（第三册），中华书局，1986，第521页。
② 严复：《〈蒙养镜〉序》，《严复集》（第二册），中华书局，1986，第254～255页。
③ 严复：《论今日教育应以物理科学为当务之急》，《严复集》（第二册），中华书局，1986，第285页。
④ 严复：《原强》，《严复集》（第一册），中华书局，1986，第13页。
⑤ 严复：《原强》（修订稿），《严复集》（第一册），中华书局，1986，第27页。
⑥ 严复：《原强》（修订稿），《严复集》（第一册），中华书局，1986，第26页。

详尽阐释，论说"民"之优劣将决定种族是否能在天演竞争中胜出：

> 盖生民之大要三，而强弱存亡莫不视此：一曰血气体力之强，二曰聪明智虑之强，三曰德行仁义之强。是以西洋观化言治之家，莫不以民力、民智、民德三者断民种之高下，未有三者备而民生不优，亦未有三者备而国威不奋者也。①

因此，可以说，从对"民"的强调上看，严复的国家身体构图既不同于中国传统政治视野中的由上而下式，也不同于明治日本宪法学者们提出的强调立宪君主地位的"天皇机关说"。后二者热衷于描绘鲜明可视的"国家身体"：君主是最重要的首或心，四肢五脏各司其职，整体性是其强调的重点。但严复笔下却很少出现这种宏观的国家身体形象，他的描述乃从微观处着眼，重在组成国家身体的无数个体——民。严复利用斯宾塞之说，得以直接在民的身体与国家身体间建立起联系：没有自君至民的等级架构，也没有森严的官僚贵族阶层，决定国家命运的不是上承天命的君主，而是一个又一个作为国家身体构成元素的"民"。1910 年，严复在为沈纮译介伊藤博文的《日本宪法义解》所作的序中写道："国立所以为民而已。"法的制定必须根据民之高下，而民之高下又受到进化法则规约。故日本帝国宪法，虽出自明治诸贤之手，而"日本通国之人实为之，又非日本通国之人之所能为也，日本所席之旧治，与所遭之时世实为之"。② 他在民国肇建的 1912 年所作的《原贫》中更是直言，国是民之国，政府是民之政府，故保国之事，是国民义务："今日之国，固五族四万万民人之国也；今日之政府，固五族四万万民人之政府也。此五族四万万之民人，各有保存此国，维持此政府之义务，而不得辞。"③ 严复反复阐说的是，每一个个体都有能力对国

---

① 严复：《原强》（修订稿），《严复集》（第一册），中华书局，1986，第 18 页。

② 严复：《〈日本宪法义解〉序》，《严复集》（第一册），中华书局，1986，第 96～97 页。

③ 严复：《原贫》，《严复集》（第二册），中华书局，1986，第 293 页。

家产生影响，每一个个体都拥有自由才能带来国家的自由，每一个个体身体强健、智力发达和道德高尚的程度都将影响国家身体的整体素质，每一个个体的命运因而也都映射出国家的命运。

严复利用斯宾塞理论对"国家身体"隐喻进行了上述改造，通过在民的身体和国家身体间建立起直接联系，将个人的存在意义提高到一个相当重要的地位。并且这里的个人不是特指某些圣人或精英大夫，而是每一个生存于国家共同体之中的个人。因此，欲解决当时中国的危机——医治"国病"，就不能像传统的做法那样专注于君主或期待君主"任贤"，而应当从医治"民病"入手。这也是严复念兹在兹要"利民""生民"的根本原因所在。

不过，严复虽力言个体为救国之法门，但这里的个体须是群体中的个体，而非放浪于家国之外的"高贵的野蛮人"。严复的个体在群之中，为群而存，于群中求其生存。对此，胡汉民于严复《政治讲义》发表次年所作的一段议论颇中肯綮。胡汉民认为斯宾塞有关国家有机体的观念意在纠社会契约说偏重个人自由、以国家为工具之偏，斯宾塞强调国家亦为有机生命体，遵循天演法则，但并非不重个人，如组成国家有机体的"分子各具精神，而其全体则必统一而发达"。严复之学既本于斯宾塞，故并不主张不顾社会演进程度的急进变革，但又并非保守："其意以一群之存在，犹生物之存在，必与其所遭值之境象宜，然后可竞争以求胜。而所谓宜者，固非摭拾世之良善政强附之之谓。故必滋养培植，俟其群之自蒸；其于民智之开发三致意焉。"① 的确，严复对卢梭（Jean-Jacques Rousseau）式的个体张扬相当不以为然，《政治讲义》后半部即专论此。他在1912年致熊纯如的信中曾以颇为严厉的语气指出："极端平等自由之说，殆如海啸飓风，其势固不可久，而所摧杀破坏，不可亿计。此等浩劫，内因外缘两相成就，故其孽果无可解免；使可解免，则

---

① 汉民：《述侯官严氏最近政见》，《民报》第2号，1906年，第4～5页。

吾党事前不必作如许危言笃论矣。"① 严复晚年还曾专门作《〈民约〉平议》批驳卢梭,认为卢梭所倡之自由,在当下中国社会已成"迷信",流于"放恣"。② 严复甚至宣称:"今之所急者,非自由也,而在人人减损自由,而以利国善群为职志。"他对于群众暴力也相当警惕:"往往一众之专横,其危险压制,更甚于独夫,而亦未必遂为专者之利。不佞少尝于役海军,稍知御舟之事。假使波兴云谲之际,集舟中水手,乃至厨役火工,使之议决轮帆针向之事,则此舟前路,当为何如?"③

因此,严复对个体重要性的强调始终是在国家身体范围内进行的,他推崇的"民",须是"国"中之"民",离开了"国"的"民",正如离开了身体的细胞,是无法存活的。国家乃聚民而成,但并非聚民即可成国,这个庞大的生命体必须有"官",通过组织、管理建立秩序和管理体制:"盖国家为物,非聚一群之民,如聚沙聚米,便足当此名也。将必有分官设职,部勒经纬,使一群之中之支部有相资相待之用,而后成为国家。"④ 严复译介进化论学说时虽未明确使用"国民"一词,但他强调国之竞争即民之竞争时,隐然已与梁启超后来从日本大规模进口的"国民"话语相应合。

即使是在被认为最激进的早年,严复也并非如史华兹所言,是一个坚决地与儒家传统决裂而拥抱西方思想的人。从"官品"的译介案例中可以看到,斯宾塞理论中那些在严复看来与中国传统最相近或相合的地方,是他无论在"激进"的早年,还是在"保守"的晚年都不曾放弃过的。严复强调应使用"官品"作为 organism 的译

---

① 严复:《与熊纯如书(八)》,《严复集》(第三册),中华书局,1986,第608页。

② 据严复1913年致熊纯如的信可知,此文起因系梁启超约稿:"昨梁任庵书来,苦督为《庸言》报作一通论,已诺之矣。自卢梭《民约》风行,社会被其影响不少,不惜喋血捐生以从其法,然实无济于治,盖其本源谬也。刻拟草《民约平议》一通,以药社会之迷信。"[严复:《严复集》(第三册),中华书局,1986,第614页。]

③ 严复:《〈民约〉平议》,《严复集》(第二册),中华书局,1986,第337页。

④ 严复:《政治讲义》,《严复集》(第五册),中华书局,1986,第1255~1256页。

语，论证国家为"官品"，从而接续了中国古老的"国家身体"隐喻传统。同时借用斯宾塞理论，将组成国家这一官品的"个体/民"推到前台，由此完成了对传统"国家身体"隐喻的改造，并告诉国人：治愈"国病"的唯一办法不是等待贤君，而是养成国民。传统的国家身体经过这种改造，很快与刚刚在中国人观念中登场的"国民"的身体联系在了一起。

小　结

严复苦心孤诣推敲出的"官品"译语，虽然终究未能敌过梁启超从日本引进的"有机体"，但他通过翻译活动赋予了"国家身体"新涵义。他创出的以"官品"为中心的一系列概念，在晚清以降的中国知识界产生了持久而深远的影响，成为不同思想流派阐说当时中国现实时常常使用的思想资源。革命派如胡汉民用之论说反清革命的可行性，① 无政府主义者如刘师培用之为中西伦理比较的概念术语，② 新文化运动主将如高一涵以之为张扬"五四"个人主义的论

---

① 汉民在《民报之六大主义》中写道："满洲以蛮武入居中国，然其能力实不足以亡我。何者？国家之存亡，一视其机关组织之存减。而以一国家踏一国家者，必其固有之机关组织，完备优美，足以含孕其胜家，而胜家之被征服也，乃悉摧丧退听，如无官品无机体物之徒存焉。故严复氏论欧洲之罗马、俄国，亚洲之埃及、印度，谓如封豕长蛇，吞食鹿象，入其腹中，鹿豕机关，尽成齑粉，徐徐转变，化合新体。又曰新胜之家为极强立之官品，其无机消散者，独见灭之国。其举胡元而不及满清者，固为有所隐讳。然如其学说之分类，亦足见满族无亡中国之能力。盖论满族入寇之初，则无异于元，而其种智抑更劣下。故其固有之机关组织，既不足以胜我，乃仅得篡据为构成机关之分子，张皇百计以求自固，而久乃并忘其习惯，失其故居。视严氏所云为极强立之官品，使胜家变合为新体者，断乎其不能。故今日满人，与氏羌鲜卑之猾乱中夏，特有久暂之殊，而其情实无以过。质而言之，则皆据有我政府，而非灭亡我国家也。"（《民报》第3号，1906年，第8~9页。）
② 刘师培《伦理教科书》中使用严译"拓都"和"么匿"阐说中西伦理体系中对个人与社会关系处理之不同。

辩假想敌,① 周氏兄弟的国民性批判主题也可在其中觅得端倪,"拓都"和"么匿"等严译概念还成为郭沫若等清末民初的年轻学子参加学堂考试的考题。② 被严复改造过的作为政治学概念的"国家身体"更是迅速进入文学,感时忧国的中国作家利用这一隐喻,在个体生命时间与国家身体生命时间之间建立起因果联系,构建出个体与国家的命运共同体,发展出个体疾病和国家疾病间的影射关系。

严复构建的基于进化论的"人 - 群 - 国"体系,建立起个体身体与国家身体之间休戚与共的紧密联系,为个体身体在国人对国家身体想象中的登场铺平了理论上的道路。它促使人们将关注点从国家身体疾病转移到个体身体疾病上来,为此后知识界施于个人身体与国家身体间的种种增饰、衍说奠定了基础。翻译中生成的"生病的中国"形象,既是中国知识分子国家想象中非常重要的一种,也折射出他们对己身与国家关系的定位。近代以来个人与国家的命运共同体关系也正是在这一过程中,在隐喻层面逐渐被建立起来。

① 高一涵:《国家非人生之归宿论》,《新青年》第 1 卷第 4 号,1915 年,第 1~8 页。
② 郭沫若《少年时代》中曾提及此事。黄克武指出:"清末民初之时,中小学校考试或作文题以严复译作或严译概念来命题,颇为普遍。"参见黄克武《惟适之安:严复与近代中国的文化转型》,(台北)联经出版公司,2010,第 131~132 页。

第二章　梁启超与中国近代"国家身体"
形象的散布

　　严复虽然为中国人带来了近代西方的国家有机体观念，并且在理论上完成了"国家身体"与"国民身体"的结合，将当时中国"国病"的根源落实到"民病"上，却因其古奥的文体而未能立即得到广泛接受，而梁启超才是这种观念最有成效的传播者。

　　很多学者将此问题聚焦于梁启超对"东亚病夫"概念的传播。游佐徹整理梁启超笔下的中国形象时曾专门列出"病夫－医国"一项，罗列出其各个时期文章中所出现的"病国""病夫"叙述。① 杨瑞松考察"东亚病夫"在晚清的出现和流行问题时，认为梁启超在《新民说》中将源自西方媒体的形容中国现状的"病夫"进行了"创造转化"，使其扩展至对中国人身体的形容上。② 高岛航同样以《新民说》为例，认为此篇标志着梁启超"将重心从政府的改革转移到'国民'的铸造"，"在个人与民族、国家这一新的框架之中，病国之'病夫'和病人之'病夫'才得以结合"，这一番改造终于

---

①　遊佐徹「梁啓超が描いた中国の自画像（資料編）」『中国文史論叢』2010 年第 6 号、第 182～190 頁。

②　杨瑞松：《想像民族的耻辱：近代中国思想文化史上的"东亚病夫"》，《"国立"政治大学历史学报》第 23 期，2005 年，第 24～25 页。

使"锻炼身体提升为国民全体的课题"。① 另一些学者则致力于从梁启超流亡日本期间对瑞士政治学家伯伦知理的国家有机体学说的吸收和译介入手，认为该理论在梁启超建构自己的"现代中国"形象中起了关键作用。巴斯蒂、川尻文彦和王昆考证、梳理了梁启超在日本接受、译介伯伦知理学说的文献脉络。② 横山英从梁启超思想中"群"的概念的变化入手，认为国家有机体学说帮助梁氏对儒家传统中"群"的概念进行了现代转化，梁启超在糅合了儒家思想、进化论、国家有机体学说和天赋人权论的国家观念中提炼出救国必先新民的观念。③ 狭间直树在讨论了梁启超混杂了伯伦知理国家有机体学说和卢梭人民主权说的国家观念后指出："梁启超的国家形象是国与民的完全重合，并施加上了作为有机体的性能。"④ 雷勇则更加强调，正是伯伦知理的有机体比喻，使梁氏"走出儒家的'天下'观，思考如何建立一个宪政的民族国家"。⑤

　　本章将首先梳理梁启超笔下"国家身体"形象的理论脉络。就笔者管见而言，这一工作在目前的研究中尚未得到有效的推进。戊戌变法前后至亡命日本初期，是梁启超笔下"病国"叙述出现最多、最集中的时期，从其思想来源看大致可分为三类：①源自中国传统观念的"国家身体"隐喻；②经严复改造过的"国家身体"观念；

---

① 〔日〕高岛航：《"东亚病夫"与体育——以殖民地男性特质为视点的观察》，〔日〕狭间直树、石川祯浩主编《近代东亚翻译概念的发生与传播》，袁广泉等译，社会科学文献出版社，2015，第 360～361 页。

② 〔法〕巴斯蒂：《中国近代国家观念溯源——关于伯伦知理〈国家论〉的翻译》，《近代史研究》1997 年第 4 期，第 221～232 页；〔日〕川尻文彦：《梁启超的政治学——以明治日本的国家学和伯伦知理的受容为中心》，《洛阳师范学院学报》2011 年第 1 期，第 1～9 页；王昆：《梁启超与伯伦知理国家学说》，《中国国家博物馆馆刊》2013 年第 11 期，第 115～124 页。

③ 横山英「清末ナショナリズムと国家有機体説」『広島大学文学部紀要』1986 年第 45 号、第 151～171 頁。

④ 狭間直樹「『新民説』略論」、狭間直樹編『梁啓超：西洋近代思想受容と明治日本共同研究』、みすず書房、1999、第 87 頁。

⑤ 雷勇：《国家比喻的意义转换与现代国家形象——梁启超国家有机体理论的西方背景及思想渊源》，《政法论坛》2010 年第 28 卷第 6 期，第 21 页。

③基于伯伦知理国家有机体学说的"国家身体"理论。上述三者并非截然分开，而是常常混合在一起，共同构筑了梁启超的"国家身体"形象。其次，探讨梁启超在喻象层面对基于"国家身体"理论的"病国"形象的增饰、传播及其影响。梁启超在近代中国人国家想象形成的过程中，最大的贡献不是建立"病国"与"病夫"的理论联系（这一工作已经由严复先行完成），而是构建了一个糅合各家学说的"生病的中国"形象，并凭借自己的舆论影响力，对其进行增饰、衍说和传播，极大地影响了近代以来中国知识界的国家想象。

第一节　源自传统观念和经严复改造的"国家身体"观念

梁启超和严复一样，对于以"国病"喻国乱的中国传统"国家身体"隐喻有着相当的自觉，在其早期宣传变法的言论中使用尤为频繁，他使用这一比喻形容当时的危局，申说变法改革的必要性。如在 1896 年所作《西学书目表后序》中声讨旧学对中国的危害，喻旧学为"附骨之疽"。① 1897 年发表《读〈日本书目志〉书后》，援引伊尹辅佐商汤的典故，称掌握治国之法的"圣人"为"医"，依时变法好比对症下药：

> 圣人譬之医也，医之为方，因病而发药，若病变则方亦变矣。圣人之为治法也，随时而立义，时移而法亦移矣。（……）吾中国大地之名国也，今则耗矣衰矣，以大地万国皆更新，而吾尚守旧故也，伊尹古能治国病者也，曰：用其新，去其陈，

① 梁启超：《西学书目表后序》，《饮冰室合集·饮冰室文集之一》，中华书局，1989，第 126 页。

病乃不存。汤受其教，故言日新又新。①

1898 年 4 月 21 日，他在保国会的演说中呼吁，面对眼下这个外忧内患的中国，倘若再不采取措施，不啻坐视国病而待其亡：

> 今中国病外感耳，病噎隔耳，苟有良药，一举可疗，而举国上下，漫然以不可治之一语，养其病而待其死亡。②

他在逃亡日本之初所作《论变法后安置守旧大臣之法》中，将守旧势力喻为"痞"和"疽"，是阻挠"国家身体"康复的最大障碍：

> 变法之事，布新固急，而除旧尤急。譬犹病痞者，不去其痞，而饵以参苓，则参苓之功用，皆纳受于痞之中，痞益增而死益速矣。虽然，变法之事，布新固难，而除旧尤难，譬犹患附骨之疽，欲疗疽则骨不完，欲护骨则疽不治。故善医旧国者，必有运斤成风，垩去而鼻不伤之手段，其庶几矣。③

在 1900 年发表之《中国积弱溯源论》中，将中国喻为痨病患者：

> 譬有患痨病，其脏腑之损失，其精血之竭蹶，已非一日，昧者不察，谓为无病。一旦受风寒暑湿之侵暴，或饮食消养之失宜，于是病象始大显焉。(……) 医一身且然，而况医一国者乎。④

同年 8 月发表之《论今日各国待中国之善法》，则以西后政府为

---

① 梁启超：《读〈日本书目志〉书后》，《饮冰室合集·饮冰室文集之二》，中华书局，1989，第 52 页。
② 梁启超：《保国会演说词》，《饮冰室合集·饮冰室文集之三》，中华书局，1989，第 27 页。
③ 梁启超：《变法通议·论变法后安置守旧大臣之法》，《饮冰室合集·饮冰室文集之一》，中华书局，1989，第 89 页。
④ 梁启超：《中国积弱溯源论》，《饮冰室合集·饮冰室文集之五》，中华书局，1989，第 12～13 页。

中国病根之所在：

> 办事者如医病，先知其病根之所在，而以药攻去之，病根去而元气复。若所下之剂，过于狠毒，溢出于病根之外，则药又为生病之媒焉。今日中国之病根何在？即西太后党之政府是也。（……）今欲医中国之病，惟有将此恶政府除去，而别立一好政府，则万事俱妥矣。①

上述言论具有十分明显的中国传统"病国"隐喻的叙述模式：以"国病"比喻国家的衰落和政事的混乱，将病因归咎于统治者的无能、腐败，以治病喻治国，由圣人、精英士大夫承担"医国之士"的角色。从梁启超描述"国病"情状时所使用的"痞""附骨之疽""脏腑""精血""病根""病象""元气"等词语也可看出，当时的他还是从中医视角对"国家身体"进行描述。同时也可看出，梁启超对中国传统政治观念中的"国家身体"隐喻十分熟稔，可以信手拈来。他能够迅速接受西方媒体对中国的"病夫"评价，大概也是因为以病人喻弱国的说法对他而言本就不陌生。

与此同时，来自严复的影响为梁启超笔下传统的"国家身体"形象注入了西方现代政治学观念。梁、严二人的交往至少可溯至1896年梁启超在上海创办《时务报》之时。据丁文江和黄克武考证，二人经由黄遵宪和马良、马建忠兄弟介绍相识，②此后便时有书信往还，讨论民主、君权、保教、开民智等共同关心的问题，而梁启超对严复之学感佩至深。在致严复的一封回信中，梁启超以其特有的饱含热情的笔调，谓得严复"赐书二十一纸，循环往复诵十数过，不忍释手，甚为感佩。迺至不可思议。今而知天下之爱我者，舍父师之外，无如严先生。天下之知我而能教我者，舍父师之外，

---

① 梁启超：《论今日各国待中国之善法》，《饮冰室合集·饮冰室文集之五》，中华书局，1989，第52页。
② 丁文江、赵丰田编《梁启超年谱长编》，上海人民出版社，2009，第38页；黄克武：《严复与梁启超》，《台大文史哲学报》第56期，2002年，第37页。

无如严先生",并称从夏曾佑处得知严复正致力于斯宾塞之学,"闻之益垂涎不能自制",希望向严复求教。① 梁启超曾在 1897 年 3 月 3 日致康有为的信中谓严复来信对自己"相规甚至",称道严复之学"实精深,彼书中言,有感动超之脑气筋者"。② 此外,梁启超还曾向严复索求《原强》文稿,欲刊于《时务报》。③ 严译《天演论》脱稿后,"未出版之先,即持其稿以示任兄"。④

作为最早阅读到严译《天演论》的中国人之一,梁启超在与严复交往后也开始使用一些严译新概念,许多学者都指出,严复在社会进化论方面给予梁启超不小的影响。从梁启超 1896 年发表的《说群》中便可看到《天演论》的影响痕迹,《说群序》中有言:"思发明群义,则理奥例赜,苦不克达。既乃得侯官严君复之治功《天演论》、浏阳谭君嗣同之《仁学》,读之犁然有当于其心。"⑤ 严复译 society 为"群",谓积"人"而成"群",而成"国",人、群、国三者皆为受进化论法则支配的"官品",由此建立起国家与人体之间的同质类比。梁启超阐发"群"的意义,也开始使用西方解剖学视角下的人体来比拟社会。

> 人之一身,耳司听,目司视,口司言,手足司动,骨司植,筋司络,肺司呼吸,胃司食,心司变血,脉管司运血回血,脑司觉,各储其能,各效其力,身之群也。⑥

严复对"国家身体"内部秩序、组织(organization,严译为

① 梁启超:《与严幼陵先生书》,《饮冰室合集·饮冰室文集之一》,中华书局,1989,第 106~107、110 页。
② 丁文江、赵丰田编《梁启超年谱长编》,上海人民出版社,2009,第 51 页。
③ 严复:《与梁启超书一》,《严复集》(第三册),中华书局,1986,第 514 页。
④ 丁文江、赵丰田编《梁启超年谱长编》,上海人民出版社,2009,第 38 页。
⑤ 梁启超:《说群序》,《饮冰室合集·饮冰室文集之二》,中华书局,1989,第 3 页。
⑥ 梁启超:《说群序·说群一群理一》,《饮冰室合集·饮冰室文集之二》,中华书局,1989,第 5 页。

"部勒")的强调，在梁启超那里也有体现。梁启超论说一"国"和一"身"一样，都有其"群"，都置于天演宇宙之中：天演进化就是"物以群相竞"，灭亡一个国家只要灭亡"其国之群"，使其上下不相通、秩序紊乱即可。要使一个"群"强大，则必须依靠各部组织，使其"各储其能，各效其力"。梁启超将缺乏统一组织、联系松散的"群"比喻为"老病之人脏腑阂隔腠理松疏"，因此自然会"鬼祟凭之，寒暑侵之"。而上下齐心、紧密相连之"群"则被喻为强壮少年："强壮少年无患此者，体魄之相卫周也。"①

当时正是自由主义忠实信徒的严复，在对中国传统"国家身体"话语的改造过程中，使用了"有机体－细胞""拓都－么匿"等概念，以凸显被喻为"细胞"的个体之"民"作为基本构成元素在"国家身体"中的地位，从而使"民"成为影响整个有机体素质的决定性因素，在此基础上推出借自斯宾塞的民智、民德、民力三要素，以之为强国根本。此三要素也是严复在回复梁启超的约稿信中，丁叙述《原强》写作经纬时所反复阐述的："意欲本之格致新理，溯源竟委，发明富强之事，造端于民，以智、德、力三者为之根本。"② 梁启超对此显然深以为然，1899 年所作《论支那宗教改革》中也使用了三要素论："凡一国之强弱兴废，全系乎国民之智识与能力，而智识能力之进退增减，全系乎国民之思想。"③ 1900 年所作《中国积弱溯源论》断言"夫国也者，积民而成"，④ 直接在"民体"与"国体"之间构建联系。他完全跳过了君主——在传统"国家身体"隐喻中，君主在身体中的地位是必须首先被确定的——直接将"民智"置于最重要的"国脑"的位置，由此摆脱了传统的"国家

① 梁启超：《说群序·说群一群理一》，《饮冰室合集·饮冰室文集之二》，中华书局，1989，第 6 ~ 7 页。
② 严复：《与梁启超书一》，《严复集》（第三册），中华书局，1986，第 514 页。
③ 梁启超：《论支那宗教改革》，《饮冰室合集·饮冰室文集之三》，中华书局，1989，第 55 页。
④ 梁启超：《中国积弱溯源论》，《饮冰室合集·饮冰室文集之五》，中华书局，1989，第 34 页。

身体"的隐喻框架。因为在中国传统的"国家身体"框架中，能够占据脑或心这类关键位置的，只能是君主。

> 凡人之所以为人者，不徒眼耳鼻舌手足脏腑血脉而已，而尤必有司觉识之脑筋焉。使四肢五官具备，而无脑筋，犹不得谓之人也。惟国亦然。既有国形，复有国脑，脑之不具，形为虚存。国脑者何？则国民之智慧是已。（……）集全国民之良脑，而成一国脑，则国于以富，于以强，反是则日以贫，日以弱。国脑之不能离民智而独成，犹国体之不能离民体而独立也。①

梁启超继而依据进化论的生存竞争说，再次运用身体隐喻指出时局之危，同样将解决危机的关键放在民的身体上：

> 虽合无量数聪明才智之士以应对之，犹恐不得当，乃群无脑无骨无血无气之俦，偃然高坐，酣然长睡于此世界之中，其将如何而可也？②

1902～1903年间所作、集梁氏国民思想之大成的《新民说》更是屡次强调，在这个最终必须依靠"国民"进行生存竞争的世界中，救国不应仰赖"贤君相"，而应以养成智、德、力兼备的"新民"为"第一急务"："必其使吾四万万人之民德、民智、民力，皆可与彼相埒，则外自不能为患，吾何为而患之！"③论及"私德"时，引用了严译《群学肄言》中"拓都－么匿"这一对概念，阐释个体作为决定整体素质之基本要素的重要性：

① 梁启超：《中国积弱溯源论》，《饮冰室合集·饮冰室文集之五》，中华书局，1989，第21页。
② 梁启超：《中国积弱溯源论》，《饮冰室合集·饮冰室文集之五》，中华书局，1989，第34页。
③ 梁启超：《新民说》，《饮冰室合集·饮冰室专集之四》，中华书局，1989，第5页。

斯宾塞之言曰："凡群者皆一之积也，所以为群之德，自其一之德而已定。群者谓之拓都，一者谓之么匿。拓都之性情形制，么匿为之，么匿之所本无者，不能从拓都而成有，么匿之所同具者，不能以拓都而忽亡。"（按：以上见侯官严氏所译《群学肄言》。其云拓都者，东译所称团体也；云么匿者，东译所称个人也。）谅哉言乎！①

既已认定"国家身体"乃积民而成，那么接下来提出医治"国病"必先医治"民病"也就顺理成章。在这一点上，梁启超和严复的观点一致。梁启超的"病国"叙述中存在大量有关"国病"与"民病"之间因果联系的叙述。例如说中国之病是四亿国民之病的总和：

今日之中国，又积数千年之沉疴，合四百兆之痼疾，盘居膏肓，命在旦夕者也。②

说国家积弱乃因国民积弱：

夫我中国民族，无活泼之气象，无勇敢之精神，无沈雄强毅之魄力（……）一人如是，则为废人，积人成国，则为废国。中国之弱于天下，皆此之由。③

"国病"与"民病"既互为因果，则国家之病必然导致国民之病，国民之病会累积成国家之病：

---

① 梁启超：《新民说》，《饮冰室合集·饮冰室专集之四》，中华书局，1989，第118～119页。
② 梁启超：《十种德性相反相成义》，《饮冰室合集·饮冰室文集之五》，中华书局，1989，第50页。
③ 梁启超：《新民议》，《饮冰室合集·饮冰室文集之七》，中华书局，1989，第108页。

惟民瘁而国不能荣。抑国不荣则民亦必旋瘁。①

弱冠而后，则又缠绵床第以耗其精力，吸食鸦片以戕其身体，鬼躁鬼幽，趑步欹跌，血不华色，面有死容，病体奄奄，气息才属。合四万万人，而不能得一完备之体格。呜呼！其人皆为病夫，其国安得不为病国也！②

国家自身之荣悴与国民全体之荣悴，实迭相为因迭相为果……③

因此，从梁启超对严译概念的使用，以及贯穿《新民说》的对三要素的反复强调来看，有理由相信，在梁启超形成自己的民权观念的过程中，严复即使不是唯一影响，至少也占有相当重要的地位。而这直接影响了梁启超心目中"国家身体"的构造，其笔下"生病的中国"形象也随之发生变化。接受了社会进化论的梁启超不再停留于以"国病"喻国乱的老生常谈，而是更进一步直指国家"病根"所在乃是"民病"。这种"国病"源于"民病"的观念在严复那里完成了理论建构，而在梁启超那里则得到频繁的使用和进一步巩固。此观念随着"新民说"的传播，在此后的中国知识界产生了广泛而深远的影响。

第二节　基于伯伦知理思想的"国家身体"理论

如果说严复为梁启超的"国家身体"架构添加了作为细胞的个体，那么瑞士政治学家伯伦知理则为其注入了"统一"的因素。众

---

① 梁启超：《政治与人民》，《饮冰室合集·饮冰室文集之二十》，中华书局，1989，第 7 页。

② 梁启超：《新民说》，《饮冰室合集·饮冰室专集之四》，中华书局，1989，第117 页。

③ 梁启超：《说政策》，《饮冰室合集·饮冰室文集之二十三》，中华书局，1989，第 6 页。

所周知，梁启超在戊戌变法失败后亡命日本，日本不仅是他的政治避难所，也为他提供了无穷的思想资源和灵感，其中就包括对他的国家观产生重要影响的伯伦知理的国家有机体学说，该学说直接影响了梁启超对"国家身体"的认识和他的"病国"叙事。

在梁启超抵日之时的日本政治思想界，国家有机体学说已颇成气候，伯伦知理的一些重要著作已被译介到日本，成为伊藤博文等明治宪法制定者用以解释新国体的主要学说。① 铃木贞美指出，向明治天皇进讲的政治思想家加藤弘之，当时使用的主要就是伯伦知理的国家有机体学说。"加藤弘之抄译的《国法泛论》（1876 年）曾作为各大学的讲义，渗透于后一代官僚阶层的思想中"，日俄战争后更是成为广为流行的学说。② 梁启超显然迅速注意到了这一现象，抵日翌年便开始向中国读者介绍伯伦知理的学说。其中较为系统的介绍文章包括：1899 年 4 月 10 日 ~ 10 月 25 日，《清议报》第 11、15 ~ 19、23、25 ~ 31 期发表的由梁启超译自日文的伯伦知理的《国家论》。③ 1902 年广智书局出版了由梁启超翻译（署名"中国饮冰室主人"）的伯伦知理的《国家学纲领》，系对 1899 年《清译报》版《国家论》的节译。在 1903 年《新民丛报》第 32 号上他以"力人"④ 为

① 关于日本译介国家有机体学说的情况，可参见河村又介「加藤弘之と国家有機体説」『日本学士院紀要』1968 年第 26 巻第 1 号、第 1 ~ 11 頁；山田央子「ブルンチュリと近代日本政治思想——「国民」観念の成立とその受容」（上、下）『東京都立大学法学会雑誌』1991 年第 32 巻第 2 号、第 125 ~ 174 頁、1992 年第 33 巻第 1 号、第 221 ~ 293 頁；嘉戸一将「身体としての国家」『相愛大学人文科学研究所研究年報』2010 年第 4 号、第 9 ~ 20 頁。

② 〔日〕铃木贞美：《日本的文化民族主义》，魏大海译，武汉大学出版社，2008，第 44 页。

③ 据巴斯蒂考证，该文系伯氏 1874 年出版的通俗读物《为有文化的公众而写的德国政治学》的节译本。《国家论》由该书第一部分《国家总论》第 1 卷《国家之性质与目的》、第 3 卷《国体》和第 4 卷《公权及其作用》的各一部分组成。不过，梁氏所用日文底本既非伯氏原著，也非平田译本，而是 1899 年在东京出版的由吾妻兵治著译的《国家学》。见〔法〕巴斯蒂《中国近代国家观念溯源——关于伯伦知理〈国家论〉的翻译》，《近代史研究》1997 年第 4 期，第 223 页。

④ 王昆认为"力人"并非梁启超笔名。参见王昆《梁启超与伯伦知理国家学说》，《中国国家博物馆馆刊》2013 年第 11 期，第 115 ~ 124 页。

笔名撰《政治学大家伯伦知理之学说》，10 月 4 日第 38、39 册合刊
上又署名"中国之新民"，将前文大幅扩充修改，加入了针对中国现
状而发的议论后重新发表，谓"此题已见本报第三十二号中，以其
所叙述尚简略也，且夫著者之所感触别有在也，故不避骈枝之诮再
撰此篇，读者谅之"。① 此外，《新民丛报》还转载过《译书汇编》
1902 年第 2 卷第 1 期刊载的《国家为有机体说》，该文系转引日本
法学家一木喜德郎②的国家有机体学说介绍。③ 对伯伦知理的学说大
量译介，可见梁启超当时对这种理论的重视程度。

《清议报》版的《国家论》，因以日译本为蓝本，也就直接使用
了日译"有机体"而非严复译"官品"作为 organism 的译语。在论
及国家的生命体属性时写道：

> 以国民为社会，以国家为民人聚成一体，此说由来尚矣。
> 而德国政学家，独以新意驳之曰："国家，有生气之组织体也。
> 组织，化学语，犹言结构也。筋肉关节，相错综以成人体，犹
> 组织布帛也。凡有生气者，皆谓组织体。徒涂抹五彩，不得谓
> 之图画。徒堆积碎石，不得谓之石偶。徒聚线纬与血球，不得
> 谓之人类。必也彼是相依相待，以成一体者也。故国家者，非
> 徒聚民人之谓也，非徒有制度府库之谓也。国家者盖有机体也。
> 有机无机，皆化学语。有机，有生气也，人兽草木是也。无机，
> 无生气也，土石是也。"④

这一段论述被梁启超几乎原样抄入《政治学大家伯伦知理之学说》：

① 中国之新民：《政治学大家伯伦知理之学说》，《新民丛报》第 38、39 期合刊，1903 年，第 19 页。
② 一木喜德郎（1867～1944）：日本法学家、政治家，东京帝国大学法科大学教授，历任文部大臣、内阁大臣等职。著名的公法学专家，主张天皇机关说。该学说受到欧洲国家有机体说影响，明治、大正时代曾是日本宪法理论的主流思想，认为国家统治权应属于作为法人的国家，天皇是国家有机体中的最高机关。
③ 《政法片片录·国家为有机体说》，《译书汇编》第 2 卷第 1 期，1902 年，第 6～7 页。
④ 〔瑞士〕伯伦知理：《国家论》，《清议报》第 15 期，1899 年，第 6 页。

伯伦知理曰：十八世纪以来之学者，以国民为社会，以国家为积人而成，如集阿屯以成物质。似矣，而未得其真也。夫徒抹五彩，不得谓之图画。徒堆瓦石，不得谓之宫室。徒集脉络与血轮，不得谓之人类。惟国亦然。国也者，非徒聚人民之谓也，非徒有府库制度之谓也。亦有其意志焉，亦有其行动焉。无以名之，名之曰"有机体"。①

巴斯蒂认为此篇几乎完全抄自日本学者吾妻兵治所翻译的《国家学》，"除了确切表明梁启超接受了伯伦知理的观点之外，丝毫没有他的个人创见"。② 不过，梁启超写作这些文章本来就不是为了发表创见，而是传播观念。即便确如巴斯蒂所言，那么仍然需要问的是：这种学说中的什么东西吸引了梁启超，使他愿意"全文抄袭"？

伯伦知理的国家有机体学说最吸引梁启超之处在于"一体"。伯伦知理的国家有机体说不同于斯宾塞之处在于，它以卢梭的民权论为驳论对象，着眼处不再是聚成国家之"民"，而是聚成之后的"一体"，是"国家身体"的统一性。"民"应当成为"国民"，"号之曰国民，则始终与国家相待而不可须臾离"，③ "民"必须与"国"紧紧绑在一起，否则彼此都将无法生存。"有国民即有国家，无国家亦无国民。二者实同物而异名耳。"④ 国家这个有机体，不是各部分的简单相加："国家者，非徒聚民人之谓也"，⑤ 而是在各部分协调运作的基础上拥有统一意志和精神，能够统一行动的整体。正是这

① 中国之新民：《政治学大家伯伦知理之学说》，《新民丛报》第38、39 号合刊，1903 年，第24 页。
② 〔法〕巴斯蒂：《中国近代国家观念溯源——关于伯伦知理〈国家论〉的翻译》，《近代史研究》1997 年第4 期，第231 页。
③ 中国之新民：《政治学大家伯伦知理之学说》，《新民丛报》第38、39 号合刊，1903 年，第21～22 页。
④ 中国之新民：《政治学大家伯伦知理之学说》，《新民丛报》第38、39 号合刊，1903 年，第27 页。
⑤ 〔瑞士〕伯伦知理：《国家论》，《清议报》第15 期，1899 年，第6 页。

种对有机体内部统一性的强调，深深吸引了梁启超。

如前所论，梁启超在接触伯伦知理的学说前已经接受了社会进化论的宇宙图景，进化论学说中的"务为优强勿为劣弱"之论在西方早已深入人心，影响及于国与国之关系，结果就是"帝国政策"的出现。① 因此，梁启超要的是一个统一的、意志坚定的"国家身体"，上下齐心，体格强健（明治时期的日本是这方面的一个好样板），方能在这个弱肉强食的世界里保种存国。而当时的中国，在梁启超看来却是"无三人以上之法团，无能支一年之党派"，② 国之大患所在就是缺乏秩序与统一："我国今日所最缺点而最急需者，在有机之统一与有力之秩序，而自由平等直其次耳。何也？必先铸部民使成国民，然后国民之幸福乃可得言也。"③ 卢梭的学说申民权、倡平等，是反对专制的利器，却无法提供给当时的梁启超最需要的东西——一个有着强壮"身体"的国家。梁启超没有耐心等候卢梭要求的全民"合意之契约"（连卢梭自己也说，这契约的达成将是未来以后很久之事），而且即便能够达成，也只能组成"社会"——一个"变动不居之集合体"，"不过多数私人之结集"，④ 不能建成国家。"国病"已入膏肓，进化论的预言已经告诉他，再拖延下去就是亡国灭种，而伯伦知理的理论却能让他看到一个内能统一、外能拒侮的强壮"国家身体"。如前所述，这种对有机体内部秩序的强调在《说群》中已现端倪，伯氏理论似乎更增强了梁启超下此论断的信心。因此，梁启超自然被伯氏强调统一和秩序的国家有机体学说所吸引，这种有机体内部的协调统一正是建立一个强壮"国家身体"

---

① 梁启超：《天演学初祖达尔文之学说及其略传》，《饮冰室合集·饮冰室文集之十三》，中华书局，1989，第 12 页。

② 中国之新民：《政治学大家伯伦知理之学说》，《新民丛报》第 38、39 号合刊，1903 年，第 23 页。

③ 中国之新民：《政治学大家伯伦知理之学说》，《新民丛报》第 38、39 号合刊，1903 年，第 22～23 页。

④ 中国之新民：《政治学大家伯伦知理之学说》，《新民丛报》第 38、39 号合刊，1903 年，第 21～22 页。

的基础。

于是，梁启超论说在这个"数十民族短兵相接，于是帝国主义大起"的时代里，此前倡民权、重个体，主张"放任"之论的"卢梭、约翰弥勒、斯宾塞诸贤之言，无复过问"。当下"大势之所趋迫"，是强调国家的"干涉"和"集权"。他盛赞伯伦知理可称"二十世纪之母"，① 因其指点出这一时代大势，实深得当世世界政治之真谛。在 1902 年所作《论学术之势力左右世界》中，梁启超指出伯氏学说的国家主义本质，称其"使国民皆以爱国为第一之义务"，实乃当世强国之"原力"：

> 自伯氏出，然后定国家之界说。（……）前之所谓国家为人民而生者，今则转而云人民为国家而生焉。使国民皆以爱国为第一之义务，而盛强之国乃立。②

梁启超认为，卢梭之说是过渡时代的应急之"药"，伯伦知理之说才是建设时代的立国之"粟"。③ 国家为个体和社会服务的自由主义时代已经过去，在这个弱肉强食的国家主义时代，"民"必须成为"国民"，"民"的身体必须被裹进"国"的身体，强国之义，舍此无他。

第三节　"国家身体"理念和"病国"叙事的传播

综上所述，从理论来源看，梁启超笔下的"国家身体"形象实则综合了中国传统的"国家身体"观念、社会进化论和国家有机体

---

① 中国之新民：《政治学大家伯伦知理之学说》，《新民丛报》第 38、39 号合刊，1903 年，第 53 页。

② 梁启超：《论学术之势力左右世界》，《饮冰室合集·饮冰室文集之六》，中华书局，1989，第 114 页。

③ 中国之新民：《政治学大家伯伦知理之学说》，《新民丛报》第 38、39 号合刊，1903 年，第 19 页。

说。然而，梁启超对构建近代中国人"国家身体"想象的最大贡献并不在于对伯伦知理学说的译介，"国病"源于"民病"的理论建构在严复那里早已完成；梁启超的贡献在于，他凭借上述理论资源而整合、衍生出一系列"生病的中国"形象，凭借其舆论影响力，使"国家身体"隐喻的大范围散布成为可能。严复虽然通过翻译斯宾塞学说，利用"官品""拓都""么匿"等概念完成了将"国家身体"与国民个体身体联系在一起的理论准备，但因其太过追求古雅的文体，反而阻碍了这些观念的大范围传播。梁启超则很快完成了"国病"和"民病"之间的因果联系在隐喻层面的转换，并发展出大量的类似叙事，应用于他对当时中国各种问题的议论中。梁启超不像严复那样立志要著"学理邃赜之书"，"以待多读中国古书之人"，① 而是一早就自我定位为"在报中为中等人说法"。② （这也成为他后来与严复之间的重大分歧所在。）利用被严复视为"大雅之所讳"的"报馆文章"，③ 梁启超娴熟地操作着伯伦知理的国家有机体理论，辅之以进化论优胜劣汰的预言，同时也从未放弃使用以"国病"喻国乱的传统论述——因为这很容易在他那些受传统教育的读者中唤起共鸣——描绘出极具可视性的"国家身体"形象图，迅速发展出大量"生病的中国"形象。这些形象由他独特的、饱含感情的笔调描出，跨过谨慎的理论推演，直接在喻象层面展开，栩栩如生，触目惊心。

伯伦知理明确将政府、议院等国家机构比喻为人体的四肢器官，在宪法支配下结合为一个整体，国家的改革则被喻为身体的成长变化。在这幅"国家身体图"中，每个喻体都有其不可替代的指涉对

---

① 严复：《与梁启超书（二）》，王栻主编《严复集》（第三册），中华书局，1986，第516~517页。

② 梁启超：《与严幼陵先生书》，《饮冰室合集·饮冰室文集之一》，中华书局，1989，第108页。

③ 严复：《与梁启超书（二）》，王栻主编《严复集》（第三册），中华书局，1986，第517页。

象，代表了伯伦知理对国家应然形态的构想。① 严复则很少描绘宏观的"国家身体"，而是着重从微观处阐发，念兹在兹的是组成这身体的无数个体——被喻为"细胞"的"民"。对伯伦知理和严复而言，"国家身体"的样貌都是各自学说的具象体现，轻易变换不得。然而，梁启超对此却不太在意，他的"国家身体图"可以根据需要随时变化。严复和伯伦知理都曾论说国家不是民众的简单集合，而是各组织的协调运作，此论梁启超也颇为赞同，于是点画渲染，细描由府、州、县、乡、埠组成的"国家身体"器官图：

> 盖国也者积民而成者也，积府州县乡埠而成者也。如人身合五官百骸而成，官骸各尽其职效其力，则肤革充盈，人道乃备。有一痹废，若失职者，则体必不立，惟国亦然。②

然而，当梁启超需要向读者分析瓜分危局时，组成"国家身体"的器官又变成路、矿、财、兵：

> 一国犹一身也，一身之中，有腹心焉，有骨节焉，有肌肉焉，有脉络焉，有手足焉，有咽喉焉，有皮毛焉。铁路者，国之络脉也。矿务者，国之骨节也。财政者，国之肌肉也。兵者，国之手足也。港湾要地者，国之咽喉也。而土地者，国之皮毛也。今者脉络已被瓜分矣，骨节已被瓜分矣，肌肉已被瓜分矣，手足已被瓜分矣，咽喉已被瓜分矣，而仅余外观之皮毛，以裹此七尺之躯，安得谓之为完人也哉？③

当要阐说养成"新民"才是强国要义时，"国家身体"的各部

---

① 中国之新民：《政治学大家伯伦知理之学说》，《新民丛报》第38、39号合刊，1903年，第25页。
② 梁启超：《商会议》，《饮冰室合集·饮冰室文集之四》，中华书局，1989，第1页。
③ 梁启超：《瓜分危言》，《饮冰室合集·饮冰室文集之四》，中华书局，1989，第36页。

分器官组织又全被比喻成"民"。《新民说》开篇叙论中言道：

> 国也者，积民而成。国之有民，犹身之有四肢五脏筋脉血轮也。未有四肢已断、五脏已瘵、筋脉已伤、血轮已涸，而身犹能存者。则亦未有其民愚陋怯弱涣散混浊，而国犹能立者。故欲其身之长生久视，则摄生之术不可不明。欲其国之安富尊荣，则新民之道不可不讲。①

《新民说》中的另一段则糅合了传统的"病国"隐喻，以及严复的欲治"国病"应从治"民病"入手的观点：

> 人之患瘵者，风寒暑湿燥火，无一不足以侵之；若血气强盛肤革充盈者，冒风雪，犯暴暵，冲瘴疠，凌波涛，何有焉？不自摄生，而怨风雪暴暵波涛瘴疠之无情者，非直彼不任受，而我亦岂以善怨而获免耶？（……）必其使吾四万万人之民德民智民力，皆可与彼相埒，则外自不能为患，吾何为而患之？此其功虽非旦夕可就乎，然孟子有言："七年之病，求三年之艾，苟为不蓄，终身不得。"今日舍此一事，别无善图。②

同样的，这个"生病的中国"的病根究竟何在？需以何种药医之？与严复一早认定医治"国病"应从医治"民病"入手不同，在梁启超笔下的大量"病国"论述中，中国的"病"与"药"也总是变化无定。病根所在，有时是不知变革（前揭《保国会演说词》），有时是西后政府（前揭《论今日各国待中国之善法》），有时是缺乏伯伦知理所谓的有机统一性：

> 国家既为有机体，则不成有机体者不得谓之国家。中国则

---

① 梁启超：《新民说》，《饮冰室合集·饮冰室专集之四》，中华书局，1989，第1页。
② 梁启超：《新民说》，《饮冰室合集·饮冰室专集之四》，中华书局，1989，第5页。

废疾痼病之机体也，其不国亦宜。①

有时是政体与腐败的官吏：

> 然则救危亡求进步之道将奈何？曰，必取数千年横暴混浊之政体，破碎而斋粉之，使数千万如虎如狼如蝗如蛆如蜮如蛆之官吏，失其社鼠城狐之凭借，然后能涤荡肠胃以上于进步之途也。②

有时是民间习俗，如早婚：

> 夫我中国民族，无活泼之气象，无勇敢之精神，无沈雄强毅之魄力，其原因虽非一端，而早婚亦实尸其咎矣。③

有时是国人习性，如尚阴柔文弱：

> 我以病夫闻于世界，手足瘫痪，已尽失防护之机能，东西诸国，莫不磨刀霍霍，内向而鱼肉我矣。我不速拔文弱之恶根，一雪不武之积耻，二十世纪竞争之场，宁复有支那人种立足之地哉！④

梁启超开列过的治病之药，则有变法（前揭《读〈日本书目志〉书后》），有破坏：

> 不观乎善医者乎？肠胃症结，非投以剧烈吐泻之剂，而决不能治也，疮痛肿毒，非施以割剖洗涤之功，而决不能疗也。

---

① 梁启超：《政治学大家伯伦知理之学说》，《新民丛报》第 38、39 号合刊，1903 年，第 26 页。
② 梁启超：《新民说》，《饮冰室合集·饮冰室专集之四》，中华书局，1989，第 64 ~ 65 页。
③ 梁启超：《新民说》，《饮冰室合集·饮冰室文集之四》，中华书局，1989，第 108 页。
④ 梁启超：《新民说》，《饮冰室合集·饮冰室专集之四》，中华书局，1989，第 115 页。

若是者，所谓破坏也。苟其惮之，而日日进参苓以谋滋补，涂珠珀以求消毒，病未有不日增而月剧者也。①

有卢梭的民约论：

> 欧洲近世医国之国手，不下数十家，吾视其方最适于今日之中国者，其惟卢梭先生之民约论乎？②

或者是有限度的自由主义：

> 欧美自由之风潮，卷地滔天，绝太平洋而荡撼亚陆，忧时爱国之士，知此固医国之圣药，而防腐之神剂也。（……）然而烈药之可以起死者，有时亦足以杀人，必调剂使适其宜，而后能全其药之用。③

或者是锻炼国民体魄：

> 呜呼！生存竞争，优胜劣败，吾望我同胞练其筋骨，习于勇力，无奄然颓惫以坐废也！④

以及改良习俗、尚武等等，不一而足。

　　梳理上述"病国"叙述的时间线可以看到，梁启超从伯伦知理学说中引申出来的重视"国家身体"的统一性，与含有自由主义色彩的重视个体之民的言论，差不多是在同一时期——戊戌至旅日之初——发出的。由此可见，这一时期梁启超的"国家身体图"实则

---

① 梁启超：《新民说》，《饮冰室合集·饮冰室专集之四》，中华书局，1989，第63页。
② 梁启超：《自由书·破坏主义》，《饮冰室合集·饮冰室专集之二》，中华书局，1989，第25页。
③ 梁启超：《服从释义》，《饮冰室合集·饮冰室文集之十四》，中华书局，1989，第11页。
④ 梁启超：《新民说》，《饮冰室合集·饮冰室专集之四》，中华书局，1989，第117页。

杂糅了传统"国家身体"隐喻、经严复改造过的基于社会进化论的"国家身体"观念,以及伯伦知理的国家有机体学说。其中虽然有梁启超本人性格的缘故,如他自己所言,"稍有积累,性喜论议,信口辄谈",① 但更重要的原因是,传统的"病国"隐喻、斯宾塞的社会有机体论、伯伦知理的国家有机体论、严复的国家官品说,这些理论之间本质上存在怎样巨大的区别,梁启超似乎不太关心,抑或是没有时间关心。因为,他真正关心的不是理论的建构,而是观念的传播。他相信,唯有像断定中国"为世界第一病国"② 这样惊心动魄的言论才能真正震慑他的读者,唤起他们对时局的关心。"病国"言论集中出现的戊戌后至旅日初这段时间,也正是梁启超锻炼成独特的政论文体(郑振铎因其大量使用于《新民丛报》,直呼为"《新民丛报》式文体",形容其文"浩浩莽莽,有排山倒海的气势,窒人呼吸的电感力"③),影响晚清民国几代知识分子的时代。《新民丛报》不仅在留日学生中广为流传,且因时值清政府改科举为策论,报上许多文章都被作为策论题目而"大行于内地",④ 以至"以剿袭《新民丛报》得科第者,不可胜数"。⑤ 许多当事人不约而同地回忆过,当年如何在梁启超的文风吸引下接受了他的观念。胡适说梁文于"明白晓畅之中,带着浓挚的热情,使读的人不能不跟着他走,不能不跟着他想",并引用《新民说》中"未有四肢已断、五脏已瘵、筋脉已伤、血轮已涸,而身犹能存者。则亦未有其民愚陋怯弱涣散混浊,而国犹能立者"一段,说自己由此体会到"新民"之要

---

① 梁启超:《与严幼陵先生书》,《饮冰室合集·饮冰室文集之一》,中华书局,1989,第 107 页。
② 梁启超:《中国积弱溯源论》,《饮冰室合集·饮冰室文集之五》,中华书局,1989,第 36 页。
③ 郑振铎:《梁任公先生》,夏晓红编《追忆梁启超》,生活·读书·新知三联书店,2009,第 69 页。
④ 超观:《记梁任公先生轶事》,夏晓红编《追忆梁启超》,生活·读书·新知三联书店,2009,第 45 页。
⑤ 李肖聃:《星庐笔记·梁启超》,夏晓红编《追忆梁启超》,生活·读书·新知三联书店,2009,第 37 页。

义，即"要改造中国的民族，要把这老大的病夫民族改造成一个新鲜活泼的民族"。① 梁容若回忆自己读《新民说》《合群》等篇的情形时说，自己"都在兴奋悚动里读完，留下深刻明快的印象"。② 蒋梦麟说，对于当时正亟须介绍各种西方观念的中国人而言，"梁氏简洁的文笔深入浅出，能使人了解任何新颖或困难的问题"，《新民丛报》因而成为"每一位渴求新知识的青年的智慧源泉"。③

　　正因为梁启超抛开了理论层面谨慎小心的推演辨析，才能将各派路数的"国家身体"理论统统转化为一系列简明可视的身体喻象，杂烩诸家，泥沙俱下，也因此而引人入胜。目的所在，便是用那一具具触目惊心的病体残躯唤起读者的惊惧体验和危机意识，从而使其投身于他最关心的事业：将中国构筑成一个强壮的"国家身体"，其过程就像他那部未完的乌托邦小说《新中国未来记》中三位主角姓名所投射的那样：觉民、去病、克强。

　　因此，就近代中国人"国家身体"观念的形成而言，梁启超的最大贡献不是像严复那样字斟句酌地推敲出雅训的译本，谨慎地建立起概念间的逻辑联系，而是利用他元气淋漓的磅礴文势和作为强大的舆论影响力，对上述"国家身体"理论进行了视觉化处理，最大限度地增饰、发展了"国家身体"的隐喻谱系，并将之大范围传播出去。特别是通过着力宣传"新民"理念，进一步巩固了国民个体与国家命运相连的观念，为这一隐喻在中国知识界的流行奠定了基础。

小　结

　　严复引入斯宾塞理论，完成了对中国传统"国家身体"的理论

---

① 胡适：《在上海（一九〇四——一九一〇）》，夏晓红编《追忆梁启超》，生活·读书·新知三联书店，2009，第 175～176 页。

② 梁容若：《梁任公先生印象记》，夏晓红编《追忆梁启超》，生活·读书·新知三联书店，2009，第 283 页。

③ 蒋梦麟：《西潮》，外语教学与研究出版社，2012，第 91 页。

改造，而梁启超则为其添加了伯伦知理学说，并在喻象层面做了极大程度的展开。这个由严、梁二人共同构建的，基于现代政治学框架的"国家身体"隐喻体系，为当时国人思考己身与国身的关系提供了新的视角。严、梁二人在对近代"国家身体"理论——无论是斯宾塞式的，还是伯伦知理式的——的译介和阐释中，共同关注的一点是：个人在国家中应该处于一种怎样的位置。正如梁启超敏锐发现的："近世之政治学，全自国家与吾人之相关如何著想。"① 在这一问题上，二人都是相当积极的，他们在这些西方学说中看到了从改造国民个体身体开始努力，最终建成强壮的现代"国家身体"的可能性。在未来的国家图景中，个人被认为将发挥举足轻重的作用，个人的目的与国家的目的由此被整合在一起，民的身体被拉入国家这个庞大的有机体中，终极目的是实现"国家身体"整体性功能的有效发挥。正如狭间直树指出的："梁启超构想的'中国之新民'，是能够承担起体现了民权与国权相结合的有机体国家的主体，并以从这一立场上培养国家主义和国家思想为指归。"②

此外，一个重要的新特征是，梁启超的"国家身体"叙述是与其"国民"话语的建立同步进行的。可以看到，随着"国民"话语的建立，拥有"医国"资格之人，不再局限于"圣人"或精英士大夫，而是扩大到了每一个"国民"。这种转化的出现，是严复和梁启超传播现代"国家身体"理论的产物。严、梁都曾号召自己的读者："医国"早已不仅是一二君臣之事，而是每个"国民"之责。相信"有生之物各保其生"就能实现保种，那么对于面临"灭种"危机的中国而言，强调每个个体努力各保其生，最终就可以实现"保种保国"。梁启超《中国积弱溯源论》中写道："居今日而懵然不知中国之弱者，可谓无脑筋之人也。居今日而恝然不思救中国之弱者，

---

① 梁启超：《国家思想变迁异同论》，《饮冰室合集·饮冰室文集之六》，中华书局，1989，第13页。

② 狭間直樹「『新民説』略論」、狭間直樹編『梁啓超：西洋近代思想受容と明治日本　共同研究』、みすず書房、1999、第98頁。

可谓无血性之人也。"他撰写此文就是:"取中国病源之繁难而深远者,一一论列之,疏通之,证明之,我同胞有爱国者乎,按脉论而投良药焉。"① 梁启超明确告诉他的读者:国家病症已一一论列于此,人人皆应以"医国"为己任。当时的梁启超正积极致力于将中国建成民族国家,因此在他笔下,能救治"国病"之人不再被称为圣人或贤士,而是被赋予了"同胞"这个有着强烈民族主义色彩的称呼,与"爱国"的行为联系在一起,不知"国病"、不思救治之人则被打上了"无脑筋""无血性"的标签。这也就可以理解,梁启超大量制造出各类触目惊心的"生病的中国"形象,目的就是在召唤读者"共医国病"的过程中,凝聚成民族国家的向心力。这种策略他在与严复讨论时曾有所提及:"中国今日民智极塞,民情极涣,将欲通之,必先合之。合之之术,必择众人目光心力所最趋注者而举之以为的则可合。"② 而"共医国病"正是一个相当能够吸引当时士人注意的目标,一方面唤起他们"医国之士"的传统身份认同,另一方面也提供了来自西方的现代"药方"。

这一"共医国病"的事业如果成功,那么,理想的状态自然是健康的国民身体和健康的国家身体融为一体,携手朝向进化论指引的美好未来迈进。如梁启超所设想的那样:"可以悬一至善之目的,而使一国人、使世界人共向之以进,积日渐久,而必可以致之。"③然而,接受了这种观念的中国人很快发现,那个被裹进"国家身体"的个体身体并不总能与"国家身体"相协调,当二者龃龉之时,"个体"与"国家"之间的轻重取舍问题,便成为此后困扰中国知识分子的难题。

---

① 梁启超:《中国积弱溯源论》,《饮冰室合集·饮冰室文集之五》,中华书局,1989,第12、14页。
② 梁启超:《与严幼陵先生书》,《饮冰室合集·饮冰室文集之一》,中华书局,1989,第110页。
③ 梁启超:《天演学初祖达尔文之学说及其略传》,《饮冰室合集·饮冰室文集之十三》,中华书局,1989,第15页。

第三章　血荐与遗传：鲁迅文学中的个体身体、民族身体与国民身体

　　新文化运动中，主倡者们继承了经严复和梁启超改造过的"国家身体"隐喻，将之施用于传统文化，"生病的国家身体"被转化为"生病的民族文化身体"。如林毓生指出的，新文化运动的主倡者们"借思想文化以解决问题"的思维方式，使他们"将中国传统看作是一个其性质是受中国传统思想痼疾感染的有机式整体而加以抨击"。① 杨联芬指出，晚清与"五四"文学对"中国病症"的描述虽有不同，但国民性及造成国民性的传统文化都被认为是"中国之病"的根源所在，所开具的药方也都是现代/西方文明之药。②

　　与此同时，以"发现个人"为主旨之一的新文化运动，也开始要求重新定义此前一直被置于"国家身体"内部的个体身体。可以说，从崇尚个人和救国图存同为主流思潮的"五四"时代开始，"生病的中国"成为感时忧国的中国作家想象己身与国家关系时一个经常被使用的隐喻。他们利用严复和梁启超构建的现代"国家身体"隐喻，一方面承继了传统的"医国之士"身份，另一方面又在个体身体与国家身体之间建立起因果联系，发展出个体疾病与国家疾病

---

① 林毓生：《中国意识的危机："五四"时期激烈的反传统主义》，穆善培译，贵州人民出版社，1988，第49～50页。
② 杨联芬：《晚清至五四：中国文学现代性的发生》，北京大学出版社，2003，第180页。

间的影射关系，在构建个体与国家命运共同体的同时，又对其深表疑虑。

不少学者已经意识到上述问题，开始探讨近代以来知识分子与民族、国家间的"医－患"关系，分析现代语境中这种关系对知识分子自我定位的影响等。如刘禾指出，新文学以"'解剖'一国的病弱心灵以拯救其躯体"为己任，将医学的治疗功能赋予文学。① 谭光辉通过考察中国近现代小说中大量出现的"疾病隐喻"，认为自晚清开始，受达尔文思想影响的现代作家们"致力于对中国文化病态特征的展示，用以隐喻整个社会文化乃至社会制度，隐喻现代人的生存困境、人生观念和精神追求的选择等方面的问题"。② 李音则指出，知识分子对自己"医生/启蒙者"身份的定位，使他们相信"缔造新中国的前提是与中国、与群众的医患关系的建立和双方认可"。③

分析上述问题时常常被援引为例的便是鲁迅。在传统教育熏陶下长大的鲁迅很早就表现出"医国之士"的身份担当，关心所在是如何救治当时这个据说病疴沉重的中国。众所周知，他在日本留学时就与许寿裳讨论过中国的"病根何在"，④ 被许寿裳誉为"针砭民族性的国手"。⑤ 因此，有关鲁迅笔下疾病与身体形象的研究也多沿此理路。很多学者注意到鲁迅文学中"身体"所具有的隐喻性，讨论了鲁迅如何将"国民劣根性"喻为国民身体的疾病，如何定位自己疗救国民的"医者"形象等。如谭光辉运用"疾病隐喻"，指出生病的身体作为"中国文化之病"的象征，是鲁迅小说中的一种重

---

① 刘禾：《跨语际实践》，宋伟杰等译，生活·读书·新知三联书店，2014，第63页。

② 谭光辉：《症状的症状：疾病隐喻与中国现代小说》，中国社会科学出版社，2007，第3页。

③ 李音：《再造"病人"——19世纪与20世纪之交中国文界"疾病隐喻"的发生》，《文艺争鸣》2012年第9期，第64页。

④ 许寿裳：《回忆鲁迅》，《亡友鲁迅印象记》，上海文化出版社，2006，第203页。

⑤ 许寿裳：《鲁迅与民族性研究》，《亡友鲁迅印象记》，上海文化出版社，2006，第212页。

要意象。① 周保欣认为，鲁迅"以隐喻的方式，把身体作为展开国民性问题思考的场域"。② 程亚丽从女性主义立场出发，分析了鲁迅作品对女性伦理身体的"病相表达"所体现出的作家对于旧式妇女群体的关怀和社会批判眼光。③ 郜元宝则指出，鲁迅笔下的身体"主要是捐献者、受苦者、忍耐者、承担者、探索者的精神隐喻"。④ 这些研究显示，学者们注意到鲁迅笔下的身体隐喻并不只是针对民众——待救治的病人，而是同时也包含了对于启蒙者、革命者——"医国之士"的身体叙事。那么，鲁迅是如何看待自己同时作为"医国之士"和"国民"的个体身体的？申霞艳提及，"血"作为鲁迅作品中一种重要的身体隐喻，包含了作家肉身与其所处的社会间的幽深复杂的关系。她以《药》为例，分析了"人血馒头"的隐喻涵义，认为这影射出建筑在血缘基础上的民族共同体因为革命者与民众之间的隔阂而出现撕裂。⑤ 申霞艳的文章重心更多地放在当代作家余华、高晓声如何延续和发展了鲁迅所开启的"血的隐喻"传统，所以对鲁迅本身的讨论并不多，但这种以身体隐喻方式呈现出的个体与民族国家共同体的关系值得深究。无论是"血"还是"疾病"，其实都指向了近代以来个体身体与民族国家身体的隐喻系统，指向了鲁迅所思考的如何处理自己作为"医国之士"的"个体"和作为"生病的中国"之"国民"这两个身体。在他的文学世界中，个体肉身与民族国家这个巨大的想象的身体之间存在怎样的隐喻关系？这种关系是如何建立起来的？厘清这些问题，或许将有助于我们回

---

① 谭光辉：《症状的症状：疾病隐喻与中国现代小说》，中国社会科学出版社，2007，第214页。

② 周保欣：《"他者伦理"、"身体思维"和"三个鲁迅"——论〈示众〉》，《文学评论》2014年第3期，第58页。

③ 程亚丽：《论鲁迅小说中女性伦理身体的病相表达》，《鲁迅研究月刊》2012年第6期，第16页。

④ 郜元宝：《从舍身到身受——略谈鲁迅著作的身体语言》，《鲁迅研究月刊》2004年第4期，第22页。

⑤ 申霞艳：《血的隐喻——从〈药〉到〈许三观卖血记〉》，《文艺争鸣》2009年第8期，第93页。

溯到鲁迅思想形成的原初现场，探讨"我以我血荐轩辕"所象征的个体与民族国家身体的融合，是如何变成"人血馒头"所隐喻的个体与民族国家身体的撕裂？

本章将在前述研究基础上，考察鲁迅笔下的身体与"疾病隐喻"是依托怎样的文学和思想资源建立起来的，又是如何被用于描述个体与民族、国家、国民间的关系，具体将针对鲁迅文学世界中的三种身体形象——个体身体、民族身体、国民身体展开考察。"个体身体"指在新文化运动的个人主义思潮中逐渐明确起来的现代个体对己身的自觉意识；"民族身体"指晚清以来被塑造成有机生命体形象的、作为整体的中国民族文化；"国民身体"指晚清以来在"塑造国民"的思想运动中出现的、被视为现代民族国家一分子的"国民"的身体。鲁迅用以处理上述三者关系的文学和思想资源则包括：中国本土的"国家身体"隐喻传统、19世纪欧洲浪漫主义和进化论中的遗传学说。

沈松侨在考察晚清以降出现的"国民"话语时指出，"塑造国民"的口号一方面确实将国人身体从传统体制束缚中解放出来，但另一方面又将他们重新纳入国家这个更大、更严密的群体中。被如此塑造出来的"'国民'其实兼具着两个不同的身体——一个个别的身体与一个集体的身体，而集体的国民身体在位阶上永远优先于任何个别的国民身体"。① 身为"五四"一代的鲁迅比上一代的严复和梁启超所更多考虑的，便是一个现代个体如何处理自己作为"个体"和作为"国民"的这两个身体。

鲁迅对中国现代"国家身体"隐喻谱系最重要的贡献，是将血肉之躯赋予了严、梁笔下面目模糊、仅作为"国家身体"政治构成单位的"民"，使其真正呈现为现代意义上的"个体"。在鲁迅笔下，"民族身体"和"国民身体"都是通过与"个体身体"的关系

---

① 沈松侨：《国权与民权：晚清的"国民"论述，1895~1911》，《"中央研究院"历史语言研究所集刊》第73本第4分，2002年，第719页。

而被呈现的。留学日本期间，鲁迅首先借助浪漫主义文学资源，完成了作为民族文化象征的"民族身体"和"个体身体"间隐喻关系的建构。其次，他在进化论遗传学说的启示下思考"个体身体"与"国民身体"间的联系，从而超越了传统士人"医国之士－病国"的二元范畴。对背负遗传之病的个体身体痛苦的深度思考和描写，使他超越于同时代人有关国民性的普遍观念之上。

第一节　血荐：个体身体与民族身体的血盟

一　血荐轩辕

1903 年，刚开始日本留学生活的鲁迅，将自己剪去发辫的纪念照片赠予好友许寿裳，并题诗云：

> 灵台无计逃神矢，风雨如磐暗故园。
> 寄意寒星荃不察，我以我血荐轩辕。①

1931 年重写此诗并附注："二十一岁时作，五十一岁时写之，时辛未二月十六日也。"1932 年又书赠日本医生冈本繁。② 这样反复书写一首旧体诗，在鲁迅一生中并不多见。

此诗首句用西方神话中"丘比特之箭"的典故，写某个心灵——"灵台"因为被"神矢"射中而陷入一场命定的恋爱。次句用"故园"点出这"灵台"所系乃是自己的母国。第三句用出自《楚辞》的"寒星""荃不察"典故，自喻为抱持一片忠心而无处托付的楚国诗人屈原。虽然使用了西方典故，但此诗到此为止，并未超出以

---

① 关于此诗的写作时间有几种说法，详见顾农《轩辕·寒星·神矢——解读〈自题小像〉中的几个关键词》，《新文学史料》2007 年第 3 期，第 137～144 页；〔日〕松冈俊裕《鲁迅〈自题小像〉诗生成考（上）》，《鲁迅研究月刊》2012 年第 5 期，第 4～14 页。本书从人民文学出版社 2005 年版《鲁迅全集》。

② 鲁迅：《自题小像》，《鲁迅全集》（第 7 卷），人民文学出版社，2005，第 447 页。

爱情失意隐喻政治失意的古典诗歌传统。

耐人寻味的是，末句出现的"血荐"和"轩辕"。"血荐"指杀牲取血以献祭于神。"血"本为象形字，《说文》释为："祭所荐牲血也。"① "荐"此处为向神献祭之意。先秦典籍中不乏对这种祭祀方式的记载，如《周礼·春官·大宗伯》中记载掌管祭祀的大宗伯职责之一是"以血祭祭社稷、五祀、五岳"。按贾公彦疏，"血祭"即为"荐血以歆神"。② "轩辕"即黄帝。石川祯浩认为，清末在东京的中国留学生中出现了一股"黄帝热"，其源头是 1903 年 4 月出版的、由留日江苏同乡会刊行的《江苏》杂志。该杂志最早使用了黄帝纪年并刊印黄帝画像。石川文中也提及鲁迅此诗，推测诗中的"轩辕"也受到当时在留日中国学生中蔓延的"黄帝热"影响。③ 不论此诗是不是当年那股"黄帝热"的直接产物，考虑到彼时的鲁迅正是积极的"排满兴汉"主义者，诗中"轩辕"并非仅仅具体指向那位上古神王，而是作为整个汉民族的象征，这一点殆无疑义。这也与《周礼》中血祭对象之一的"社稷"相呼应。

传统士人在面对家国天下时总是为自己备下"进升庙堂"和"退处江湖"两条路，像屈原那样己志不遂便自沉于江的少之又少，即便像屈原那样投水而死，也并不会流血。屈原将自己的身体沉入江中，从此与家国和君主都不再相涉，以个体的死亡永久终结与后者的关系。而鲁迅此诗中"我"所选择的，则是以"血荐"的方式将个体与民族做了永久的联结。

中国古人以血祭神，一个重要原因是认为"血"与"气"都是生命体精神、情感、意识的载体。"血"与"气"互为阴阳，可见的"血"是不可见的"气"的表征。《礼记·郊特牲》中关于血祭的记载多与"气"有关，如"有虞氏之祭也，尚用气。血、腥、爓

---

① （东汉）许慎：《说文解字》，江苏古籍出版社，2001，第 105 页。
② 〔清〕孙诒让：《周礼正义》，中华书局，1987，第 1314 页。
③ 〔日〕石川祯浩：《20 世纪初年中国留日学生"黄帝"之再造——排满、肖像、西方起源论》，《清史研究》2005 年第 4 期，第 53、56 页。

祭，用气也"。① 又云："血祭，盛气也。"按孙希旦所释，此句"谓取血非但告幽，又所以明其气之盛也。血阴而气阳，气不可见而阴阳相资，故因血以表气也"。② 胡司德（R. Sterckx）研究先秦时代祭祀仪式时，就从这种"血气"观念出发，指出"血"和"气"都被古人认为包含了生命能量。这种"相信生命的活力在于血气"的观念影响了对祭品的选择，"以血供祭就算是直观地把气供奉给神灵"。③ 弗雷泽（J. G. Frazer）研究"血祭""血盟"这些在很多民族中都存在的古老仪式时认为，古人使用血的原因在于，相信血中含有一个生命体的灵魂、精神，血的融合也就意味着灵魂、精神的融合。血盟之所以比别的盟约形式更神圣和持久，正是"因为盟约双方互将本人血液输入对方血管，双方性命便终身联结在一起"。④

如果从上述人类学角度审视"血荐"一词的意义，就可以看到，鲁迅此诗已然越出了"感士不遇"的传统母题范畴。他抛弃了"庙堂"和"江湖"的双重选项，以"血荐"这种古老的祭祀方式，将"我"的血肉之躯化为牺牲，奉献于"轩辕"这尊民族之神，实现了个体身体与民族身体的结合，从而将个体与民族——无论生前还是死后——在精神上永远联结在一起，演绎出一种19世纪才开始出现的现代关系：个体面对民族国家。这首在新文化运动开始十五年前所作的旧体诗里，实则已经包含了在随后几十年里将要影响中国思想界的关键词：个人、民族、国家。在此后的鲁迅文学世界中，这种"血荐"仪式还会反复上演。

---

① （清）孙希旦：《礼记集解》，中华书局，2015，第711页。
② （清）孙希旦：《礼记集解》，中华书局，2015，第717页。
③ 〔英〕胡司德：《古代中国的动物与灵异》，蓝旭译，江苏人民出版社，2016，第98~99页。
④ 〔英〕弗雷泽：《金枝：巫术与宗教之研究》，汪培基等译，商务印书馆，2012，第336~337页。

二　声·诗·血：《摩罗诗力说》中的个体身体与民族身体

19 世纪欧洲浪漫主义文学思潮，是鲁迅用以建构个体身体与民族身体关系的另一思想资源。1907 年发表的《摩罗诗力说》，可谓鲁迅吸收浪漫主义思想之集大成者。此篇首先提出两个关键词："声"与"诗"。"声"是民族精神，靠国民心灵感应代代相传；"诗"则由国民心灵感应民族精神所成。开篇一段道尽二者关系：

> 盖人文之留遗后世者，最有力莫如心声。古民神思，接天然之阈宫，冥契万有，与之灵会，道其能道，爰为诗歌。其声度时劫而入人心，不与缄口同绝；且益曼衍，视其种人。①

《摩罗诗力说》要解决的是《文化偏执论》结尾提出的难题：如何救治这个"往者为本体自发之偏枯，今则获以交通传来之新疫，二患交伐"、病疴沉重的民族身体？② 鲁迅像一个典型的民族主义者一样，强调民族有一种精神需要表达，且这精神非常古老，往往须远溯至民族历史的源头处；也像一个十足的浪漫主义者一样，说这被湮没已久的古老民族精神，此时唯有依靠该民族个体的心灵感应才能被重新召回。他后来在《破恶声论》中说，要寻求民族的真正精神，唯有求之于"古人之记录，与气禀未失之农人"。③ 他在《〈呐喊〉自序》中说，自己在寂寞中麻醉灵魂的办法是"沉入于国民中"和"回到古代去"，原因盖可溯于此。④ 鲁迅在这里建立了一国文化精神，即以诗歌形式表现出来的民族"心声"，与国人心灵间几乎是神秘主义式的联系。民族文化在这种联系中被赋予了生命体

---

① 鲁迅：《摩罗诗力说》，《鲁迅全集》第 1 卷，人民文学出版社，2005，第 65 页。
② 鲁迅：《文化偏执论》，《鲁迅全集》第 1 卷，人民文学出版社，2005，第 58 页。
③ 鲁迅：《破恶声论》，《鲁迅全集》第 8 卷，人民文学出版社，2005，第 30 页。
④ 鲁迅：《〈呐喊〉自序》，《鲁迅全集》第 1 卷，人民文学出版社，2005，第 440 页。

征：有生长、繁荣，也有萧条、死亡，与民族个体间形成命运共同体，荣衰与共。一个民族之所以衰落，是因其"至大之声，渐不生于彼国民之灵府"。① 民族复兴的希望因此不在于开疆拓土、富国强兵，而在于民族精神在国民心灵中得到重新表达。文中所叙一众摩罗诗人之"诗"都是感应到民族之"声"而作，其自我价值的终极实现，都在以一己之诗拯救一个民族之时，所谓"发为雄声，以起其国人之新生，而大其国于天下"。②

《摩罗诗力说》中另一个关键词是"血"。这"血"与"诗"一样，都是个体心灵感应民族精神的体现。鲁迅说摩罗之"诗"，可以是一首文字诗，也可能是一场民族解放战争。民族解放可谓至高之"诗"，这至高之"诗"自然应当由"血"写成，故以"解放"自任的拿破仑一生可称为"最高之诗"。③ 鲁迅因此激赏参加卫国战争而阵亡的德国诗人特沃多·柯尔纳（Theodor Körner，鲁迅译作"开纳"）。文中摘引柯尔纳临行前辞别父母之信，信中说他因感应到民族精神的召唤而大彻大悟："吾以明神之力，已得大悟。"他愿将自己的诗与生命都奉献于宗邦，为民族而牺牲令他感觉到无穷力量，"势力无量，涌吾灵台"，因而奋起投笔从戎。在鲁迅看来，柯尔纳感应民族精神而作的诗集《竖琴长剑》，与他舍己殉国的行为一样，都是以自己的心灵之"声"和肉体之"血"唤起国民，拯救民族：

> 开纳之声，即全德人之声，开纳之血，亦即全德人之血耳。故推而论之，败拿破仑者，不为国家，不为皇帝，不为兵刃，国民而已。国民皆诗，亦皆诗人之具，而德卒以不亡。④

---

① 鲁迅：《摩罗诗力说》，《鲁迅全集》第1卷，人民文学出版社，2005，第66页。
② 鲁迅：《摩罗诗力说》，《鲁迅全集》第1卷，人民文学出版社，2005，第101页。
③ 鲁迅：《摩罗诗力说》，《鲁迅全集》第1卷，人民文学出版社，2005，第95～96页。
④ 鲁迅：《摩罗诗力说》，《鲁迅全集》第1卷，人民文学出版社，2005，第72～73页。

　　当诗人为民族奉献出自己的"声"与"血"，唤起国民，写成至高之"诗"后，个体身体便升华为全体国民身体的象征，个体身体的"声"与"血"就是合国民全体而成的民族身体的"声"与"血"。柯尔纳以其"血荐"宗邦的牺牲行为唤起国民，成就了个体、民族和国民三者的统一，这种结合带来了一个强大的民族身体，使德意志民族免于灭亡，这是鲁迅后来穷极一生追求却从未能实现之事。

　　另一位颇令鲁迅喜爱的波兰诗人密茨凯维奇（Adam Mickiewicz，鲁迅译作"密克威支"）之诗，也正符合鲁迅所追求的源自民族之声而能影响于国人之心者：

　　　　密克威支所为诗，有今昔国人之声，寄于是焉。诸凡诗中之声，清澈弘厉，万感悉至，直至波阑一角之天，悉满歌声，虽至今日，而影响于波阑人之心者，力犹无限。①

　　前述将拿破仑一生喻为"最高之诗"的评价，其实也来自密茨凯维奇。鲁迅介绍密茨凯维奇的作品，特别举出长篇诗剧《先人祭》（Dziady），② 盛赞其中的铁血复仇精神。值得注意的是，《先人祭》中有两处与《自题小像》构成了文本上的相似关系。

　　其一是，主人公爱国诗人康拉德在独白中将"民族"作为恋爱对象，与《自题小像》第一句"灵台无计逃神矢"相似。

　　　　我爱那里，我把我的心留在祖国的土地上。——
　　　　我的爱从不为了一个人，
　　　　像蝴蝶那样眷恋着玫瑰花丛；
　　　　也不是为了一个家族，一个时代。
　　　　我爱的是整个民族！——我张开双臂，

---

① 鲁迅：《摩罗诗力说》，《鲁迅全集》第 1 卷，人民文学出版社，2005，第 95 页。
② Dziady：《摩罗诗力说》中译作《死人祭》或《死人之祭》，共分三部，其中第三部以亡国后的波兰为背景。目前国内有易丽君等人的全译本。

　　　　拥抱着整个民族的过去和未来，
　　　　像朋友，像情人，像丈夫，像父亲，
　　　　把它紧紧拥抱在怀里。①

　　其二是，康拉德用自己的血肉之躯吞下祖国灵魂，从此能够以己身感受承负民族身体的苦难，这与《自题小像》末句"我以我血荐轩辕"相似：二者都是用个体身体与民族身体血肉结合的意象，象征个体与民族精神的融合。

　　　　如今我已把我的灵魂和我的祖国连在一起，
　　　　用我的血肉之躯把祖国的灵魂吞食。
　　　　我和祖国是一个整体。
　　　　我的名字叫千百万——正是为了爱千百万，
　　　　我才如此痛苦，忍受酷刑。
　　　　我看着我可怜的祖国，
　　　　像儿子看着被车裂而死的父亲；
　　　　我感受着整个民族的苦难，
　　　　像母亲感受着腹中胎儿活动的阵痛。②

　　可见，《自题小像》和《先人祭》的共同之处是，先将"民族"拟人化、身体化，赋予其灵魂，使之作为恋爱对象，能够感受苦难。然后再通过"血荐"或"吞食"的身体行为，让"我"与"民族"既在身体上也在精神上融为一体。其结果与柯尔纳一样，个体身体升华为民族身体的象征，个体的受难就是民族的受难。

　　周作人的回忆和北冈正子的考证都显示，《摩罗诗力说》中介绍的包括密茨凯维奇在内的波兰诗人部分的材料，几乎全部源自勃兰

---

① 〔波兰〕亚当·密茨凯维奇：《先人祭》，易丽君等译，四川文艺出版社，2015，第227～228页。

② 〔波兰〕亚当·密茨凯维奇：《先人祭》，易丽君等译，四川文艺出版社，2015，第234页。

兑斯（G. Brandes）的《十九世纪波兰浪漫主义文学》。[1] 上文所引《先人祭》中的两个片段也被勃兰兑斯引用到书中，所以，即便鲁迅当时未读到全本《先人祭》，我们也可以肯定他在勃兰兑斯的书里读到过这两段。勃氏此书一个重要论断，是指出亡国的既成事实使波兰的浪漫主义与民族主义一拍即合，诗人们"把这些心灵联结在一起，形成一种幻想的同胞情谊。它也并不以对现实的厌恶为条件，而是以这样一种意识为条件，这就是祖国已是一种非现实的，一种必须信奉但又是肉眼所看不见的东西"。[2] 在当年的鲁迅眼中，这也是他那"风雨如磐"的故国的真实处境："满清宰华，汉民受制，中国境遇，颇类波兰，读其诗歌，即易于心心相印。"[3] 无论是柯尔纳式的投身卫国战争，向民族奉献自己的"声"与"血"，还是密茨凯维奇式的在象征意义上吞下民族灵魂，这些都令青年鲁迅"激昂"不已。此后许多年还时时忆起的摩罗诗人们，[4] 在面对民族时，都采取了奉献、牺牲的态度。这与青年鲁迅"血荐轩辕"的誓言不谋而合，民族于他们而言，是一种近于宗教的存在，时时以神祇形象示人。在"亡国灭种"的民族危机感中，这些浪漫主义诗人的民族想象令鲁迅心有戚戚，也为他提供了建构个体身体与民族身体关系的思想和文学资源。

鲁迅在翌年所作的《破恶声论》里描述能够拯救中国的理想志士形象时写道：

> 凡所浴颢气则新绝，凡所遇思潮则新绝，顾环流其营卫者，则依然炎黄之血也。荣华在中，厄于肃杀，婴以外物，勃焉怒

---

[1] 〔日〕北冈正子：《摩罗诗力说材源考》，何乃英译，北京师范大学出版社，1983，第114~115页。

[2] 〔丹麦〕勃兰兑斯：《十九世纪波兰浪漫主义文学》，成时译，人民文学出版社，1980，第11页。

[3] 鲁迅：《题未定草（三）》，《鲁迅全集》第6卷，人民文学出版社，2005，第368页。

[4] 鲁迅：《〈坟〉题记》，《鲁迅全集》第1卷，人民文学出版社，2005，第3页。

生。于是苏古摄新，精神闾彻，自既大自我于无竟，又复时返
顾其旧乡，披厥心而成声，殷若雷霆之起物。[①]

"营卫"又称"荣卫"，中医用以指动静脉血液循环系统，也泛指气
血。在《文化偏执论》对"明哲之士"形象的描述中，也曾使用过
"内之仍弗失固有之血脉"这种以人体血脉喻民族精神的说法。[②] 此处
同样是用流淌着"炎黄之血"的身体隐喻个体对民族精神的传承，这
个个体身体已经完成了与民族身体的结合，拥有了"炎黄之血"，从
而使当时刚刚被追认为民族祖先的"炎黄"的灵魂与精神——"血"
内化于自己的身体之中。鲁迅相信，只有这样的理想身体才能既接
受新思潮——"新声"，又能维系民族精神——"心声"于不堕。
上述个体身体与民族身体间的隐喻关系，只有建立在相信"血"可
以表征精神这一古老观念上才能成立，散发着涂尔干（E. Durkheim）
笔下图腾崇拜的意味：氏族的图腾既是祖先也是神，"它化身于每个
个体，存在于他们的血液之中。它本身就是血"。[③] 鲁迅由此将传统
的"血气"观念和《摩罗诗力说》里取自浪漫主义的"心声"观念
糅合在一起，建构起他理想的救国志士——后来在他的文学世界中
无数次出现的"先觉者"的雏形。

综上所论，可以认为，鲁迅留日时代写作《摩罗诗力说》时就已
经完成了个体身体与民族身体间浪漫主义式的结合，结合的媒质是精
神——"声"，表现在身体——"血"，呈现形式则是"诗"。这种结
合以个体将自己的身体化为牺牲，向民族身体奉献——"荐"的方
式，使个体身体升华为民族身体的象征。可以说，在日本留学时代，
鲁迅已经在理念和隐喻层面完成了个体身体与民族身体的结合。在
他一生中最"激昂"的时代描绘出的"血荐轩辕"图景中，流着

---

① 鲁迅：《破恶声论》，《鲁迅全集》第 8 卷，人民文学出版社，2005，第 26 页。
② 鲁迅：《文化偏执论》，《鲁迅全集》第 1 卷，人民文学出版社，2005，第 57 页。
③ 〔法〕涂尔干：《乱伦禁忌及其起源》，汲喆等译，上海人民出版社，2006，第
48~49 页。

"炎黄之血"、拥有理想身体的志士，将像摩罗诗人们一样，以一己之身承受民族身体苦难，行拯救民族之事。这既是个体价值的终极实现，也是民族身体因为获得了新鲜血液而重获"新生"。《新生》是鲁迅弃医从文后想办的第一本杂志的名称，也是他眼中 19 世纪末的世界大势："以反动破坏充其精神，以获新生为其希望。"①

三　《药》："血荐轩辕"的重演与改写

鲁迅利用留学日本时代所获得的思想资源建立起的个体身体与民族身体间的血盟，在国内冷酷现实的碰撞下崩解。对这种将个体身体奉献于民族之神的祭仪有效性的怀疑，便是《药》所欲表达的主题之一。

对《药》的经典解读是：志士夏瑜欲启蒙民众，然而民众却愚顽不灵，反将夏瑜之血制成人血馒头吃掉，以为可以治病，结果仍逃不脱死亡的结局。这个充满反讽的故事令人感叹民众之愚，启蒙之难，先觉者之孤独。笔者无意否定上述解读，也相信鲁迅创作此篇时确有上述意图蕴含其中，但经典之为经典，正在于为后世读者提供了多种解读的可能。以下将尝试从鲁迅文学世界中"血荐"的意义角度，重新审视这个"以血为药"的故事。之所以作此解，是因为首先，在这篇小说里，"血"具有关键的叙事功能，正是"血"联结了华、夏两家。其次，众所周知，"华"和"夏"这两个姓氏明显指代"中华民族"。当时，"华"、"夏"与"汉"都是不久前刚刚被鲁迅之师章炳麟在《中华民国解》里定为名义互涉的种族和国家之名，鲁迅在《关于太炎先生二三事》中曾专门提及此篇。最后，还有一个被杀死后鲜血被制成人血馒头的志士夏瑜。也就是说，鲁迅式"血荐"仪式所需的三要素——血、民族和个体，在这个故事里均已齐备。"血荐"仪式的一个关键步骤是杀死牺牲后取其血，牺牲必须先死去，才能在随后的献祭过程中通过奉献自己的血与神结

---

① 鲁迅：《文化偏执论》，《鲁迅全集》第 1 卷，人民文学出版社，2005，第 50 页。

合，在神的身体中获得重生。上述程序，除了最后的"重生"被
"死亡"所取代外，其余在《药》里都可一一找到对应。从这一角
度看，或许可以说，《药》是在重演《自题小像》中的"血荐"
仪式。

小说开头先写夏瑜被杀，随即推进到对人血馒头的特写，血液
的"新鲜"被特别凸显出来：

> 那人一只大手，向他摊着；一只手却撮着一个鲜红的馒头，
> 那红的还是一点一点的往下滴。①

关于"人血馒头"的民间信仰中，包含着交感巫术的意味：
相信吃别人的血和肉就可获得对方的生命力，这种新的生命力会
使病人康复。因此，只有"鲜血"制成的人血馒头才拥有治病的
功能，这在小说后文也借康大叔之口被多次强调："趁热的拿来，
趁热吃下"，"包好，包好！这样的趁热吃下。这样的人血馒头，
什么痨病都包好！"② 强调血的新鲜是因为，只有"鲜血"才被认
为含有生命力——传统人体观念中的"气"。所以，在对华老栓和
华小栓拿到人血馒头后的心理活动的描写里，都出现了把"人血
馒头"视作生命的比喻。

> 他的精神，现在只在一个包上，仿佛抱着一个十世单传的
> 婴儿，别的事情，都已置之度外了。他现在要将这包里的新的
> 生命，移植到他家里，收获许多幸福。③

> 小栓撮起这黑东西，看了一会，似乎拿着自己的性命一般，
> 心里说不出的奇怪。④

---

① 鲁迅：《药》，《鲁迅全集》第1卷，人民文学出版社，2005，第464~465页。
② 鲁迅：《药》，《鲁迅全集》第1卷，人民文学出版社，2005，第467~468页。
③ 鲁迅：《药》，《鲁迅全集》第1卷，人民文学出版社，2005，第465页。
④ 鲁迅：《药》，《鲁迅全集》第1卷，人民文学出版社，2005，第466页。

这里写到的"婴儿""新的生命"都含有重生的意味，甚至并不知情的华小栓都觉得好像是"自己的性命"。

另一个十分重要却常被忽略的意象是"馒头"。历来论者对《药》的分析多注目于"人血"，但在这篇小说中，"馒头"的叙述功能并不亚于"人血"，它和血一样，都是在中国传统祭祀中常被使用的祭品。在很多民族的祭祀中，都会使用由米或面制成的食物作为祭品，而这种祭品往往是身体的替代品，这种观念被弗雷泽称为"体化的理论"。如基督徒所领圣餐中的面饼就是基督身体的象征，古墨西哥人相信吃了献祭的面包就是"在自己身体中得到一份神的实体"。古印度的雅利安人认为，经祭司处理过的米饼将变成"真正的人体"，从而可以代替人牲献祭给神。① 中国人祭祀时使用的馒头也有类似的功能，最著名的起源传说是，馒头是由诸葛亮南征时首先发明出来的，用以代替祭祀河神所需的人牲首级。这种由后世层累构造而成的、将民俗事象归于历史名人的起源传说固然不可信以为真，但其中所透露出的"馒头"在祭祀中的象征功能——代替牺牲的身体，则十分明显。如果"人血"意味着生命、精神，"馒头"象征肉体，那么，这个用夏瑜之血制成的"人血馒头"就可视为夏瑜的化身。再结合"华家"的象征意义——民族，可以说，作者安排华小栓吃下用夏瑜之血做成的"人血馒头"，也就是完成了将作为牺牲的夏瑜的精神和身体都献祭给民族的"血荐"仪式，"华"与"夏"至此合为一体。因此，从这一意义上说，《药》与《自题小像》可以视为一对平行文本，夏瑜对应"我"，人血馒头对应"血荐"，华家对应"轩辕"。

然而，《药》的意义并未止于重复作者当年"血荐轩辕"的誓言。馒头的祭祀功能在小说结尾被专门提出，可见作者对其所包含的祭祀意味有着相当的自觉：

① 〔英〕弗雷泽：《金枝：巫术与宗教之研究》，汪培基等译，商务印书馆，2012，第770页。

> 路的左边，都埋着死刑和瘐毙的人，右边是穷人的丛冢。
> 两面都已埋到层层叠叠，宛然阔人家里祝寿时候的馒头。①

后文又特别点出，华家之坟在右，夏家之坟在左，再次提醒读者：华、夏两家的最终归宿都不过是"坟"这个"土馒头"（众所周知，鲁迅将他早年"激昂"时代所写的文章收入文集时也取名为《坟》）。因此，"馒头"在小说中有两层涵义：一是作为祭品的馒头，代表着祭祀；二是中国人对于坟墓的俗称——"土馒头"，象征着死亡。

鲁迅在《药》里虽然重演了"血荐轩辕"的仪式，但这场祭祀并未带来预期的"重生"——对鲁迅而言，就是个体价值的终极实现和民族身体的新生。这个故事开始于代表生命的"血"，终结于象征死亡的"土馒头"，昭示着"血荐"的无效：纵然将个体的全部精神和肉体都化为牺牲奉献于民族，也不能带来任何一方的重生，结果仍然是双双走向死亡。

因此，《药》既是对"血荐轩辕"的重演，也是改写。在《药》里，"民族"依然以拟人化的形象出现，只是这个形象不再是无所不能的上古神王轩辕，而是病疴沉重的底层平民之子华小栓。如果人血馒头真的治好了华小栓的病，那么夏瑜之死多少还有些意义，至少救了一个孩子；然而小栓的最终死亡则在写实和象征层面同时揭示出"血荐轩辕"的最大虚妄，不在于民众如何不能理解志士，而在于小说结尾由那两个土馒头所揭示的"血荐"的对象，即所谓民族之神本身的虚妄。这尊神祇不过是诗人一厢情愿的浪漫幻想，即便真的存在，也不是传说中英勇威武的神王，而是现实里无药可救的病人。无论是所谓"先觉"的志士还是"未觉"的民众，都不过是"阔人"们祭仪里的牺牲，最终享用这牺牲的并非想象中的民族之神，而是"阔人"和他们的祖先。小说开头写刽子手看老栓"很

---

① 鲁迅：《药》，《鲁迅全集》第 1 卷，人民文学出版社，2005，第 470 页。

像久饿的人见了食物一般，眼里闪出一种攫取的光"，便已预示这一结局，这一主题后来在《祝福》里得到进一步展开。志士的牺牲和民众的苦难最终都不过是为"阔人"们的祭仪多添了几道祭品："所谓中国的文明者，其实不过是安排给阔人享用的人肉的筵宴。"①

四　《复仇（其二）》：从受难的民族身体到受难的个体身体

新文化运动开始时，鲁迅已到中年，"激昂"的青春时代早已过去。当年空怀一腔热血却无处可荐的他在《药》里重演"血荐轩辕"的祭仪，又安排了死亡而非重生的结局，立意似乎专为一手消解自己当年苦心建构起的个体身体与民族身体间的血盟。而这个被从民族身体上撕离下来的个体身体应何去何从，成了纠缠鲁迅的一大鬼影，《复仇（其二）》处理的便是这样的主题。

目前对于鲁迅《复仇（其二）》的材源研究，包括人民文学出版社 2005 年版的《鲁迅全集》在内都追溯至《圣经·新约》中的《马太福音》和《马可福音》所载的耶稣受难故事。② 但笔者认为，此篇还有另一个为人所忽略的材源：波兰诗人密茨凯维奇的《先人祭》。

密茨凯维奇在《先人祭》第五场彼得神甫的祷告里化用了耶稣受难并复活的故事，波兰民族以受难耶稣的形象出现，钉杀他的是欺侮波兰的俄罗斯、普鲁士、奥地利等欧洲国家。

> 不！人民还要受难。——我看到了一群恶棍：
>
> 暴君和杀人犯，他们把我的民族捆绑起来劫走，

---

① 鲁迅：《灯下漫笔》，《鲁迅全集》第 1 卷，人民文学出版社，2005，第 228 页。

② 参见高田淳「魯迅の〈復讐〉について」『東京女子大学論叢』1967 年第 18 卷第 1 号、第 1～34 頁；伊藤虎丸「魯迅思想の特異性とキリスト教」『東京女子大学付属比較文化研究所紀要』1988 年第 49 卷、第 65～84 頁；陈龙斌《〈马可福音〉的结尾：从鲁迅的〈复仇（其二）谈起〉》，梁工主编《圣经文学研究》（第七辑），2013，第 239～261 页；王家平《民国视域中的鲁迅研究》，花木兰出版社，2013；等等。

整个欧洲跟在后面拖着、嘲弄着我的人民——

"带上法庭!"——恶棍把这个无辜的人拖走,

法庭上只有一张张鬼脸,没有手,没有心;

这就是审判他的一群法官!

他们狂叫:"高卢,叫高卢裁决,立刻开庭!"

高卢在他身上找不到罪行——想洗手不干,

但国王们大声狂叫:"给他定罪,给他惩罚,

让他的鲜血溅落在我们和我们子孙的身上;

把马利亚之子钉上十字架,释放巴拉巴:

钉上十字架——他竟敢侮辱皇冠,何等猖狂;

钉上十字架——否则我们就说,你是皇帝的仇敌。"

于是高卢软了下来。人们拖走他,给他带上荆冠,

鲜血染红了他那双无辜的双鬓。

他们把他举在全世界面前——人们跑来围着他看。

高卢大叫:"看,这就是独立自由的民族!"

呵,上帝,我看到了十字架——唉,他背着它,——

上帝呀,怜悯你的仆人吧,他要背到什么时候!

请给他力量吧,不要让他中途倒下。——

十字架伸开长长的双臂遮住了整个欧洲,

它用三种坚硬的木料制成,来自三个冷酷的民族。

现在我的民族被钉在殉难的宝座上——

他说:"我渴。"——拉古斯给他喝醋,波鲁斯给他喝胆汁,

而母亲——自由呵,则站在他脚下哭泣。

你看——莫斯科雇佣的一个大兵举起长矛向他直刺,

刺得我无辜的民族鲜血淋淋。

你干了什么事,最愚蠢最凶暴的刽子手!

但只有他日后悔改了自己的罪过,上帝才把他饶恕。

我的亲人！他低下了垂死的头，

高喊着："上帝，上帝，你为什么把我抛丢！"

他死了！

【听到天使的合唱，远处传来复活节的歌声——结尾处传
来："哈利路亚！哈利路亚！"

向着天堂，向着天堂，他向着天堂飞翔，

在他脚边飘垂着白色的衣裳，

洁白得像雪一样——

衣裳垂拂下来，宽宽地展开，覆盖着整个世界。

他到了天堂，还没从我的眼前消失。

他的三颗瞳仁像三个太阳一样闪亮，

他向人们展示他那被钉穿的右手。①

　　这一段被勃兰兑斯几乎全部引用在《十九世纪波兰浪漫主义主
义文学》里。② 如前所述，《摩罗诗力说》中关于包括密茨凯维奇在
内的波兰诗人的参考材料几乎全部来自勃氏此书。因此，无论当时
鲁迅是否已读过《先人祭》全文，至少可以确定，他通过勃兰兑斯
的引用读到了经密茨凯维奇改写的耶稣受难故事。根据《复仇（其
二)》的语言风格推断，鲁迅写作时参考的《圣经》底本应为 1919
年才在中国正式出版的和合译本。正是在这一年，鲁迅在《寸铁》
中写道："马太福音是好书，很应该看。犹太人钉杀耶稣的事，更应
该细看。"③ 这是已知材料中最早直接提及鲁迅对《圣经》原本的阅

---

① 〔波兰〕亚当·密茨凯维奇：《先人祭》，易丽君等译，四川文艺出版社，2015，
　　第 270~272 页。
② 〔丹麦〕勃兰兑斯：《十九世纪波兰浪漫主义文学》，成时译，人民文学出版社，
　　1980，第 27~28 页。
③ 鲁迅：《寸铁》，《鲁迅全集》第 8 卷，人民文学出版社，2005，第 111 页。

读，他正式购入《圣经》全本则迟至 1925 年。① 早期所作的《摩罗诗力说》等篇虽多次提及《圣经》故事和基督教，但这些多源自其写作时所参考的其他材料，而非《圣经》原本。就笔者管见而言，目前尚无文献可确切证明鲁迅在 1907 年作《摩罗诗力说》时已直接阅读过《圣经》原本。时间上最接近的间接材料来自周作人的回忆。据周作人说，自己最早对《圣经》发生兴趣，是在南京水师学堂时听同学胡朝梁的议论，其"强调'圣书'的文学性"。后来到了日本，周作人 1908 年开始学习希腊文，去三一学院听讲希腊文的"福音书"讲义，目的是"想把《新约》或至少是四福音书译成佛经似的古雅"。② 然而，这只能证明周作人是可能为鲁迅提供《圣经》素材的重要人物，却仍然不足以填补当时鲁迅对《圣经》原本阅读的证据空白。因此，在目前没有其他决定性材料出现的情况下，笔者认为，《先人祭》中经密茨凯维奇改写的耶稣受难故事，可视为《复仇（其二）》除《圣经》和合译本外的另一重要材源，甚至有可能是鲁迅直接阅读到的关于这个故事的最早版本。

《先人祭》里，密茨凯维奇赋予民族以神子耶稣的身体，意在借用耶稣受难后复活的故事，呼唤民族的重生。其中关键不在受难，而在受难后的重生，唯有受难后的重生才能赋予受难以意义。勃兰兑斯评价这一段时写道，密茨凯维奇描绘的是"一个殉道的民族的惨白的侧影，这个民族认为它的受难正是它的光荣，认为它受苦是为了各民族共同的事业，以此安慰自己"。③ 在密茨凯维奇版本的耶稣受难故事里，诗人先安排了一个名叫四十四的孩子，命中注定将成为"民族的救星""民族复兴的圣人"，然后才开始讲述他的受难故事。故事最后，这位"民族耶稣"复活，以神子之身重临人间，

---

① 鲁迅 1925 年 2 月 21 日的日记中写道："晚往博益书社买《新旧约全书》一本"。见鲁迅《日记十四》，《鲁迅全集》第 15 卷，人民文学出版社，2005，第 553 页。

② 周作人：《知堂回想录》（上），北京十月文艺出版社，2013，第 282～283 页。

③ 〔丹麦〕勃兰兑斯：《十九世纪波兰浪漫主义文学》，成时译，人民文学出版社，1980，第 28～29 页。

人们发现他就是已经长大成人的四十四：

> 这个男子汉是谁？——这是人间的代表，
>
> 我认识他——当他还是个孩子的时候，
>
> 他现在长得多么大，多么高！
>
> 他是个盲人，有个天使在给他领路，
>
> 这是个可怕的男人——有三种面相，
>
> 有三个额头。
>
> 神秘的天书像华盖一样铺展在他的头上，
>
> 把他的脸笼罩。
>
> 三个京城都踏在他的脚下，
>
> 当他一声叫唤，世界的三个末端一齐颤抖。
>
> 这时我听到一阵声音从天而降，像阵阵雷鸣：
>
> "这是自由的代表，在大地上都能看得清楚！"
>
> 他要在光荣之中建成一座巨大的教堂，
>
> 君临一切百姓和帝王之上。
>
> 他站在三顶皇冠之上——而自己却没有一顶冠冕。
>
> 他的头衔——民族中的一个民族，
>
> 他的生活——一切苦难中的苦难；
>
> 他出生自一个外国母亲——他的血统来自历代的英雄，
>
> 他的名字叫四十四，
>
> 光荣！光荣！光荣！①

在经密茨凯维奇改写的这个耶稣受难故事里，作为民族拯救者的个体，代表民族之神，以神子之身经历受难、重生，最终回到人间，以"人间的代表"身份拯救国民于苦难。在这个完美的结局中，个体、民族、国民合而为一，神之子就是人之子。

---

① 〔波兰〕亚当·密茨凯维奇：《先人祭》，易丽君等译，四川文艺出版社，2015，第 273 页。

可以看到，在《先人祭》和《复仇（其二）》的耶稣受难故事里都包含着个体与民族关系的隐性结构。比起彼岸的上帝，它们都更关心此世的民族，这是这两个文本不同于《圣经》的最为关键之处。从这一层面看，《复仇（其二）》更接近《先人祭》而非《圣经》。但《复仇（其二）》不同于《先人祭》之处在于，受难耶稣的身体虽被同样赋予了意欲拯救民族的个体，但其所处的却是民族之神缺席的末世。《圣经》和《先人祭》中都存在以神子的身体为牺牲向神献祭，最后复活获得重生的叙事结构。然而鲁迅的这个版本，如很多学者已经指出的，对原版有两处最大的改动，一是增加了对受难之时身体痛苦的描写，二是删去了最后的复活重生。

鲁迅借用耶稣受难故事重演"血荐"祭仪，开篇即用"自以为"三字点出，所谓的神子之身不过是一厢情愿的幻想。上帝，虽几经呼唤却迟迟不肯现身，唯剩一个并不被神眷顾的"悬在虚空中"的身体，一遍又一遍承受着咀嚼自己肉身的痛苦。这个本该与民族之神结合后重生的个体身体，在无神的世界里必须独自承负所有苦难。而且即便如此，因为没有了民族之神和重生的许诺，"血荐"的祭仪也就没有任何意义。1922 年，北大发生讲义费风潮，结果只有学生冯省三被当作"替罪羊"开除。鲁迅对此颇有感触，在《即小见大》和致许广平的信中两番提及此事："凡有牺牲在祭坛前沥血之后，所留给大家的，实在只有'散胙'这一件事了。"[1] "牺牲为群众祈福，祀了神道之后，群众就分了他的肉，散胙。"[2] 周作人曾引用对他们兄弟二人都影响颇大的安特莱夫《小人物的自白》中的一句："我对于命运唯一的要求，便是我的苦难与死不要虚费了。"[3] 让鲁迅痛苦的，或许正在于个体无意义的"血荐"祭仪中苦难与死的虚费。

---

① 鲁迅：《即小见大》，《鲁迅全集》第 1 卷，人民文学出版社，2005，第 429 页。
② 鲁迅：《250518 致许广平》，《鲁迅全集》第 11 卷，人民文学出版社，2005，第 491 页。
③ 周作人：《三个文学家的记念》，《谈龙集》，北京十月文艺出版社，2013，第 16 页。

鲁迅并不具备一个基督徒的宗教情感。《复仇（其二）》里的"人之子"并非《圣经》里的耶稣，后者最终飞升上天，而鲁迅的"人之子"因为无神眷顾，只能永留人间承受无尽苦难，不得超脱。结果，这个被改写的耶稣受难故事，从头至尾都贯穿着对个体身体痛苦反复的甚至可以说是执拗的展演，以这种展演宣示受难行为本身的虚妄：自以为是的"血荐"、一厢情愿的救世，除了带来个体无尽的、无意义的、无名目的痛苦外，没有任何结果。作者为了给这无名目的痛苦以名目，称之为"复仇"。

鲁迅在《复仇（其二）》中用个体身体与民族身体间的撕裂，痛苦地否定了自己当年立下的"血荐轩辕"的誓约，代之以复仇的诅咒。然而这所谓的"复仇"，不过是由那无意义、无名目的痛苦所带来的愤怒情绪的宣泄。鲁迅在《摩罗诗力说》中引用了《先人祭》第三部第一场中康拉德的渴血复仇之歌：

> 康拉德歌曰，吾神已寂，歌在坟墓中矣。惟吾灵神，已嗅血腥，一嗥而起，有如血蝠（Vampire），欲人血也。渴血渴血，复仇复仇！仇吾屠伯！天意如是，固报矣；即不如是，亦报尔！[①]

并评价道："报复诗华，盖萃于是，使神不之直，则彼且自报之耳。"这首复仇之歌也可视作一场以"血"为媒召唤"灵神"的"血荐"仪式，只是被召唤出的并非民族之神，而是复仇之神。鲁迅自己加上的那句"使神不之直，则彼且自报之耳"，仿佛预言了《复仇（其二）》的谶语：纵使没有神之眷顾，也要在复仇行为本身中获得意义。《先人祭》歌咏坟墓中救世英雄的死灵，《墓碣文》里那具死尸也未尝不可以是《药》里夏瑜的肉身，或者《复仇（其二）》里的"人之子"。不过，密茨凯维奇的康拉德可以从墓中闻血而起，高

---

① 鲁迅：《摩罗诗力说》，《鲁迅全集》第 1 卷，人民文学出版社，2005，第 97～98 页。

唱复仇之歌，因其坚信民族之神有朝一日必将重临人间。而鲁迅则一手消解了民族之神，终结了"血荐"仪式：第一篇《复仇》花费大量笔墨描写身体中的鲜血，却无限延宕鲜血流出身体的时刻，他的"人之子"们报复性地耗干了自己的鲜血，拒绝将它献祭给任何人，结果只能"自啮其身"，"抉心自食"。复仇之神终究无法取代民族之神，它只能带来死亡，无法许诺重生。

"血荐"象征着鲁迅的牺牲者情结。从"我以我血荐轩辕"的誓言和对摩罗诗人的仰慕中都可以看出，鲁迅渴望成为牺牲，在成为牺牲的过程中实现个体的存在价值，通过"血荐"的牺牲行为让个体身体、民族身体、国民身体合为一体，代表民族精神的"诗"则是联结三者的纽带。从《自题小像》到《摩罗诗力说》里的民族之神，都是浸润在强烈民族意识中的浪漫激情的产物。伊藤虎丸说，鲁迅的"这种民族主义全无可以依凭、可资夸耀的'国粹'作为其实体，而只能称作作为方法的民族主义"，唯一可依靠的就是"个"的自觉。[①] 问题也正在这里，这个个体要有多么强大才能承担得起如此重负？想象中的民族之神，因为没有实体可以依凭，所以可以足够完美，也因为没有实体可以依凭，所以也难以长久为继。在《药》里已经展示了这一没有实体可以依凭的民族之神的现实困境，鲁迅无法说服自己他"血荐"的对象真是那神勇的上古神王，骨子里清醒的现实主义使他不得不面对现实中这个"生病的中国"——华小栓的身体，由民族主义和浪漫激情建构起来的轩辕幻影，在华小栓病入膏肓的身体面前灰飞烟灭。他所寄望能成为"诗人之具"的国民，则只知观看牺牲沥血与瓜分祭肉。勃兰兑斯指出，密茨凯维奇等波兰诗人不曾像雪莱和拜伦那样表现过"特立独行的个人与民族之间的分裂"，因为他们坚信"自己和民族浑然一体"。[②] 鲁迅则很

---

① 伊藤虎丸「『魯迅全集　第一卷「墳」「熱風」』解説」『近代の精神と中国現代文学』、汲古書院、2007、第122頁。

② 〔丹麦〕勃兰兑斯：《十九世纪波兰浪漫主义文学》，成时译，人民文学出版社，1980，第68页。

早就意识到了这种分裂，而这也成为纠缠他一生的痛苦的根源之一。鲁迅所面对的，正是沈松侨提出的问题："当一个个人，深受'国民'理想感召，毅然割弃他与旧体制的一切联系，孤独而勇敢地跃入这个晚清知识分子共同建构出来的'美丽新世界'，从而将其存在的意义完全交托给'国家神祇'之后，他所可能遭遇的，会是怎样的命运？"①

第二节　遗传：个体身体与国民身体的纠缠

如果说"血荐"是以浪漫主义的方式联结起鲁迅文学世界里的个体身体与民族身体，那么，进化论则以生物学的方式让他相信个体身体与国民身体间存在宿命联系。这种联系不仅是想象，更是无可逃避的自然规律。鲁迅的时代，是几乎所有学科都在礼敬达尔文主义的时代。从南京到日本，在鲁迅所接触的各种路数的进化论学说里，法国社会学家、心理学家古斯塔夫·勒庞（Gustav Le Bon）将进化论应用于社会心理分析的群众心理学理论，在当时被称为"国民心理学"或"民族心理学"，深深影响了鲁迅对个体身体与国民身体的想象。

19 世纪和 20 世纪之交，群众心理学理论在欧洲思想界颇受关注，勒庞的几部著作在当时都是多次再版的畅销书，传至中国，也很快成为知识界的流行话语。身为新文化运动主将的周氏兄弟最引人注目的关于国民性的种种言论，也必须放在当时中国知识界追捧"国民心理学"的思潮背景下进行考察。周作人多次明确提及勒庞，故学界在周作人对勒庞思想的接受方面已经积累了不少研究成果，而鲁迅直接提及勒庞的文章只有两篇：《随感录三十八》（1918 年）

---

① 沈松侨：《国权与民权：晚清的"国民"论述，1895～1911》，《中央研究院历史语言研究所集刊》第 73 本第 4 分，2002 年，第 725 页。

和《这个与那个》（1925 年）。前者存在作者的争议，一说为周作人所作，后者则是用进化论中的进步观念来否定勒庞的种族遗传决定论。因此，勒庞在鲁迅文学和思想世界中的地位一直以来并不太为学界所关注。

丸尾常喜从《阿 Q 正传》中"仿佛思想里有鬼似的"一句出发，指出鲁迅文学和思想世界中的"鬼"是"国民性之鬼"与"民俗之鬼"的结合体。前者受勒庞影响，后者则植根于本土民间信仰，二者结合就成为"中国的灵魂"，也就是"国民性"的隐喻。"作为'国民性'的病根，决定着国民的现在和过去的遗传因子，有时被称为'种业'的东西，这就是鲁迅的'鬼'。"① 但丸尾常喜主要是沿着民间信仰角度进行考察，于勒庞一线未作过多展开。林建刚梳理勒庞思想在中国的传播时提及鲁迅，认为《随感录三十八》系周作人之作，而《这个与那个》对勒庞又持否定态度，他据此断定"鲁迅跟勒庞的关系相对就不是很密切"。② 南富镇举《狂人日记》和《阿 Q 正传》为例，认为从前者描写的四千年的"吃人历史"中可以看到勒庞提出的民族性格的"遗传性"，从后者所写未庄之人的种种行为则可以看到勒庞所论群众心理中的"暗示""模仿""传染"等特性。③

下文将在上述研究基础上，重估勒庞学说在鲁迅文学和思想世界中的作用。笔者认为，这种思想不仅直接影响了鲁迅对国民性的看法，也在很大程度上影响了他对个体身体与国民身体间关系的建构。

一 梁氏兄弟对勒庞思想之译介及对周氏兄弟之影响

梁启超之弟梁启勋 1903 年发表于《新民丛报》的《国民心理学

---

① 丸尾常喜『魯迅「人」と「鬼」の葛藤』、岩波書店、1993、第 138 頁。
② 林建刚：《勒庞思想在中国的传播及其影响》，《开放时代》2009 年第 11 期，第 85 页。
③ 南富鎮「ル・ボンの民族心理学の東アジアへの受容―李光洙・夏目漱石・魯迅を中心に―」『翻訳の文化/文化の翻訳』2014 年第 9 巻、第 27～31 頁。

与教育之关系》，被认为是最早将勒庞学说介绍到中国的文章。[①] 该文分别于 1 月出版的第 25 期和 3 月出版的第 30 期上连载，第 30 期文末有"未完"字样，但此后未见有续文刊出，《癸卯新民丛报汇编》中也只收录了这两期的文章。梁启勋在篇首著者序言中称，该文"据英人的尔西 Dilthey 译法儒李般 Le bon 氏所著国民心理学 *The Psychology of people* 为蓝本"。[②] 此处提及的英译本出版于 1898 年，全名为 *The Psychology of Peoples：Its Influence on Their Evolution*，系从勒庞 1894 年出版的法文本 *Les Lois Psychologiques de l'Évolution des Peuples* 译出，该书现通行汉译名为张公表 1935 年所翻译的《民族进化的心理定律》。此外，梁启勋此文应该还参考了日本教育心理学家塚原政次的《心理学书解说——塚原政次先生解说勒庞氏民族心理学》，该书系根据 Dilthey 英译本概述、抄译而成，1900 年 10 月由育成会出版，是最早向日本介绍勒庞理论的著作。[③] 梁启勋文章第一节"种族精神之由来"，在"国民性""民族精神"等关键译语的选择、内容取舍、例证次序安排等方面，很大程度上都参考了塚原政次译本第一篇第一章"人种的精神"。

不过，梁启勋文"发端"部分的内容却是勒庞和塚原政次书中都没有的，即文中使用了瑞士政治学家伯伦知理等人的"国家有机体说"来为勒庞学说做铺垫，该理论当时正由其兄梁启超大力推介。梁启勋写道：

> 国民心理学何自起？曰前此学者之论人群，以为是器械的结合，或化学的结合。器械的结合者如钟表等类，化学的结合

---

① 关于勒庞学说在中国的传播，参见《两个革命的对话：1789&1911》，孙隆基：《历史学家的经线》，广西师范大学出版社，2004；林建刚《勒庞思想在中国的传播及其影响》，《开放时代》2009 年第 11 期，第 79～92 页；等等。

② 梁启勋：《国民心理学与教育之关系》，《新民丛报》第 25 号，1903 年，第 49 页。

③ 南富镇曾梳理过勒庞学说 20 世纪初年在日本的译介情况，参见南富鎮「ル・ボンの民族心理学の東アジアへの受容—李光洙・夏目漱石・魯迅を中心に—」『翻訳の文化/文化の翻訳』2014 年第 9 巻、第 13～32 頁。

者如盐石等类，皆死物也。无有生命，无有意识，无有精神，不能发荣，不能滋长，不能进化。及喀谟德 Comte、伯伦知理 Blunstchili 诸贤，大倡"人群国家皆为有机体"之论，视一民族可以如一个人，视一国可以如一个人，乃至视人类全体可以如一个人。（……）

合无数个人之生命，即为一族一国之生命。合无数个人之精神意识，即为一国一族之精神意识。人群国家之所以得有人格，皆此之由。①

这一段的论述、举例方式，与梁启超 1899 年发表在《清议报》上的、译自日文版的伯伦知理《国家论》② 颇为相似。梁启勋接着论说，根据上述国家有机体理论，国家、民族这些有机体既是合无数个人而成，则个人的精神性格将决定国家、民族的精神性格，所以"个人为因，国民为果"。又根据"天演进化之公例"，历史遗传和社会环境会影响个人，所以"国民为因，个人为果"，推出个人与国民"二者递相因递相果"的结论。③ 由此引出所谓"国民心理学"，就是视一国一族如同一人，研究该国该族所有个体之集合的心理学。

与梁启勋不同，勒庞原书则是以追考现代平等思想的心理根源开篇。他站在启蒙运动的对面，以一个保守派的立场，放眼眺望法国大革命这场人类历史上第一次由一种意识形态驱动爆发的革命，对于群众在革命中的种种不可理喻之暴行，深感忧惧。他直言所谓平等观念实是妄念，不过打开了人类非理性的黑暗闸门，将欧洲文明世界里启蒙运动苦心经营的理性大厦震得摇摇欲坠。勒庞将进化论应用于种族心理研究，意欲探究个体与种族间的心理联系，说

---

① 梁启勋：《国民心理学与教育之关系》，《新民丛报》1903 年第 25 号，第 50 页。
② 〔瑞士〕伯伦知理：《国家论》，《清议报全编》第 15 期，1899 年，第 15 页。
③ 梁启勋：《国民心理学与教育之关系》，《新民丛报》第 25 号，1903 年，第 50～51 页。

"人类这个物种最稳定的因素，莫过于他世代相传的思维结构"。①《民族进化的心理定律》便是论说"民族精神"这一世代相传的思维结构如何支配、影响着一个民族的政教学术、国民心理。这"民族精神"系由少数可上溯至原始初民时代的遗传因子决定，由历代祖先缓慢蓄积而成，它强大而稳固，不仅支配着一个种族的过去和现在，而且将决定其未来进化的走向，任何个体都无法不受其影响。虽然决定一个种族文明水平的是"少数之精选者"的智慧，但决定整个种族品性的则是大多数的"中等人"，总结出他们身上的心理共性，也就获得了该种族的"国民性"：

> 此种在一种族之全体分子中可能观察出之心理要素之集体，便构成人们极有理由所谓之国民性，其全体便构成此平均模样而足根据之以定一民族者。②

勒庞以解剖学视角审视种族心理，相信种族心理遵循与解剖学上的生理特性一样的法则，欲知一种族之品性，必须观察该种族中的大多数人，欲改变一种族之品性，也必须改变大多数人。因此，国民性不是不会改变，而是必然十分缓慢，因为必须等待其渗入大多数人的心理，正如要完成进化论时间尺度上的有机体变化，必须以世纪为单位进行计量。

由此可见，勒庞论说的是"个"聚成"群"后的恐怖，以及这"群"的品性是多么地难以改变。而梁启勋论说的则是将"个"聚成"群"的必要，且他不满勒庞之处正在于其"以各国民特别之心理，为一定不可变易"。倘若国民性真如勒庞所论那般难以改变，那么中国这个在当时已被认定为比较野蛮的国家将永无出头之日："使劣等国民，绝其进取向上之心，非所以为劝也"，所以必须要"别以

---

① 〔法〕勒庞：《导言》，《乌合之众：大众心理研究》，冯克利译，中央编译出版社，2005，第1~2页。
② 〔法〕赖朋：《民族进化的心理定律》，张公表译，上海文艺出版社，1991，第12页。

鄙意判断之"。①

　　另外，值得注意的是，梁启勋文第一节"种族精神之由来"中引用了勒庞的影响个体行为三要素：

　　　　故吾人者既为我祖宗之子孙，又为我种族之子孙也。吾之祖国即吾第二之母也。故夫统属各个人而指挥其行为者，凡有三事，一曰祖先之影响，二曰直接两亲之影响，三曰周围境遇之影响。以此三者，而国民性乃成。②

塚原译本中此段为：

　　　　個人を支配し、其の行為を指揮する影響を明らかな言葉にて言はうと思へば、三種類といふとが出来る。第一は祖先の影響、第二は両親の影響、第三は境遇の影響である。③

梁启勋文中的"故吾人者既为我祖宗之子孙，又为我种族之子孙也。吾之祖国即吾第二之母也"一句，是勒庞原文有，而被塚原本删去的。接下来对三要素的表述中，梁文中使用的"指挥""祖先之影响""两亲之影响""境遇之影响"等译语与塚原本完全相同。勒庞原文中接下来还有一段关于环境影响和种族精神遗传在个体身上的表现的论述，塚原译本予以保留，而梁启勋则将之悉数删去，只用一句"而国民性乃成"概括。由此可见，梁启勋的文章虽然在很多地方参考了塚原译本，但同时对照英译本，保留了被塚原删去的关于个体与种族、国家之间血缘关系的表述。

　　可见，梁启勋的这篇译文带有极大的选择性，与其说是为了介绍勒庞，不如说是用勒庞学说来支持自己建构个体与国家、民族间

---

① 梁启勋：《国民心理学与教育之关系》，《新民丛报》第 25 号，1903 年，第 49 页。
② 梁启勋：《国民心理学与教育之关系》，《新民丛报》第 25 号，1903 年，第 53 ~ 54 页。
③ 塚原政次『心理学書解説——塚原政次先生解説ル・ボン氏民族心理学』、育成会、1900、第 21 頁。

的血缘关系，旨在将"个人"纳入"国民"这个他所谓的"大人格"中。梁启勋说，中国传统教育的弊端在使人"知有个人，不知有国民也"，这也是被其兄梁启超多次使用过的表述，他认为在当今这个信奉生存竞争法则的世界里，于"我民族之进步"实无益处。因此，建立起个人与国家、民族之间的血缘关系，就是为了最终将"个人"改造成"国民"，推出从个体改造而进于民族改造的可能性。而要成功地进行这种改造，就必须依靠勒庞指点，寻出民族精神的根底所在。

同样在 1903 年，梁启超在《新大陆游记》中首次提及勒庞学说，用以描述他在北美看到的华人街乱象："此固万不能责诸一二人，盖一国之程度实如是也。即李般所谓国民心理，无所往而不发现也。夫以若此之国民，而欲与之行合议制度，能耶否耶？"① 后来，这种羼杂了国家有机体说的"国民心理学"观念也多次出现在《新民说》中，如将之用以论说国民精神之根底在于累世积成的国民特质：

> 凡一国之能立于世界，必有其国民独具之特质。上自道德法律，下至风俗习惯文学美术，皆有一种独立之精神。祖父传之，子孙继之，然后群乃结，国乃成，斯实民族主义之根柢源泉也。我同胞能数千年立国于亚洲大陆，必其所具特质，有宏大高尚完美，螯然异于群族者。吾人所当保存之而勿失坠也。②

又如说，要在这个弱肉强食的世界里存活，必须先打造一个内部强大的"国家身体"，方能参与外部世界的生存竞争，而"累年积世之遗传习惯"将有助于社会或国家团结成"坚固有力之机体"。③ 第

---

① 梁启超：《新大陆游记》，《新民丛报》1904 年临时增刊，第 189～190 页。
② 梁启超：《新民说》，《饮冰室合集·饮冰室专集之四》，中华书局，1989，第 6 页。
③ 梁启超：《新民说》，《饮冰室合集·饮冰室专集之四》，中华书局，1989，第 130～131 页。

二十节"论政治能力"中更是直接引用勒庞之说,论称各民族政治上的差异不在思想,而在由民族性质所决定的能力。①

梁氏兄弟对勒庞思想的这种阐释方式,已然渲染出此后几十年中国接受"国民心理学"的思想底色:通过追索国民精神的根源、掌握国民心理而实现国民性的改造,由此将中国建成一个拥有强大身体的民族国家。孙隆基指出,自1903年梁氏兄弟的积极推介开始,这种"国民心理学"就迅速吸引了知识界和政界的目光,先是被革命、保皇两派都引来支持己见,后来又成为新文化运动中"国民性批判"的思想基底,甚至一度是政界官员口中的流行词。这股始自晚清的"国民心理学"热,一直延续至1920年代末马克思主义兴起才被取代。②

周氏兄弟对勒庞的接受也正是在上述思想背景下开始的。周作人回忆1903年3月曾收到鲁迅寄自日本的《清议报》《新民丛报》等以梁启超为中心发行的刊物,并强调当时的鲁迅正是这些刊物的热心读者。③虽然鲁迅直接阅读塚原译本和英译本的可能性不能完全排除,但考虑到鲁迅当时的外语水平——1902年2月才开始在弘文学院系统学习日语,英语则似乎一直未能达到阅读复杂学术著作的程度——或许可以推测,1903年1月发表在《新民丛报》上的梁启勋的文章,很有可能是当时正如饥似渴地吸收新思想的周氏兄弟接触到的第一篇有关勒庞学说的文章。

周作人直接提及对勒庞著作的阅读是在《代快邮》中:"吕滂(G. Le Bon)的《民族发展之心理》及《群众心理》(据英日译本,前者只见日译)于我都颇有影响。"④ 以及《北沟沿通信》:"法国吕

① 梁启超:《新民说》,《饮冰室合集·饮冰室专集之四》,中华书局,1989,第149~150页。
② 孙隆基:《两个革命的对话:1789&1911》,《历史学家的经线》,广西师范大学出版社,2004。
③ 周作人:《鲁迅与清末文坛》,《鲁迅的青年时代》,北京十月文艺出版社,2013,第83页。
④ 周作人:《代快邮》,《周作人书信》,北京十月文艺出版社,2011,第53页。

滂（G. Le Bon）著《群众心理》，中国已有译本，虽然我未曾见，我所读的第一次是日文本，还在十七八年前，现在读的乃是英译本。"① 1925 年所作《代快邮》中说的"只见日译"的《民族发展之心理》，所指应为前田长太自法文原本直译的『民族発展の心理』（大日本文明协会 1910 年 8 月出版），该书的汉译本就是直到 1935 年才由商务印书馆出版的张公表翻译的《民族进化的心理定律》。1927 年所作《北沟沿通信》中说的"十七八年前"第一次读到的日文本《群众心理》，所指应为大山郁夫自英译本重译的『群衆心理』（大日本文明协会 1910 年 12 月出版）。该书最早的汉译本是由梁启超、范源廉等人组成的尚志学会于 1920 年组织翻译出版的，译者为吴旭初和杜师业。由此可推测，鲁迅最初读到的应该也是上述两种日译本。

值得注意的是，前田长太所译『民族発展の心理』包含了勒庞亲自为日本读者撰写的序言。此书的翻译系因当时日本驻俄大使本野一郎男爵与勒庞交厚，得其赠书，本野将书转赠于大日本文明协会，再由协会委托时任外务省翻译官的前田长太翻译而成。勒庞受本野男爵所托，专门为日译本作序，开篇直陈"一直以来被视为半开化之国民的日本人"竟能在短短数十年间便取得可与西人相比肩之成就，着实令人吃惊，几可谓反进化法则而行之。然而"如此进化毋宁说只是皮相。日本之进步实则仅于事物表面进行，于所谓大和魂者，丝毫不曾触及。直至距今五十年前，日本人所有者皆是封建时代之魂，而今所有者亦仍是此魂"。进化图谱中被划入"半开化"的日本，以"旧日本之魂"而竟能取得可与"文明"的西方人相比肩的物质成就，如何解释此种现象，正是该书的核心议题："性格如何对国民生活产生至大影响"。② 勒庞此处笔意婉转，看似盛赞日本维新成就可观，实则掩不住言下之意，也就是他反复论说的，

① 周作人：《北沟沿通信》，《谈虎集》，北京十月文艺出版社，2011，第 298 页。
② ギュスターヴ・ル・ボン「自序」『民族発展の心理』、前田長太訳、大日本文明協会、1910、第 1~2 頁。

文明的表象易仿，而产生此文明的民族精神难学："他们能够轻易给传统造成的变化，如我一再指出的那样，仅仅是一些名称和外在形式而已。"① 周氏兄弟想必也读到过这篇序言。勒庞的这一论断正与鲁迅在《文化偏执论》《摩罗诗力说》等篇中提出的文明观相合：文明的要义不在其物质表象，而在人之精神。对于在进化谱系中被划为野蛮、半开化的民族而言，究竟如何才能打破进化的铁则，寻到向上之路？这不仅是周氏兄弟，如前所述，也是当时接受此思想的中国知识界的关心所在。

1912 年 1 月 18 日以"独应"笔名发表于《越铎日报》的《望越篇》，可视为周氏兄弟在勒庞学说影响下的直接产物。周作人说此篇为自己所作，自己"留着草稿，上边有鲁迅修改的笔迹"，并在回忆录中全文抄录。② 彭定安、马蹄疾虽因未读到周作人的回忆录而将之完全归入鲁迅名下，但他们考证出"独应"确为鲁迅早年常用的笔名之一，应无疑义。③ 综合上述二者，考虑到周氏兄弟早年常共用或混用笔名，此篇不妨视为二人的共同创作。文章开头以"种业"提起全文：

> 盖闻之，一国文明之消长，以种业为因依，其由来者远，欲探厥极，当上涉幽冥之界。种业者本于国人彝德，骈以习俗所安，宗信所仰，重之以岁月，积渐乃成，其期常以千年，近者亦数百岁。逮其宁一，则思感咸通，立为公意，虽有圣者，莫能更赞一辞。故造成种业，不在上智而在中人；不在生人而在死者，二者以其为数之多，与为时之永，立其权威，后世子孙，承其血胤者亦并袭其感情，发念致能，莫克自外，唯有坐

---

① 〔法〕勒庞：《乌合之众：大众心理研究》，冯克利译，中央编译出版社，2005，第 52 页。
② 周作人：《知堂回想录（上）》，北京十月文艺出版社，2013，第 336 页。
③ 彭定安、马蹄疾：《〈越铎日报〉署名"独应"的四篇"古文"为鲁迅佚文考》，《辽宁大学学报》（哲学社会科学版）1981 年第 5 期，第 22～28 页。

绍其业而收其果，为善为恶，无所拣别，遗传之可畏，有如是也。①

很明显，此处的"种业"就是勒庞的"民族精神""国民性"。"盖闻之"以下关于"种业"的阐说，完全是对勒庞学说亦步亦趋的概述。文章接着回溯中国的"种业"，归咎于满人统治和以愚民为目的的政教。一方面痛陈欲得国民之"新生"，必须破除"种业"；另一方面又对是否真能打破这被"自然之律"所规定的种族遗传宿命，深表忧惧。

从这篇于新文化运动开始数年前写就的《望越篇》中可以十分明显地看到，周氏兄弟后来关于国民性的种种言论，在这篇深受勒庞影响的文章中业已发露，如关于国民性的形成、影响，国民性的难以改变，"死者"所代表的传统比"生者"所代表的现在对种族的未来影响更大，必须改变一般国民而非少数精英才能改变国民性等。甚至鲁迅日后文章中所常常散发出的有关种族命运的悲观而阴郁的情绪，也可从中嗅得一二。如周作人后来回忆此文时所言："色采也很是暗淡，大有定命论一派的倾向，虽然不是漆黑一团的人生观，总之是对于前途不大乐观。"② 这种暗淡悲观的气氛几年后凝结起来，就是绍兴会馆里那个无人能够打破的"铁屋子"。

综上所述，从1903年梁启勋首次介绍勒庞开始到1910年代初，可视为周氏兄弟通过梁氏兄弟和日本学者的译介，开始接触并集中阅读勒庞学说，并在此学说启示下形成他们的国民性观念的时期。这种接受途径影响了他们对这种学说的理解和应用。他们一面和梁氏兄弟一样，积极致力于将之应用于国民性改造，希冀通过这种改造获得一个足以应对生存竞争的强大民族国家身体，一面也被这种

①　此文彭定安、马蹄疾录自《越铎日报》上的版本与周作人回忆录中依草稿抄录的版本文字上略有出入，此处从周作人的版本。周作人：《知堂回想录（上）》，北京十月文艺出版社，2013，第336页。

②　周作人：《知堂回想录（上）》，北京十月文艺出版社，2013，第337页。

理论中关于种族遗传宿命的悲观论调所感染。

二 "因袭的重担"·病·鬼：种族遗传的隐喻

鲁迅《人之历史》中介绍了德国生物学家海克尔（Ernst Haeck-el，鲁译作"黑格尔"）的"官品之种族发生学"，对海克尔提出的个体身体发育过程会重复种族进化历史的观点深以为然：

> 迨黑格尔出，复总会前此之结果，建官品之种族发生学，于是人类演进之事，昭然无疑影矣。
>
> 黑格尔以前，凡云发生，皆指个体，至氏而建此学，使与个体发生学对立，著《生物发生学上之根本律》一卷，言二学有至密之关系，种族进化，亦缘遗传及适应二律而来，而尤所置重者，为形蜕论。其律曰，凡个体发生，实为种族发生之反复，特期短而事迅者耳，至所以决定之者，遗传及适应之生理作用也。①

与之相类似，勒庞也说种族是"超越时间之永久物"，因其不仅是当下所有个体的集合，还包括了过去所有的祖先：

> 过去的人们不单将他们生理上之组织加于吾人，他们也将其思想加诸吾人；死者乃是生者惟一无辩论余地之主宰，吾人负担着他们的过失之重担，吾人接受着他们的德行之报酬。②

从这一意义上看，一个种族的历史就是过去所有死者的积叠，种族遗传就是在这由无数死者积叠而成的历史中生成的，也就是鲁迅后来在《这个与那个》中提及勒庞学说时所言："Le Bon 先生说，死

① 鲁迅：《人之历史》，《鲁迅全集》第 1 卷，人民文学出版社，2005，第 14 页。
② 〔法〕赖朋：《民族进化的心理定律》，张公表译，上海文艺出版社，1991，第 15 页。

人之力比生人大，诚然也有一理的。"① 《随感录三十八》直接引用
《民族进化的心理定理》原文，以驳斥以野蛮自傲的"爱国论"，所
依据的就是这种理论：

> 昏乱的祖先，养出昏乱的子孙，正是遗传的定理。民族
> 根性造成之后，无论好坏，改变都不容易的。法国 G. Le Bon
> 著《民族进化的心理》中，说及此事道（原文已忘，今但举
> 其大意）——"我们一举一动，虽似自主，其实多受死鬼的
> 牵制。将我们一代的人，和先前几百代的鬼比较起来，数目
> 上就万不能敌了。"我们几百代的祖先里面，昏乱的人，定
> 然不少。②

海克尔重在身体，勒庞重在精神，二人都强调个体无论生理还

---

① 鲁迅：《这个与那个》，《鲁迅全集》第 3 卷，人民文学出版社，2005，第 149 页。
② 鲁迅：《随感录三十八》，《鲁迅全集》第 1 卷，人民文学出版社，2005，第 329
　页。此篇虽仍收入人民文学出版社 2005 年版《鲁迅全集》，但因周作人曾表示此
　篇系己作，故而引起争议。[周作人 1936 年所作《关于鲁迅》中称，鲁迅在《新
　青年》发表的一系列《随感录》"大抵署名'唐俟'，我也有几篇是用这个署名
　的，都登在《新青年》上，后来这些随感编入《热风》，我的几篇也收入在内，
　特别是三十七八，四十二三皆是"。（周作人：《鲁迅的青年时代》，北京十月文
　艺出版社，2013，第 137 页。）] 秋吉收在综合中日两国学者研究的基础上，通过
　对作者心态、文风、论述方式、Le Bon 外文原名的写法等多方面的考证，认为
　"《随感录三十八》虽确为周作人执笔，但其中也反映了很多鲁迅的思想"，鲁迅
　在兄弟失和后仍将其编入自己的文集，这一行为本身就说明了他对该文的认可，
　因此不妨将此文视为鲁迅和周作人"两个人"的文章。（秋吉收「『随感録三十
　八』は誰の文章か？——ル・ボン学説への言及に注目して」『周作人研究通
　信』2015 年第 4 号、第 21 页。）笔者也认同秋吉收的共同创作说。周作人所言未
　必非真，鲁迅也未必故意作伪，对于鲁迅将此文收入自己集中的行为，比较合情
　理的解释是：这篇文章里的许多观点都是鲁迅深以为然的，也是他念兹在兹希望
　传递给他的读者的，比如个人与庸众的对立，对"合群的爱国的自大"的批判，
　勒庞的种族遗传学说，梅毒的隐喻等。彼时对著作权的敏感度本就远较今日为
　低，如周作人所言："整本的书籍署名彼此都不在乎，难道二三小文章上头要来
　争名么？这当然不是的了。"（周作人：《关于鲁迅》，《鲁迅的青年时代》，北京
　十月文艺出版社，2013，第 137 页。）周氏兄弟更关心的也并非版权的归属，而
　是思想观念的传播。因此，说此篇中对勒庞观点的引用能够反映彼时鲁迅心中所
　思所想，应不为过。

是心理都受种族遗传影响，都强调沉重而绵长的种族历史在个体身体上留下的印记。它们被鲁迅整合在一起，用以勾画背负着种族遗传的个体身体形象。"因袭的重担"、"病"与"鬼"，是鲁迅用以隐喻种族遗传的三种意象。

《狂人日记》里"我"与"他们"直接对质后被劝回屋子，这时"我"产生了幻觉：

> 陈老五劝我回屋子里去。屋里面全是黑沉沉的。横梁和椽子都在头上发抖；抖了一会，就大起来，堆在我身上。
>
> 万分沉重，动弹不得；他的意思是要我死。我晓得他的沉重是假的，便挣扎出来，出了一身汗。可是偏要说，
>
> "你们立刻改了，从真心改起！你们要晓得将来是容不得吃人的人……"①

在幻觉中出现了巨大的"黑沉沉"的屋子，压迫在"我"身上。"我"与传统的对决，通过"我"从这"黑沉沉"的屋子下挣扎出来这一场景得以具象化。这一意象与《〈呐喊〉自序》里"绝无窗户而万难破毁的"的"铁屋子"、《我们现在怎样做父亲》里"因袭的重担""黑暗的闸门"、《长明灯》里安放着"梁武帝点起"的长明灯的社庙等属于同一谱系，都是对由无数祖先积成的种族遗传的隐喻。其共同特质是：历史绵长，黑暗而沉重，给人压迫感。鲁迅在提及传统事物时也常用类似的表述。如说死去的老人"只留下造成的老天地，教少年驼着吃苦"，② 称中国的文字是"我们的祖先留传给我们的可怕的遗产"，③ 自己因为古书读得太多而"苦于背了这些古老的鬼魂，摆脱不开，时常感到一种使人气闷的沉重"；④ 在

---

① 鲁迅：《狂人日记》，《鲁迅全集》第1卷，人民文学出版社，2005，第453页。
② 鲁迅：《随感录四十九》，《鲁迅全集》第1卷，人民文学出版社，2005，第354页。
③ 鲁迅：《无声的中国》，《鲁迅全集》第4卷，人民文学出版社，2005，第11页。
④ 鲁迅：《写在〈坟〉后面》，《鲁迅全集》第1卷，人民文学出版社，2005，第301页。

《阿Q正传》俄译本序言中说"古训所筑成的高墙"，压在百姓身上四千年的"大石"① 等。这种处理方法通过身体感觉的譬喻，使种族遗传可视化、具象化，呈现出逼真的压迫感。当传统被当作种族遗传的象征，以压迫在个体身体上的切实可感的沉重之物形象出现时，进化论中作为理论假设的抽象的"种族遗传"概念遂成为可感可视的现实。这告诉读者：每个个体背负的都是种族历史的全部时间，种族遗传是个体生命中不能承受而又无可逃避之重。

"病"是鲁迅用以表征种族遗传的另一意象，正如许多学者已经论及的，他常用的手法是将传统文化的某些特征或部分比喻为身体的疾病，而且作为喻体的疾病往往具有能对身体造成显在侵蚀的症状。如将"国粹"喻为脸上生出的瘤、额上肿出的疮。② 又将章士钊推行的"读经"政策称为"衰老的国度"里的常见现象："正如人体一样，年事老了，废料愈积愈多，组织间又沉积下矿质，使组织变硬，易就于灭亡。"支持该政策者则被比作衰老人体中专门"蚕食各组织，使组织耗损，易就于灭亡"的"大嚼细胞（Fresser-zelle）"。③ 勒庞只说祖先遗传会影响后代，这影响有好有坏，可能是"过失之重担"，也可能是"德行之报酬"，而鲁迅则直接将"遗传"等同于"遗传病"。虽然勒庞说种族遗传的影响既是身体上的，也是精神上的，但无论勒庞还是梁启勋，在述说种族身体与精神的关系时都采取了较为谨慎的态度，而鲁迅则毫不犹豫地建立起二者间的直接联系。

种族遗传既然被喻为"病"，那么与之相对应，受遗传影响的国民身体也就成了"生病的身体"。《随感录三十八》引用勒庞学说，矛头直指造成"民族根性"的是"昏乱的祖先"所带来的"祖传老

---

① 鲁迅：《俄文译本〈阿Q正传〉序及著者自叙传略》，《鲁迅全集》第7卷，人民文学出版社，2005，第83~84页。

② 鲁迅：《随感录三十五》，《鲁迅全集》第1卷，人民文学出版社，2005，第321页。

③ 鲁迅：《十四年的"读经"》，《鲁迅全集》第3卷，人民文学出版社，2005，第139页。

病"，接着使用梅毒比喻，将"肉体上的病"与"思想上的病"进行类比，梅毒病毒对身体的侵蚀被用来隐喻种族遗传对个体精神的侵蚀——"精神上掉了鼻子"：

> 我总希望这昏乱思想遗传的祸害，不至于有梅毒那样猛烈，竟至百无一免。即使同梅毒一样，现在发明了六百零六，肉体上的病，既可医治；我希望也有一种七百零七的药，可以医治思想上的病。这药原来也已发明，就是"科学"一味。只希望那班精神上掉了鼻子的朋友，不要又打着"祖传老病"的旗号来反对吃药。[1]

梅毒隐喻在《我们现在怎样做父亲》中被再次以同样方式使用。鲁迅同时还引用了易卜生（H. J. Ibsen）《群鬼》中阿尔文一家的遭遇为例，以证"遗传的可怕"：

> 这一段描写，实在是我们做父亲的人应该震惊戒惧佩服的；决不能昧了良心，说儿子理应受罪。这种事情，中国也很多，只要在医院做事，便能时时看见先天梅毒病儿的惨状；而且傲然的送来的，又大抵是他的父母。但可怕的遗传，并不只是梅毒；另外许多精神上体质上的缺点，也可以传之子孙，而且久而久之，连社会都蒙着影响。[2]

周作人在不少批判传统观念的文章中也喜欢用类似的梅毒隐喻。兄弟二人之所以喜欢反复使用梅毒这种当时的世纪流行病作为喻体，或许是因为这是一种同时侵蚀精神和肉体的遗传病，且往往被认为与道德上的堕落有关，而这正好符合他们对于传统的看法：由堕落的祖先留下的、毒害国民精神和肉体的遗传病。鲁

---

[1] 鲁迅：《随感录三十八》，《鲁迅全集》第 1 卷，人民文学出版社，2005，第 329 页。

[2] 鲁迅：《我们现在怎样做父亲》，《鲁迅全集》第 1 卷，人民文学出版社，2005，第 139 页。

迅笔下对"生病的身体"隐喻的大量使用，也可以从这一层面上进行理解：唯有用触目惊心的国民身体之病，才能具象地呈现种族遗传之病，才能警醒读者。从中仍可看到以"国病"喻"国乱"的传统"国家身体"隐喻的思维方式，只不过这里的"国病"使用了现代医学术语加以表述，加上了现代生物学的背书，旨在令人相信国民身体病态是种族精神病态的反映，医国之法也由寄托于贤君相变成国民性改造。

丸尾常喜从民间信仰层面，在"民俗之鬼"的形象谱系中发掘出鲁迅寄寓其中的"中国的灵魂"，而他未及展开论述的"国民性之鬼"，从勒庞学说的角度看，就是种族的集体无意识："我们有意识的行为，是主要受遗传影响而造成的无意识的深层心理结构的产物。这个深层结构中包含着世代相传的无数共同特征，它们构成了一个种族先天的禀性。"① 周氏兄弟屡次引用《群鬼》中关于种族遗传对个体精神影响的描写，剧中阿尔文太太有一段感慨遗传力量之可怕的独白，与勒庞的种族遗传说观点极为相似。在这段独白中，种族遗传被称为"鬼"，被这遗传所笼罩、支配的所有种族个体也成了"鬼"：

> 阿尔文太太 （前略）我觉得我们都是鬼。不但父母传下来的东西在我们身体里活着，并且各种陈旧的思想信仰这一类的东西也都存留在里头。虽然不是真正的活着，但是埋伏在内也是一样。我们永远不要想脱身。有时候我拿起张报纸来看，我眼里好像看见有许多鬼在两行字的夹缝中间爬。世界上一定到处都有鬼。他们的数目就像沙粒一样的数不清楚。我们都是这样怕看见亮光。②

① 〔法〕勒庞：《乌合之众：大众心理研究》，冯克利译，中央编译出版社，2005，第6~7页。
② 〔挪威〕易卜生：《群鬼》，潘家洵译，《新潮》第1卷第5期，1919年，第852页。

《狂人日记》中"我"从史书字缝里看出"吃人"二字的情节，与此处阿尔文太太说从报纸字缝里看见"许多鬼"十分相似。狂人遍翻史书后悚然发现"吃人"的种族遗传真相，这在当时并非新见。那个时代的群众理论家、人类学者本就喜欢搜集早期人吃人的证据，据以勾绘人类从野蛮到文明的进化图谱，以及证明原始人思维在集体无意识中的残留。在历史中发现"吃人"并不新鲜，把"吃人"放在"文明－野蛮"的图景中进行阐释才是那个时代的新鲜做法，狂人对大哥说的"大约当初野蛮的人，都吃过一点人"① 一句，多半也源于这样的思想背景。鲁迅无论是在小说还是在现实中，都屡次强调自己关于"吃人"的国民性的论断是从历史中看出来的。②因为遗传理论告诉他，国民性的根底要潜回历史深处搜寻："历史上都写着中国的灵魂，指示着将来的命运。"③ 死去的祖先们的肉体虽已消失，但其灵魂——"鬼"却依旧支配着现在的人们。

只是鲁迅的"吃人"与其说是人类学意义上的，不如说是象征意义上的：被吃，象征着被黑暗的集体无意识所吞噬；吃人，象征着在集体无意识驱动下自相残害。吃人者也是被吃者，被吃者也曾吃过人："我未必无意之中，不吃了我妹子的几片肉。"④ 这里提到"我"的"吃人"时特别强调了"无意"，强调自己虽然生活在现代，但"吃人履历"却已有"四千年"之久，"我"的觉醒首先是对"吃人"这种历经四千年积蓄而渗入自己无意识层面的种族遗传心理的自觉。此外，从小说情节结构的安排上则可以看到，"我"发现"吃人"真相的过程是：从富人权贵（赵贵翁）到贫贱之人（佃

---

① 鲁迅：《狂人日记》，《鲁迅全集》第 1 卷，人民文学出版社，2005，第 452 页。

② 鲁迅 1918 年 8 月 20 日致许寿裳的信中说："《狂人日记》实为拙作（……）前曾言中国根柢全在道教，此说近颇广行。以此读史，有多种问题可以迎刃而解。后以偶阅《通鉴》，乃悟中国人尚是食人民族，因成此篇。此种发见，关系亦甚大，而知者尚寥寥也。"见鲁迅《180820 致许寿裳》，《鲁迅全集》第 11 卷，人民文学出版社，2005，第 365 页。

③ 鲁迅：《忽然想到》，《鲁迅全集》第 3 卷，人民文学出版社，2005，第 17 页。

④ 鲁迅：《狂人日记》，《鲁迅全集》第 1 卷，人民文学出版社，2005，第 454 页。

户、被权贵欺侮的底层百姓），从亲族（"我"的大哥、母亲）到"我"自己，从大人到孩子，从历史上的传说到最近的时事。这样的结构安排向读者展示出"吃人"这一黑暗的种族遗传心理，无论古今、贫富、贵贱、亲疏、男女、老幼，不分先觉、未觉，覆盖了整个种族从过去到现在的所有时间，渗透进从上到下所有阶层的无意识深处，无人可免，无处可逃。

《我之节烈观》以问答体形式对"节烈"观念进行一一辩诘、批驳，追索其产生的心理根源、历史原因，发问这一既残酷又不合情理的观念何以留存至今。然后指出此观念实则出于一种集体无意识，是"社会上多数古人模模糊糊传下来的道理，实在无理可讲；能用历史和数目的力量，挤死不合意的人。这一类无主名无意识的杀人团里，古来不晓得死了多少人物"。"节烈"的女人们是"不幸上了历史和数目的无意识的圈套，做了无主名的牺牲"。① 与《狂人日记》相似，此篇中"历史""无意识""无主名""多数"多次出现，作者特别强调，"节烈"观念并非只是某位帝王或道德家的主张，而是借他们之口表达的"多数国民的意思"。作者并赋予其身体形态特征："主张的人，只是喉舌。虽然是他发声，却和四支五官神经内脏，都有关系。"② 这种表现方法，同样是通过把抽象的概念具象化，带给读者逼真的实感。"多数国民的意思"也就是种族的集体无意识被具象化为一个无主名的人形鬼影，面目模糊，却又四肢五官俱全。这恐怖的形象正代表了鲁迅对于逼死、诱杀了无数可怜女子的"节烈"观的看法，以及对于这种观念背后的"无主名无意识"的"多数"的深广忧愤。

死去的祖先从未离去，而是潜入集体无意识深层，成为笼罩于过去、现在、未来所有时间，附着在男女老幼所有国民身体上的重

---

① 鲁迅：《我之节烈观》，《鲁迅全集》第1卷，人民文学出版社，2005，第129～130页。

② 鲁迅：《我之节烈观》，《鲁迅全集》第1卷，人民文学出版社，2005，第122～123页。

重鬼影。无论"吃人"还是"节烈"，以及其他鲁迅所反对的传统观念，对他而言，都代表着潜藏于中国国民集体无意识中最黑暗残酷的种族遗传。他在《望越篇》中就已经表达过对这"无主名无意识"，因而也就"无可诛责"的种族集体遗传心理的愤怒："因果相寻，无可诛责，唯有撮灰散顶，诅先民之罪恶而已。"① 鲁迅曾激愤地说："要上下四方求求，得到一种最黑，最黑，最黑的咒文，先来诅咒一切反对白话，妨害白话者。"② 实际上，他真正想诅咒的并非文言或具体的某位反对白话者，而是在这些文字与人背后的"先民之罪恶"。

"因袭的重担"、"病"和"鬼"隐喻了鲁迅对传统，也就是种族遗传的看法：黑暗而沉重、侵蚀身体、毒害精神。鲁迅告诉他的读者：种族的黑暗灵魂深藏于所有国民身体之中，"因袭的重担"是在每个国民身体上坐实了的东西，种族的遗传病是每个国民身体上看得见的东西，祖先的鬼魂是每个国民无意识里深埋的东西。每个个体甫一出生便已遗传了祖先的品性，在其个体生命历程中又不得不背负着种族的整个过去："一个人先须自己活着，又要驼了前辈先生活着。"③

对于鲁迅而言，种族遗传既是宿命，也是诅咒。勒庞使他相信，要想改变种族命运，首先必须直面种族遗传。他于新文化运动伊始写作的《我们现在怎样做父亲》，谋篇立意便是要处理遗传问题。勒庞说凡人皆有两个祖先——直接的家族祖先和间接的种族祖先，在此篇中就是"祖"。鲁迅将传统伦常秩序平铺在进化论的线性时间轴上，排出"祖（老年）—父（中年）—子（少年）"的代际谱系，然后设定祖辈中遗传之毒甚深，已无可救药，少年还未受遗传毒害，

---

① 周作人：《知堂回想录（上）》，北京十月文艺出版社，2013，第337页。
② 鲁迅：《二十四孝图》，《鲁迅全集》第2卷，人民文学出版社，2005，第258页。
③ 鲁迅：《随感录四十八》，《鲁迅全集》第1卷，人民文学出版社，2005，第352页。

最后推出主题：现在作为"父"这一代的"我们"，一方面也中了传统的"毒"，另一方面又已"觉醒"，因此只有靠"我们""自己背着因袭的重担，肩住了黑暗的闸门，放他们到宽阔光明的地方去"。① 这代表了鲁迅所能找到的，也是他努力说服自己相信的，或者至少要说服他的读者相信的唯一答案，就是表现得像个拉马克（Jean de Lamarck）主义者一样，相信后天获得的性质可以遗传给下一代，② 依靠自己这一代的"牺牲"，一点一点地缓慢改变。"扫除了昏乱的心思，和助成昏乱的物事（儒道两派的文书），再用了对症的药，即使不能立刻奏效，也可把那病毒略略羼淡。如此几代之后待我们成了祖先的时候，就可以分得昏乱祖先的若干势力，那时便有转机，Le Bon 所说的事，也不足怕了。"③

鲁迅和梁启勋一样，不愿相信勒庞说的国民性难以改变，但又比梁启勋悲观，不知道国民性是否真能被改变。因此，他一面说勒庞的"死人之力比生人大，诚然也有一理的"，一面又加上"然而人类究竟进化着"。④ 时而说"历史是过去的陈迹，国民性可改造于将来"，⑤ 时而感叹"中国人无感染性，他国思潮，甚难移植"。⑥ 时而一边发问："难道所谓国民性者，真是这样地难于改变的么？"一边又说："幸而谁也不敢十分决定说：国民性是决不会改变的。"接

---

① 鲁迅：《我们现在怎样做父亲》，《鲁迅全集》第 1 卷，人民文学出版社，2005，第 135 页。

② 鲁迅专门介绍过拉马克的《动物哲学》所述之学说："凡动物一生中，由外缘所得或失之性质，必依生殖作用，而授诸子孙。官之大小强弱亦然，惟在此时，必其父母之性质相等：是为遗传。"见鲁迅《人之历史》，《鲁迅全集》第 1 卷，人民文学出版社，2005，第 12 页。

③ 鲁迅：《随感录三十八》，《鲁迅全集》第 1 卷，人民文学出版社，2005，第329 页。

④ 鲁迅：《这个与那个》，《鲁迅全集》第 3 卷，人民文学出版社，2005，第149 页。

⑤ 鲁迅：《〈出了象牙之塔〉后记》，《鲁迅全集》第 10 卷，人民文学出版社，2005，第 270 页。

⑥ 鲁迅：《200504 致宋崇义》，《鲁迅全集》第 11 卷，人民文学出版社，2005，第383 页。

着又自问："难道竟不过老是演一出轮回把戏而已么？"① 鲁迅的时代是奉进化论为天演铁则的时代，对他而言，要改变国民性就是直接与自然规律相对抗，改革成就可观如日本，在勒庞看来亦不过皮相，那么远落后于日本的中国革命究竟有几分实现的可能？这才是最令鲁迅忧惧之处，如《望越篇》结尾所写："今瞻禹域，乃亦唯种业因陈，为之蔽耳，虽有斧柯，其能伐自然之律而夷之乎？吾为此惧。"② 这就可以解释"铁屋子"对话中所谓"绝无窗户而万难破毁"，"无可挽救的临终"的意味。如果仅仅只是几次革命活动、同人刊物的挫折，何以令他对整个种族的命运下如此悲观的断语？真正令他产生这种绝望感的，是勒庞的预言。

三 "先觉者"的遗传病

将勒庞的群众心理学理论应用于对国民性之弊的批判并非鲁迅最大的贡献，如前所述，这不过是当时中国知识界的流行做法。而关键在于，在他自己的文学世界里，靠着这套理论，坐实了"个体身体"与"国民身体"间生理与心理上的双重联系。鲁迅笔下以"生病的身体"隐喻中国文化、国民性之弊的做法，可以视为清末开始流行的"生病的中国"形象的延伸。有关种族遗传会影响民族进化的观念在梁启超兄弟笔下也早已被阐发过，但关键的不同在于：对于后者而言，只有"生病的国家"，而并不存在"生病的医国之士"。严复和梁氏兄弟虽然都曾论说过种族遗传的影响，但他们的"医国之士"似乎可以对这种遗传病免疫，而且，当他们发现"国病"已无药可治之时，就会像当年扁鹊"望桓侯而还走"一样，选择退隐江湖。但对鲁迅而言，在种族遗传面前，所谓"医国之士"与待救治的患病国民之分实则颇为暧昧。

---

① 鲁迅：《忽然想到》，《鲁迅全集》第 3 卷，人民文学出版社，2005，第 18 ~ 19 页。

② 周作人：《知堂回想录（上）》，北京十月文艺出版社，2013，第 337 页。

《药》中夏瑜和华小栓在小说的表层结构上分别代表先觉者和未觉者，与此同时，作为民族和国民双重象征的华小栓的身体，与作为试图改造种族命运的个体之象征的夏瑜的身体之间也构成了深层结构上的平行关系。他们同为家族的男性继承人，象征着种族延续的希望；都有"治病"的诉求，华小栓以为吃人血馒头能治己病，夏瑜以为革命能治国病；最后却都因病而死，华小栓死于肉体之病，夏瑜死于精神之病——他的革命行为被视为"疯"。结尾处，华、夏两家之子坟头并列，死亡成为他们的共同结局。作为先觉个人代表的夏瑜的革命／"叛逆"行为，象征了个体改变种族宿命的努力，如果仅仅是被"砍头"，那么他的努力仍然可以说是成功的。"头"代表着思想、理性，是鲁迅矢志追求的"独异"精神的根基所在，而"身体"，如前所论，则是种族遗传病的展示场。因此，当象征个体独异精神的"头"被砍下，与铭刻了种族遗传印记的"身体"脱离的一刹那，是夏瑜以个体生命为代价，换得自我对种族之超越的时刻。然而，夏瑜的个体生命并未终结于"被砍头"，而是最终以"被吃"的形式重新进入华小栓体内，个体想要摆脱种族宿命的努力因"吃"这一动作而被宣告无效，个体与国民的生命通过"吃"又重新连接在一起，继续重复着共同的种族宿命——因病而死，又终结于共同的归宿——坟。

鲁迅安排华小栓患上在当时是不治之症的肺结核，对于这种病，华家寄望的人血馒头固不可救，鲁迅推崇的西医也同样束手。与彼时文学界流行的浪漫主义表现方式不同，结核病在鲁迅笔下没有丝毫浪漫色彩，就是不折不扣的死亡预告。让华小栓患上结核病，是否也暗示着鲁迅对种族病体获治可能性的深深疑虑？如果"华夏"这个种族的生命过程是如此不堪，只是一种"吃"与"被吃"的历史循环，那么，按自然法则将重演祖先命运的个体救赎之路又在何方？夏瑜之死，死于种族遗传宿命，做出此种安排，可见鲁迅对自己矢志追求的"独异个人"是否真的存在，着实疑虑重重。华、夏两家之子异体同命的最终结局，似乎再次印证了勒庞的论断：个体无法反抗种族遗传的支配。

勒庞以及他同时代的心理学家如弗洛伊德，都相信个体人格是漫长种族历史过程的产物。勒庞写道："支配着我们内心最深处的自我的，是那些看不见的主人，它可以安全地避开一切反叛，只能在数百年的时间里被慢慢地磨损。"① 在他眼中，所谓精英与群众之分，即使不是完全不存在的，也极为模糊。无论智愚贤不孝，都是种族这个生物体中的细胞，个体因此拥有两种生命：本身短暂的"个体之生命"和种族长久的"集团之生命"。② 勒庞不相信人有能力反抗他所承袭血脉的种族和传统、有能力摆脱他所处的时代和社会，因为正是这些东西塑造了每个人的人格。

> 每个时代的人都是在一个由相似的传统、意见和习惯组成的基本环境中成长，他们不能摆脱这些东西的桎梏。人的行为首先是受他们的信念支配，也受由这些信念所形成的习惯支配。这些信念调整着我们生活中最无足轻重的行动，最具独立性的精神也摆脱不了它们的影响。在不知不觉中支配着人们头脑的暴政，是唯一真正的暴政，因为你无法同它作战。③

勒庞根据遗传理论绘出的这幅阴郁图画，对精英理论是一个重大打击。勒庞说，我们每个人都有两个自我：一个文明的、理性的自我和一个野蛮的、非理性的自我，无论精英还是群众都受种族遗传支配，任何人身上都潜藏着一个暴民自我，一切人都是潜在的"群众人"，只要条件具备，谁都有可能成为暴民。

鲁迅笔下用以展示民族"劣根性"的国民与用以表达"先觉"

---

① 〔法〕勒庞：《乌合之众：大众心理研究》，冯克利译，中央编译出版社，2005，第53页。
② 〔法〕赖朋：《民族进化的心理定律》，张公表译，上海文艺出版社，1991，第14～15页。
③ 〔法〕勒庞：《乌合之众：大众心理研究》，冯克利译，中央编译出版社，2005，第104～105页。

反抗的独异个人，论者常常将其视为对立的二元，但二者的共同之处——同为种族遗传的承担者，也是鲁迅文学世界中不可忽视的一点。宋剑华敏锐地指出，鲁迅眼中的"精英"与"庸众"并非截然两分，二者都负载着"国民性"，"精英"未必皆"精"，"庸众"也未必全"庸"，这种认识来自鲁迅对"五四"启蒙运动的反思。① 笔者同意这一观点，并且认为上述观念不仅源于鲁迅"后五四"时代的反思，更可远溯至"前五四"时代勒庞思想的启示。令鲁迅痛苦之处或许也正在于此：个体与种族间无法摆脱的血缘关系。因此，《狂人日记》中最恐怖的真相并非遍翻史书后发现的"礼教吃人"，而是"我是吃人的人的兄弟"和"我也吃过人"。

在《孤独者》这篇注入了作者很多个人体验的气氛阴郁的小说中，主人公魏连殳和"我"之间有过两次关于个体和种族生命关系的对话，问题集中于先天遗传与后天环境究竟何者更能影响个体。第一次由孩子引起，小说着重描写了魏连殳对孩子的喜爱，而"孩子"从《狂人日记》开始就被用来代表种族的未来。此时的魏连殳对未来尚存希望，认为"孩子总是好的。他们全是天真"，"后来的坏"是"环境教坏的"。而"我"则用遗传说加以反驳：

> 如果孩子中没有坏根苗，大起来怎么会有坏花果？譬如一粒种子，正因为内中本含有枝叶花果的胚，长大时才能够发出这些东西来。②

魏连殳对"我"的这种观点起先并不认同，但很快改变了看法。他对孩子从无条件的喜爱到厌恶的过程，也就是对自己和种族由充满希望到绝望的过程。小说中专门叙述了使魏连殳观念转变的两个

---

① 宋剑华：《"在酒楼上"的"孤独者"——论鲁迅对"庸众"与"精英"的理性思辨》，《鲁迅研究月刊》2016 年第 1 期，第 4～14 页。

② 鲁迅：《孤独者》，《鲁迅全集》第 2 卷，人民文学出版社，2005，第 93 页。

细节。一是他亲眼看见一个"还不很能走路"的孩子"拿了一片芦叶指着我道：杀！"一是堂兄因为觊觎房产而想将自己的儿子过继给他。堂兄父子被形容为"很讨厌的一大一小在那里，都不像人！"魏连殳对侄子产生厌恶，是因为"儿子正如老子一般"，这个才十多岁的孩子与其父一起为谋利益而欺负弱者，"他们父子的一生的事业是在逐出那一个借住着的老女工"。① 两处细节都强调孩子身上所表现出的恶，是一种与生俱来的遗传之恶。这些"天真而邪恶的孩子"是鲁迅文学世界中的重要形象，在《狂人日记》《孔乙己》《长明灯》等中都曾出现过，他们不是故事的主角，却是无处不在的阴影，他们的邪恶来自对上一代无意识的模仿，驱动这种无意识之恶的正是种族遗传："他们娘老子教的"。鲁迅将种族新生的唯一希望寄予下一代，而这些"天真而邪恶的孩子"的存在，对这种希望而言是莫大的讽刺，他们身上早已种下了种族遗传的"坏根苗"。

第二次是关于祖母的话题。"我"开导魏连殳不要过于悲观，魏连殳则用祖母悲苦的一生加以回应，认定自己将重复祖母的人生，他将人生的悲剧归结于命运的遗传。

> 自然，世上也尽有这样的人，譬如，我的祖母就是。我虽然没有分得她的血液，却也许会继承她的运命。然而这也没有什么要紧，我早已豫先一起哭过了……②

故事后来的发展也印证了这一预言。魏连殳一步步走回社会"正轨"并且"好了"，和狂人"病愈"后赴某地候补一样，也是放弃与遗传抗争，一步步走回种族命运循环的过程："我已经躬行我先前所憎恶，所反对的一切，拒斥我先前所崇仰的，所主张的一切了。"③ 所不同者，《狂人日记》旨在写"个"与"众"的对立，没有"个"

---

① 鲁迅：《孤独者》，《鲁迅全集》第2卷，人民文学出版社，2005，第94~95页。
② 鲁迅：《孤独者》，《鲁迅全集》第2卷，人民文学出版社，2005，第98页。
③ 鲁迅：《孤独者》，《鲁迅全集》第2卷，人民文学出版社，2005，第103页。

如何"病愈"、如何回归"众"的心理过程，而《孤独者》则专注于此。小说"以送殓始，以送殓终"，道尽种族遗传在鲁迅心中所引起的恐惧和痛苦，有甚于《狂人日记》。魏连殳一生的悲剧展示着遗传支配下的个体命运循环，与《药》一样，这也是一个关于死亡的循环。

与上述二者相对应，魏连殳的"单身"与"子嗣"问题被几次提出。初识不久，"我"便"很想问他何以至今还是单身，但因为不很熟，终于不好开口"。① 之后因堂兄过继之事，魏连殳说这是因为"他们知道我不娶的了"，"我"于是借此发问：

> "总而言之：关键就全在你没有孩子。你究竟为什么老不结婚的呢？"我忽而寻到了转舵的话，也是久已想问的话，觉得这时是最好的机会了。
>
> 他诧异地看着我，过了一会，眼光便移到他自己的膝髁上去了，于是就吸烟，没有回答。②

不娶则无嗣，无嗣则不会再有新的后代重复种族遗传。终身不娶，自绝子嗣，这似乎是屡屡碰壁的主人公所能做到的唯一可以对抗种族遗传之事。然而，他在死后仍被家族强行过继了堂兄的儿子作为"子嗣"。当那个被魏连殳所讨厌的侄子以"孝子"身份出现在他的葬礼上时，这种自毁式的抗争最终也宣告失败。从这一意义上可以说，《孤独者》是对《我们现在怎样做父亲》提出的改革方案的反讽。"祖母"和"孩子"分别代表了祖辈和子辈，前者悲苦一生，后者已被种下"坏根苗"，至于被赋予肩负"因袭的重担"之责的魏连殳，则自动放弃了"父"的身份，他厌恶孩子，宁愿做一个斩断所有血缘、亲缘和地缘关系的"孤独者"。进化论说影响个体的要素有二：种族遗传和环境顺应。《我们现在怎样做

---

① 鲁迅：《孤独者》，《鲁迅全集》第 2 卷，人民文学出版社，2005，第 92 页。
② 鲁迅：《孤独者》，《鲁迅全集》第 2 卷，人民文学出版社，2005，第 94~95 页。

父亲》中说可以用"父"一代的牺牲应对遗传，用改革社会应对顺应；而《孤独者》则用这个阴郁而凄怆的故事证明，个体除了重复上一辈的遗传宿命和顺应环境之外，一无所能。这个故事暗藏着一幅相当黑暗的世界图景：在无法摆脱的种族宿命循环中，无人是医者，无人能得救治。所有改革的努力必将流于破产，所有希望最终都会变为绝望。

在鲁迅看来，种族遗传就是个体身体与生俱来的遗传病，无论先觉还是未觉，皆为有病之身，无人可以免疫，"个体身体"与"国民身体"因为同患此病而被捆绑成一个命运共同体，这是鲁迅解不开的死结。涂尔干说，每个氏族都可视为一个"血共同体"，"正是以血为媒介，祖先的生命才被其后世子孙分有和共享"。① 在鲁迅笔下，"血"也成为隐喻"个体身体"与"国民身体"间遗传联系的关键意象。《望越篇》里说，子孙对于祖先"承其血胤者亦并袭其感情"。《随感录三十八》中说："我们现在虽想好好做'人'，难保血管里的昏乱分子不来作怪，我们也不由自主，一变而为研究丹田脸谱的人物：这真是大可寒心的事。"② 《药》里夏瑜的血通过"被吃"被迫重回种族机体，与他想救治的国民一起承担死亡宿命。《孤独者》中魏连殳即便自绝后嗣，最终却仍被以"过继"的方式卷回家族的血脉中。在这个以"血"象征的种族命运共同体中，没有谁能逃脱遗传的循环。这就是鲁迅在不同的故事里反复呈现的母题："先觉者"所"觉"的不是医国救民的药方，而是不可改变的种族命运，是自己已罹患种族遗传病的身体状况。鲁迅描写的"先觉者"与他们想要"救治"的"国民"之间最大的不同，不是觉与未觉，而是他们因为知晓种族遗传宿命而更加痛苦，他们的身体就是这种痛苦的展演之所。所谓的"先觉者"们，没有谁能真正获得

---

① 〔法〕涂尔干：《乱伦禁忌及其起源》，汲喆等译，上海人民出版社，2006，第48页。

② 鲁迅：《随感录三十八》，《鲁迅全集》第1卷，人民文学出版社，2005，第329页。

"新生"，他们以为自己可以救治生病的国民身体，但最终发现连自己的身体也无力左右，如果不是早早死去，那有朝一日也会变回"庸众"，即所谓"好了"。

小　结

鲁迅文学中最易读出的"先觉者－庸众"图式，其实仍然延续了传统的"医国之士－病国"的二元结构。但鲁迅的贡献在于，他建构起"医国之士"的身体与"国家身体"之间的联系：一种依靠浪漫主义的民族想象和进化论的种族遗传学说联系起来的命运共同体。传统的"医国之士"如果发现无力医治"国病"，则可选择退隐江湖而独善己身，而鲁迅一早放弃了退隐的选择，己身就是国身，命中注定必须承负民族命运。"血荐轩辕"代表着鲁迅以己身殉国身的牺牲者情结，他以浪漫主义的方式建立起个体身体与民族身体间的血盟，这使他迥然有别于传统的"医国之士"。然而令他痛苦的是，欲以己身之血荐民族之神，却发现现实中的民族之神不过是一具无药可救的病躯；欲以独异精神超越众庶，却发现己身身体与国民身体之间实有斩不断的血缘联系。按勒庞的说法，国民性的源头纵然可以追溯，那也必然在过去以前很久；国民性就算可以改变，那也必然在未来以后很久。这变化以遗传学的进度缓慢进行，积数世纪之久方有可能见效，任何个体有生之年注定既无法见证某个变化的完成，更无法摆脱自己身上附着的种族品性。某个个体的努力，若放在整个进化论的时间尺度上，其影响微弱到可以忽略不计。林毓生就指出，以国民性改造解决中国问题的想法使鲁迅"走向逻辑的死结"，因为"国民性"这一概念本身具有"相当强的决定论倾向"。一种性质被称为"国民性"的前提就是它的难以改变，因此，将"国民性"设定为解决中国问题的根本，便很难由此提出"有生机的改革计划"。① 种族遗传以个体身体为媒介，"因果相寻，无可诛责"，循环往复，不知伊于胡底，这是鲁迅文学世界里最大的阴影。它左右着个体的命运，嘲笑着他的努力与挣扎，印证着当年梁启勋的个人与国民互为因果论："在愚群之中则个人必不能独智，在弱群之中则国民必不能独强，在腐败之群中则个人必不能独善良。"②

尽管如此，鲁迅身上强烈的对于"医国之士"的认同意识，或者按林毓生的说法，这是一种源自士人传统的"至高无上的民族责任感"，③ 使他几乎是强迫自己相信，或者至少要让他的读者相信：进化会为这个民族带来一个更好的未来。他穷其一生与之相斗的，是进化论令他相信的种族遗传，他有时摆出了甚至是偏激的反传统姿态，正是为了对抗那据说无人可抵抗的自然规律。而他用以斗争的武器同样是进化论，这也就是为什么他一面引用勒庞"死人之力比生人大"的断语，一面又说"人类究竟进化着"。他的那些以"医国之士"自任的先觉个体，即便无法逃脱种族遗传的宿命，也要求自己担负医治"国病"的使命。这种姿态凸显着传统士人"知其不可而为之"的责任感和民胞物与的凛然道德感。在《孤独者》结尾魏连殳的突然死亡，从情节布置来看虽显突兀，但从作者的思想理路来看则是必然：魏连殳必须死去，作者无法接受这个投射了自己太多个人色彩的人物就此顺服于种族宿命，而宁愿强行让他死去，另安排其分身"我"继续走下去。

鲁迅用以抵抗勒庞学说所带来的绝望感的是进化论里的进步观念，然而正如有学者指出的，正是群众心理学理论揭示出的群众所具有的原始性，侵蚀了进化论的进步图景，令人怀疑文明与理性不过只是偶然，我们无法知道到底"过去有多少保存于现在之中？在

---

① 林毓生：《鲁迅个人主义的性质与含意——兼论"国民性"问题》，《鲁迅研究月刊》1993 年第 12 期，第 36 页。

② 梁启勋：《国民心理学与教育之关系》，《新民丛报》第 25 号，1903 年，第 50~51 页。

③ 林毓生：《中国意识的危机："五四"时期激烈的反传统主义》，穆善培译，贵州人民出版社，1988，第 226 页。

什么意义上可以说过去已经结束?"① 鲁迅彷徨于进化论的线性时间与种族遗传的循环时间之间，无法确定前者许诺的改革的可能性与后者预言的改革的无效性，前者许诺的进步前景与后者预言的宿命循环，究竟何者才真正指示出他所望知晓的种族命运。他理想中的个体、民族、国民三位一体从未实现，个体身体亦徘徊于民族身体和国民身体之间，联结三者的不是摩罗诗人的声与诗，而是种族遗传的病与死。

---

① 〔英〕约翰·麦克里兰：《西方政治思想史》，彭淮栋译，海南出版社，2003，第730～731页。

第四章　文学主体的重建

——论武田泰淳的鲁迅情结

　　19 世纪中期以降，东亚文化圈所面临的最大课题是现代化。日本通过明治维新，积极学习、模仿欧洲式现代化，迅速成为亚洲第一个现代国家。与此同时，对这种照搬欧洲式现代化的做法的质疑和反对之声在日本国内也从未消歇。因此，1940 年代日本知识界最重要的思想主题——"近代的超克"，其实包含着知识界长久以来积蓄的对欧洲式现代化模式的主动反思。如赵京华所指出的，欧洲式现代化对当时的日本知识界而言，已是一种"外在于日本而必须克服的欧美世界秩序"，像竹内好这样的知识人迫切希望能够通过"近代的超克"，寻找不同于这种"欧洲原理"的"亚洲原理"或"东洋的近代"。① 在这种反思欧洲现代化模式的思想语境中，此前一直被视为欧洲文明秩序中"半野蛮"的"后进国"的"现代中国"开始得到重新审视，成为如尾崎秀实、竹内好、武田泰淳等知识分子反思日本现代化模式，探索亚洲进行非欧洲式现代化可能性的思想基点。子安宣邦曾指出，"竹内好把位于日本的近代化之另一对极上的中国的近代化视为内发的、基于自身要求而产生的近代化，这正是在中国的自我或主体形成之上实行的近代化"，由此构筑起彻底批

---

　　①　赵京华：《中日间的思想》，生活·读书·新知三联书店，2019，第 21 ~ 22 页。

判日本现代化的视角。① 1945 年日本的战败与 1949 年新中国的诞生，更是令许多日本知识分子坚信中国成功地走出了一条非欧洲式的现代化之路。沟口雄三曾指出："在近代化方面一片空白、本应是落后的中国反而将其空白化为动力，自我更生地实现了世界史上史无前例的全新的第三种'王道'式的近代——这一新鲜的感动构成了战后中国观的基础。"② 李永晶也认为，在竹内好等知识分子眼中，"中国革命的成功，才是真正的'近代的超克'"。③

本章中笔者选取武田泰淳这位日本现代中国研究的先驱者，同时也是"战后派"文学的代表作家为对象，从他对鲁迅文学和思想的接受入手，考察鲁迅及其所代表的反抗侵略的、革命的中国现代文学精神，以及"现代中国"是如何影响了武田对日本现代文学和现代化的思考。由此进一步探讨"现代中国"如何在日本知识分子眼中，从欧洲文明秩序中"半野蛮"的"后进国"变成实践亚洲式现代化之路的典范，在反思、重建日本文学和文化主体性的过程中，他们从"现代中国"究竟摄取了哪些东西？

武田泰淳是日本"战后派"代表作家。从战前与竹内好共同创立中国文学研究会、成为日本译介和研究中国现代文学的先驱者，到战后进行文学创作、反省对华侵略罪责、反思日本现代化模式，其一生都受到鲁迅的影响。武田泰淳曾在《L 恐惧症》中讲述过对"那家伙"的恐惧，文章最后特别解释："L"既指鲁迅名字的首字母，也不妨认为含有"文学"（literature）之义。④ "鲁迅"与"文学"叠合的双重隐喻构成了武田精神世界的底色。"武田鲁迅"不仅是解读武田思想和文学的重要切入口，也代表着不同于竹内好的

---

① 〔日〕子安宣邦：《日本现代思想批判》，赵京华译，上海译文出版社，2017，第162 页。

② 〔日〕沟口雄三：《作为方法的中国》，孙军悦译，生活·读书·新知三联书店，2011，第 11~12 页。

③ 李永晶：《分身：新日本论》，北京联合出版公司，2020，第 206 页。

④ 武田泰淳「L 恐怖症」『黄河海に入りて流る：中国·中国人·中国文学』、劲草书房、1970、第 232 页。

另一种鲁迅阐释。

首先，在武田对"吃人"主题的阐发和鲁迅式人物形象的塑造方面，本多秋五很早就指出，武田小说《光藓》的"吃人"主题令人想起鲁迅的《狂人日记》。[①] 石井刚发现，武田和鲁迅都是通过"吃人"来"剖析存在本身对他者构成罪责"[②] 的问题。王俊文从鲁迅文学的"孤独"主题出发，指出武田通过与鲁迅的"孤独观"对话，塑造出"无声的男人"鱼津和"发声的女人"秋瑾这一组对照形象，并用"孤独"联系二者，认为武田对鲁迅的接受是将"实在的孤独观与忍受被所爱对象背叛之宿命的'绝望的抗战'相融合"[③]。他还认为，武田在创作中将自我分裂成多个阿Q式人物，以此表达对民族、国家、民众的疑问，思考超越民族国家界限的可能，探寻自我在世界上的存在方式。[④]

其次，对于"武田鲁迅"与"竹内鲁迅"的关系，兵藤正之助认为鲁迅是除司马迁之外对武田影响最大的中国文人，竹内好评价鲁迅所用的"挣扎"与武田在《光藓》等小说中常提到的"忍受"相通，甚至武田的"忍受"可能就源于"竹内鲁迅"的"挣扎"。[⑤]奥野健男直言武田的"L恐惧症"其实是"T恐惧症"（T是"竹内好"日语罗马字注音的首字母——笔者按）。[⑥] 渡边一民认为，竹内好《鲁迅》中的"赎罪意识""殉教者意识"等观点、"政治与文学"的问题框架以及 "文学者鲁迅"形象的构建都受到武田的

---

① 本多秋五「武田泰淳」、埴谷雄高編『増補　武田泰淳研究』、筑摩書房、1980、第 137 頁。

② 石井刚：《从"受苦"出发的主体实践》，《开放时代》2016 年第 6 期，第 29 页。

③ 王俊文「『孤独なる人間』—武田泰淳と魯迅」『文京学院大学外国語学部文京学院短期大学紀要』2009 年第 9 号、第 87～107 頁。

④ 王俊文：《武田泰淳与阿Q》，张瑶译，《新文学评论》2012 年第 2 期，第 150、154 页。

⑤ 兵藤正之助「武田泰淳と魯迅」、兵藤正之助等『武田泰淳』、冬樹社、1979、第 60～61 頁。

⑥ 竹内好等「座談会　武田泰淳」、埴谷雄高編『増補　武田泰淳研究』、筑摩書房、1980、第 286 頁。

影响。①

　　鲁迅作为"现代中国"的象征，还是武田反思日本以及亚洲现代化的出发点。筱田一士指出，武田文学正是始于与"思想家鲁迅"在"文学上的苦斗"之共鸣，并由此"思考如何矫正近代日本的精神缺陷"。②石井刚认为，武田的《光藓》和《司马迁》都包含着立足于"文"或"文化"的立场，思考"从整个东亚现代历史进程中提炼出来的'受苦的普遍性'"。这些文本与《狂人日记》形成互文，构建出有着"吃人"罪责意识的"受苦的主体"，只有在此基础上才能"反思东亚现代性的症结以及可能性"。③

　　以上研究的切入点虽各有不同，但都揭示了"武田鲁迅"中所包含的政治与文学的关系、文学与个人的主体性、亚洲现代化等关键问题。笔者认为，武田文学中存在一种"鲁迅情结"，它始于战前作家对以鲁迅为代表的中国现代文学的阅读，经由战争体验的淬炼，在战后成为融入武田思想并一直延续至其生命终点的精神底色。

　　矶田光一指出，对武田而言，鲁迅就是中国的象征，在对中国的负罪感作用下，鲁迅成了武田半恐惧的对象，这影响了他在"政治与文学"问题上的态度：鲁迅在武田文学中是近于基督的存在，而"政治"这个背叛了基督的"恶魔"则"被固定于'纯粹性'的对立面上"④。竹内荣美子也从"政治与文学"的角度阐释武田对鲁迅的恐惧："文学者"鲁迅向"政治"卖掉了自己的影子，变得更加坚韧，"将'文学'与'影子'之间的相克相生完美体现"，而武田愧疚于自己无法做到这一点，由此对鲁迅产生敬畏。⑤

---

① 渡邊一民『武田泰淳と竹内好』、みすず書房、2010、第 23 頁、第 78~79 頁。
② 篠田一士「武田泰淳・中村真一郎入門」、伊藤整等編『武田泰淳・中村真一郎集』、講談社、1980、第 423 頁。
③ 石井刚：《从"受苦"出发的主体实践》，《开放时代》2016 年第 6 期，第 38 页。
④ 磯田光一「L 恐怖症患者の振幅」、武田泰淳『武田泰淳全集』第 1 卷、筑摩書房、1978、第 396 頁。
⑤ 〔日〕竹内荣美子：《武田泰淳的中国》，侯冬梅译，《鲁迅研究月刊》2018 年第 11 期，第 50 页。

　　以上两位学者都揭示了"武田鲁迅"和"政治与文学"问题之间深刻而复杂的联系，但他们都将鲁迅置于与武田对立的"他者"立场上。笔者则认为，武田所欲建构的不是一个"他者鲁迅"，而是通过将鲁迅内化，与现代中国共情，重新思考"政治与文学"的关系，由此寻求日本文学主体的重建之路。"耻"与"罪"是构成武田文学世界的关键词，二者都源于其身处的政治现实。武田说自己是没有信仰的僧侣、落伍的左翼、侵略中国的中国爱好者、战败的"一等国民"。贯穿他一生的鲁迅情结，与他对自我的这种充满矛盾的体认密不可分。在这个充满"耻"与"罪"，笼罩着浓黑政治阴影的文学世界里，鲁迅成为武田重建在日本现代化进程中被政治碾压的文学主体的契机，这体现在其笔下的三种鲁迅形象中，即把文学的"影子"卖给政治"恶魔"的"政治鲁迅"、颠覆战后政治权力话语结构的"魔神鲁迅"和以文学方式容纳政治的"文学者鲁迅"。

　　学者熊鹰指出，竹内好试图通过鲁迅赋予文学以抽象的"政治性"，结果却使他的鲁迅论隔绝于中日两国的具体历史与经验之外。[①] 国家玮评价近年中国学界重启"政治鲁迅"研究的意义时也强调，鲁迅研究的新路应当"在二十世纪中国以及世界革命的视野下"，不可"局限于去历史化的自我精神力量的论述框架"。[②] "武田鲁迅"与"竹内鲁迅"的关键不同正在于前者与历史现实的持续联系。鲁迅最吸引武田之处就是他永远直面政治、凝视现实的姿态，他从鲁迅身上获得启发和激励，将自己的中国战场体验与日本知识人战时和战后的思想处境融合起来，在亚洲民族被殖民的共同命运中内化了鲁迅的政治体验，尝试构建一种新的"政治－文学"位相图，重塑积极投入现实、立足于亚洲民族生存处境的坚实文学主体。

---

① 熊鹰：《中日历史中的共通主体：中野重治"非他者"的鲁迅论》，《文学评论》2019 年第 2 期，第 63 页。

② 国家玮：《鲁迅研究的范式变革与概念重估》，《文艺研究》2019 年第 12 期，第 153 页。

因此，"武田鲁迅"具有强烈的现实政治色彩，虽然与"竹内鲁迅"理路不同，但都代表着日本知识人从现代中国经验出发，探索亚洲独立现代化之路的努力。

第一节 文学之影与"政治鲁迅"

武田的鲁迅情结始于中国文学研究会时期，1937年他为改造社出版的《大鲁迅全集》所撰的《卖了影子的男人》一文奠定了其鲁迅观的基础。他将鲁迅置于"政治与文学"的框架中，尝试建构一个以文学者之躯直面政治的"政治鲁迅"形象。

渡边一民指出，此文是武田以竹内好1936年的《鲁迅论》为批判对象，批评了竹内认为鲁迅停止文学创作是因为"手跟不上脑子"，也就是"文学追不上思想"的论断。武田的一些观点如"赎罪意识""殉教者意识"等被竹内吸收，融入后来的"竹内鲁迅"中。① 笔者同意渡边提出的观点，即此文是武田与竹内的对话。竹内后来在1943年写作《鲁迅》时，用"矛盾的自我同一关系"来论述"政治与文学"问题，他提出的文学"通过与政治的交锋"而异化政治、"文学在政治中找见自己的影子，又把这影子破却在政治里"② 等观点明显与武田此文有关联。但同样从"政治与文学"问题出发，二人在关注点上存在根本不同：竹内前后两篇鲁迅论的重心都是鲁迅的"文学者"气质，而武田看重的则是这位"文学者"如何同时又成了"政治家"，他更关心的是鲁迅身上的"政治性"。

竹内好将鲁迅视为中国现代文学中"政治与文学"冲突的代表，因过于浓郁和纯粹的"文学者"气质而无法解决自身矛盾，也就是

---

① 渡邊一民『武田泰淳と竹内好』，みすず書房、2010、第 77～79、81 頁。
② 〔日〕竹内好：《鲁迅》，《近代的超克》，李冬木等译，生活·读书·新知三联书店，2005，第 134 页。

"文学"因缺乏"思想"而无法与"政治"相对抗的矛盾。① 这种观点与"革命文学"论争中鲁迅的批判者们认为其文学落后于时代、思想不够革命的观点类似。如钱杏邨批判鲁迅"没有超越时代",是缘于他空虚颓废的"小资产阶级的恶习性"、过时的"个人主义的精神",阿Q体现了"死去了的病态的国民性"等。② 竹内好也评论鲁迅"气质上未能脱尽作为近代意识反对者的百姓根性",③ "过着彻底的文学者生活",缺乏"观念思维训练",结果"虽然的确超越了时代,可是只领先了一步,未能达到所要求的十步"。④ 阿Q是"鲁迅自己撕裂的分身",他在大革命时代的政治转向不过是再次出演了这个不彻底的革命角色。⑤ 二人的论述取向虽不同,但在认为鲁迅未能成功应对革命时代的"政治"这一点上是一致的。对他们而言,"政治与文学"是选择题,似乎只要拥有足够强大的思想就能解决。

武田的鲁迅论同样沿上述问题展开,却走向了不同的方向。在彼时刚刚因政治压力被迫放弃左翼活动的武田眼中,"政治与文学"从一开始就是生存问题。他形容1930年"政治倾向确定后的鲁迅"成了令人生畏的强人,"向所有现代文学者投出一个大问题",即如何解决"政治与文学"这个"文学者的生存方式问题"。⑥ 武田在鲁迅笔下看到,"政治"是文学者不得不置身其中的现实,这些"死、愚昧、贫困、压迫,读后令人大为恐慌,仿佛站在面向漆黑大海的倾斜沙地中",而鲁迅直面这黑暗现实的姿态如同在荒芜沙地上持续

---

① 竹内好「魯迅論」『中国文学月報』1936年第20号,第129~131頁。
② 钱杏邨:《死去了的阿Q时代》,《太阳月刊》3月号,1928年,第11、13、18页。
③ 〔日〕竹内好:《鲁迅》,《近代的超克》,李冬木等译,生活·读书·新知三联书店,2005,第128页。
④ 〔日〕竹内好:《鲁迅》,《近代的超克》,李冬木等译,生活·读书·新知三联书店,2005,第129页。
⑤ 〔日〕竹内好:《鲁迅》,《近代的超克》,李冬木等译,生活·读书·新知三联书店,2005,第129~130页。
⑥ 武田泰淳「影を売った男」『黄河海に入りて流る:中国·中国人·中国文学』、勁草書房、1970、第66頁。

挖掘，"挖得入迷到连作品也写不出的地步"①。黑暗大海和荒芜沙地显然是"政治"的隐喻。鲁迅不是执着于远离"政治"以保持"文学"的纯粹，而是积极直面"政治"，自弃医从文参与"革命文学"论争到加入"左联"，都是与"政治"这个恶魔做交易，他的文学因此变得更丰富：

> 他总是堂堂正正地与恶魔做交易。为了能让自己作为文学者的生活继续下去，什么都应该卖掉。有些人认为，他把影子全卖掉是远离了文学。然而，多次从鲁迅那里买了"文学"这个影子的"政治"恶魔每次都发现，鲁迅心中的影子比以前更大了。如此一来，恶魔之于鲁迅终于成了朋友。接近政治使得"文学"/影子变得无限丰富。②

如此解读鲁迅，首先与武田身为左翼"转向"者有关。左翼作家放弃马克思主义信仰而"转向"是 1930 年代日本文坛最重要的主题，这场失败的无产阶级运动影响了此后整个昭和文学的走向。中村光夫指出，"转向"所揭示的个人在对抗强大国家政治权力时的脆弱，使作家们产生深深的耻辱和愧疚感。③ 很多中国文学研究会同人都曾是左翼运动的参与者或同情者，他们在左翼被弹压后成立研究会，将"现代中国"引入知识界，在上述语境中也可视为一种"转向"，即从信仰超越民族国家的马克思主义，转向关注"现代中国"所象征的亚洲民族主义。武田回忆自己青少年时代对文学并无太大兴趣，芥川龙之介自杀时，他曾对媒体大肆报道一介小说家之死感到不解。④ 武田在政治活动失败后才转向文学，当时他对政治的兴趣

---

① 武田泰淳「影を売った男」『黄河海に入りて流る：中国・中国人・中国文学』、勁草書房、1970、第 67 頁。
② 武田泰淳「影を売った男」『黄河海に入りて流る：中国・中国人・中国文学』、勁草書房、1970、第 67~68 頁。
③ 中村光夫『日本の現代小説』、岩波書店、1968、第 83 頁。
④ 武田泰淳「文学と私」『身心快楽』、創樹社、1977、第 8 頁

是超越了文学的，"现代中国"也是作为革命的替代品出现在其思想世界中的。正如矶田光一所形容的，武田在研究会的活动是努力让自己"同化于政治性的中国幻想"①。而鲁迅就是"现代中国"的代表，他作为被殖民、被压迫的中国文学者，直面严酷的现实、不惧与"政治恶魔"正面交锋的姿态，都为武田提供了思想解困的启迪。

"政治鲁迅"还是对当时日本的主流文学观——"私小说"观念的挑战。这种自大正时代开始流行的文学观认为，文学者应以远离政治之个体孤高姿态反抗社会、坚守文学的纯粹。武田提到的"把影子全卖掉是远离了文学"的观点，以及他所描述的日本文学者"或以苦笑，或以冷笑，或以傻笑面对"政治的态度，②都直指"私小说"文学观。把文学的"影子"卖给"政治恶魔"，就是打破由"私小说"文学观支撑的纯文学象牙塔，投身于现实。武田用"挖沙"隐喻鲁迅直面"政治"的姿态：他不断"挖沙"正如浮士德不断追求，这种追求只有在与魔鬼梅费斯特这个永恒否定、永恒之恶的化身的对立中才能完成，将灵魂卖给魔鬼就是这种对立关系的象征。同样，鲁迅文学也需要将"影子"卖给"政治"这个魔鬼。武田所谓"既是文学者又是政治家的人必须比任何人都苦恼"指的就是这种浮士德式的苦恼，他最后得出结论——"不要害怕接近恶魔！"③他在1930年的鲁迅身上看到政治是文学者不可回避的现实，而唯有正视这一现实才能找到文学的真正出路。

武田提出"政治"就是文学者的"生存"问题时，其文学中关键的"生存"主题已见雏形。他称鲁迅"既是文学者，又是政治家"，也预告了日后《司马迁》中将要描绘的那个全由"政治人"和"政治力量"驱动的庞大宇宙。在这层意义上，这个把文学的

---

① 磯田光一「L恐怖症患者の振幅」、武田泰淳『武田泰淳全集』第1卷、筑摩書房、1978、第397頁。
② 武田泰淳「影を売った男」『黄河海に入りて流る：中国・中国人・中国文学』、勁草書房、1970、第68頁。
③ 武田泰淳「影を売った男」『黄河海に入りて流る：中国・中国人・中国文学』、勁草書房、1970、第68頁。

"影子"卖给"政治恶魔"的鲁迅，可称为"政治鲁迅"。武田在自己第一篇鲁迅专论里塑造的这一形象，为他战后批判日本文学者的"洁癖"最终导致文学完全屈从于政治、无力面对战败的观点奠定了基础。不过，这个"政治鲁迅"还需要与中国战场的体验结合才能完全成型。

1930 年代的鲁迅论反映出的武田和竹内在"政治与文学"问题上的不同态度延续至 1940 年代，在经历了不同的中国体验后，二人分别写出了奠定各自学界地位的《司马迁》和《鲁迅》。

尽管二人几乎在同一时间来华，但竹内是作为留学生生活在相对平静的北京，日常交往的主要是文人学者；而武田却是作为士兵被送往惨烈的战场，被迫屠杀中国人。他在战地致友人松枝茂夫的信中写道："我第一次见到的支那民宅是弹痕遍布的墙壁，我第一次见到的支那人是腐败无言的尸体。学校里，翻倒的课桌上堆着满是泥污的教科书；图书馆中，整套的《新青年》和《历史语言研究所集刊》淋着雨水。这是凄凉的、无常的文化的破灭。"① 战后回忆被征入伍的心境时，武田又写道："终于，红纸来了。我作为侵略留学生祖国的辎重二等兵，出发了。自称爱中国、爱中国人、爱中国文艺的我，这份爱是假的吗？枪，交到我手上了。三八式步枪，可以射击。这样看来，我的爱明显是假的了。"② 两年的战争体验令武田比竹内更深刻地体会到"政治"的强大和"文学"的无力。矶田光一评价说，"竹内鲁迅"建立在对中国的浪漫想象和负疚感之上，所以这种感情越深，"现实政治就越从他眼中脱落而去"。但对于在"现实维度"中被"强大的政治之力"送往中国战场、被迫成为侵略者的武田而言，"文学"不过是自恋主义的变形。③ 武田回忆自己在杭州遇见的一个农妇："鬼婆似的可怕的脸，骨瘦如柴，肤色黝

---

① 武田泰淳「支那文化に関する手紙」『中国文学月報』1940 年第 58 号、第 138 頁。
② 武田泰淳「わが思索わが風土」『身心快楽』、創樹社、1977、第 27 頁。
③ 磯田光一「非革命者のキリスト」、埴谷雄高編『増補　武田泰淳研究』、筑摩書房、1980、第 163～164 頁。

黑。春日河岸边抑郁的温暖中，只有这农妇的目光闪着彻骨的寒凉。"[1] 这令他想起祥林嫂追问"也就有地狱了？"[2] 时的绝望情景。他写道："我已经习惯了死尸，可是对于活着的人们依然感觉难以应对。"[3]《祝福》中的"我"无法回答祥林嫂的追问，这象征着知识分子与民众间的巨大隔阂，以及变革社会的努力与顽固的黑暗现实碰撞后的无力感。同样，身着日本军服的武田无法直视中国农妇那祥林嫂般的寒凉眼神，战争使他发现了与中国的巨大隔阂，发现自己此前架设中日文化之桥的愿望在化身为战争的"政治"面前，不过是一个"凄凉的、无常的"幻梦。武田日后回忆说，上了战场才发现自己"对于中国民众，特别是农民完全无知"，这些"了不起地活着"的中国民众"如同在批判知识精英一般，牢牢地扎根在大地上每日劳作、休憩，这样生活着。然后，蛮不讲理的男人扰乱了他们的生活，我就是在这个意义上意识到自己是罪人的"。[4]

从中国战场回到日本的武田正如从日本留学回到中国的鲁迅，不得不直面理想主义的破灭、梦与现实的乖离。就像武田在战场上写给身在北京的竹内好等研究会同人的诗中所云："现实之云正因为其美丽，所以才冷酷地/垂在我们这些支那病患者的头上。"[5] 战场上偶遇的"祥林嫂"唤起武田关于鲁迅文学中黑暗现实的记忆，这与他身处的残酷战争环境相融合。武田文学真正开始于他意识到自己对中国的浪漫"文学"想象被强力的"政治"所摧毁，必须面对冷酷的"现实之云"时。

竹内好记录过归国之初与武田关于会刊办刊方向的一次争论：武田表示无法赞成竹内"对月报进行政治性转换"的设想，而认为

---

[1] 武田泰淳「杭州の春のこと」『中国文学月報』1940 年第 59 号、第 147 頁。
[2] 引自鲁迅《祝福》，《鲁迅全集》第 2 卷，人民文学出版社，2005，第 7 页。
[3] 武田泰淳「杭州の春のこと」『中国文学月報』1940 年第 59 号、第 147 頁。
[4] 武田泰淳「文学と私」『身心快楽』、創樹社、1977、第 15 頁。
[5] 武田泰淳「北京の輩に寄するの詩」『中国文学月報』1938 年第 44 号、第 119 頁。

应该坚持一直以来的"文化性"。① 竹内希望进行"政治性转换"，是因为他仍相信能以文学者之身与政治相抗，这种信念后来凝结为《鲁迅》里政治与文学的对立统一；武田主张坚守文化，则是因为他知晓以文化对抗政治之不可能，这种观念后来构成他在《司马迁》中描写"政治人"的基调。矶田光一认为，两部作品都是作者处理"目的"（革命或和平）与"现实"背离的产物：竹内因为"对实现'目的'已经绝望，所以将'目的'作为一个梦固定于文学中"，于是有了《鲁迅》这篇"桃花源记"式的作品，它是"最接近非转向的"文学；而武田的《司马迁》则是"转向文学的一种极致"，它从所有幻想和理想的破灭之处出发。② 这就是为什么想要进行"政治转换"的竹内最终塑造出的仍是一个"文学者鲁迅"，而坚持文化立场的武田则告诉读者，《史记》的成功在于司马迁"将人作为政治人来处理"③。竹内说文学是"无力的"，是为了最终将这种"无力"升华为可与政治交锋之力。而在中国战场上目睹过政治之残酷的武田看来，"政治"是不可超越、无法抵抗的，竹内设想的二者间的自我同一关系根本不可能成立。

中国战场体验使武田对鲁迅文学所描绘的黑暗政治现实有了更为刻骨的体会：个体面对"政治"，就是面对"死"与"耻"的选择题。"政治"可以轻易决定个体的荣辱生死，个体的挣扎在这种强力面前微不足道。所以，尽管对孔子、伯夷、叔齐、屈原这些政治的否定者充满敬意，但在《司马迁》里，武田仍然将他们相对化了。他写作中常用的"生き残る"和"生きのびる"，在日语中都有经历濒死处境或巨大灾难后存活下来的意思。而在武田笔下，他又把这两个词加上背负着"耻"与"罪"的残存苟活之意，由此将自己定位成屈服于"政治"强力的、被"政治"侮辱

---

① 竹内好「二年間」『中国文学月報』1939 年第 57 号、第 117 頁。
② 磯田光一「L 恐怖症患者の振幅」、武田泰淳『武田泰淳全集』第 1 巻、筑摩書房、1978、第 397～399 頁。
③ 武田泰淳『司馬遷』、講談社、1965、第 59 頁。

和阉割的"残存者"（生き残った者），一如他笔下的司马迁是"忍耻而活的男人"。①

但是，认为"文学"不能与"政治"对抗并不意味着放弃，就像受过腐刑的司马迁"看起来舍弃了政治，放弃了伦理，而实际上没有哪个时期比这一时期令他更严肃地思考政治和伦理的本质"。② 这在武田为小田岳夫的《鲁迅传》所撰的书评中有明确的表现。他评价小田是住在"和平的日本"的"淡淡的柔弱的小说家"和"不会讽刺人的浪漫的文学者"，而鲁迅这个"强烈性格的文人"周围则环绕着"苛烈恶毒的现实"，充满"政治的窒息感"。③ 文章两次引用《孤独者》中描写魏连殳死后模样的语句："他在不妥帖的衣冠中，安静地躺着，合了眼，闭着嘴，口角间仿佛含着冰冷的微笑"④，认为这既是鲁迅的自况，也是"冷冰冰的、现实主义的语言"。⑤ 在刚经历了残酷战争的武田眼中，日本国内的"和平"景象，以及日本文学者的平淡、柔弱、温和无不充满讽刺：

> 鲁迅这个人所住的"支那"渐渐像巨大的阴影般堵在面前，像煤气般侵入口鼻，最后越来越重，压向全身。如同落在我们身上的宿命的重量一般，这是一生都摆脱不掉的重量吧。如果小田先生终究会写《鲁迅传》是宿命的话，那么，被唤起关于鲁迅的记忆，感受到"支那"的重量或许就是我们的宿命吧。⑥

"命运""宿命"在这篇短文中多次出现，提醒日本文学者们：纵使以为可以安住于"和平的日本"，鲁迅和环绕着他的"政治"也注定会降临，用无数"祥林嫂"寒凉的眼神、无数"魏连殳"横

---

① 武田泰淳『司馬遷』、講談社、1965、第 21 页。
② 武田泰淳『司馬遷』、講談社、1965、第 31 页。
③ 武田泰淳「小田嶽夫『魯迅伝』」『中国文学』1941 年第 73 号、第 139 页。
④ 译文引自鲁迅《孤独者》，《鲁迅全集》第 2 卷，人民文学出版社，2005，第 110 页。
⑤ 武田泰淳「小田嶽夫『魯迅伝』」『中国文学』1941 年第 73 号、第 140 页。
⑥ 武田泰淳「小田嶽夫『魯迅伝』」『中国文学』1941 年第 73 号、第 140 页。

陈的尸体戳破这伪装的和平。文中写道："又想起鲁迅的事，想起已经忘却的鲁迅这个厉害的家伙。打了个寒战，回头看了看。不知怎地，感觉我那下流无耻的内心被扑哧一下刺中，脸皮被撕了下来。"①

鲁迅和"现代中国"象征着沉重的现实，也象征着日本文学者无法逃避的政治命运，更进一步，是整个亚洲民族被殖民的命运。这就是武田对"政治"作为文学者无可逃避之宿命的刻骨体认。这种基于亚洲民族共同命运的共情体验，使鲁迅和"现代中国"不再停留于"对立者"或"他者"，而成为武田在残酷的"现实之云"下重建被"政治"之力摧毁的"文学"主体的起点。奥野健男指出，中国战场的经历颠覆了武田作为知识精英的价值观。写完《司马迁》后再次赴华、在中国迎接战败的体验，"决定了他的生存方式。他决不从这可悲的日本民族的现实逃离。……将自己逼迫到卑下得无法再卑下的穷途之境，以此为背水之阵，作为'司马迁的出发点'，以记录者的身份朝向现代世界展开反攻"②。武田描写"我"被鲁迅揭去伪装，很像《祝福》中的"我"面对祥林嫂追问时芒刺在背的情景，和鲁迅需要一个祥林嫂来追问自己一样，武田也需要一个鲁迅来将自己逼至穷途，直面自身的"耻"与"罪"。只有与鲁迅和"现代中国"共情，融入亚洲民族被殖民、被压迫的命运共同体，方能承负起现实宿命之重担，由此展开反击。在《司马迁》中，武田形容汉武帝之于司马迁是"比其他任何东西都强烈地压迫在他全身"的压力，时刻提醒他"日常生活的严峻"，这种压迫是司马迁痛苦和感到耻辱的根源，而他也正是在这种压迫下才完成了《史记》。③类似的，鲁迅和"现代中国"也被武田喻为"压向全身"的"宿命的重量"，他相信只有在这个"政治鲁迅"的压迫下才能正视自我，成为司马迁式的"记录者"，书写残酷政治现实中的

① 武田泰淳「小田嶽夫『魯迅伝』」『中国文学』1941 年第 73 号、第 139～140 頁。
② 奥野健男「武田泰淳論」、埴谷雄高編『増補　武田泰淳研究』、筑摩書房、1980、第 36～37 頁。
③ 详见武田泰淳『司馬遷』、講談社、1965、第 43 頁。

"耻"与"罪",新的文学主体唯有经由这种书写才能重建。

武田对"政治鲁迅"的发现,与国内学界近年重提"政治鲁迅"在思想理路上有颇多相似之处。二者出于共同的问题意识,都反思了"竹内鲁迅"所代表的过于强调向内的文学本体的阐释①,却并未对鲁迅向外直面黑暗现实而投入政治的姿态所具有的重要意义投入足够的研究。竹内要寻找的是鲁迅向内证成心性的决定时刻,所以他的论述始于鲁迅在绍兴会馆的沉默期;而武田思考的是鲁迅如何向外重新直面政治现实,所以他的论述始于1930年的"左转"。虽然同样源于对文学主体重建的思考,但如前文所论,不同于"竹内鲁迅"中所寄寓的理想主义,武田的"政治鲁迅"诞生于理想破灭之处,生长于个人极度耻辱的现实体验中。这类似于钟诚提出的鲁迅是在"人国"理想②破灭、意识到文学对政治的无力后,采取了"'批判与抵抗'的个体实践模式"参与政治③。但是,钟诚从政治学层面出发,认为鲁迅缺乏认识和介入现实政治的有效路径,他追求"立人"的道德理想与需要承认人性可能之恶的现实政治实践之间存在无法化解的矛盾,所以只能采取由孤独的个体往来于文学和政治之间展开"批判与抵抗"的方式。因其始终只是一种否定性实践、一种充满道德正义感的个人"复仇",所以无法"在政治层面达到实质性的成效",④ 除了深化"孤独者"意识外,未能带来建

---

① 如国家玮指出的,这种观点"偏重'心性'和价值层面的讨论",忽略了鲁迅的"实践取向"。详见国家玮《鲁迅研究的范式变革与概念重估》,载《文艺研究》2019年第12期,第147页。

② "人国"出自鲁迅的《文化偏至论》:"则国人之自觉至,个性张,沙聚之邦,由是转为人国。"[《鲁迅全集》(第1卷),人民文学出版社,2005,第57页。]它代表着鲁迅留学日本时代形成的以文学唤起国人自觉、确立具有独立"个性"的个体,再由这些觉醒的个体建设新中国的理想,具有强烈的个人主义色彩。钟诚书用"'人国'理想"指称鲁迅在政治转向前抱持的上述由"立人"而救国的理想。

③ 详见钟诚《进化、革命与复仇:"政治鲁迅"的诞生》,北京大学出版社,2018,第85页。

④ 钟诚:《进化、革命与复仇:"政治鲁迅"的诞生》,北京大学出版社,2018,第108页。

构性的积极意义。与此不同的是，武田在文学层面发掘出"政治鲁迅"的建设意义：鲁迅在直面黑暗现实后仍用文学的"影子"与政治"恶魔"做交易，在与政治的反复交锋中丰富了自身。这一反客为主的行为对武田有极大的启示意义。经中国战场淬炼后形成的"政治鲁迅"形象，首先确立了武田的鲁迅观中向外直面亚洲民族现实的这一面向，这成为他战后从"政治与文学"的权力结构层面反思日本战败和日本现代化的基础。

第二节　女性、中国与"魔神鲁迅"

1952年，武田开始连载他的第一部长篇小说《风媒花》，意欲模仿司马迁，书写日本一代中国研究者的精神史记。在该作中，鲁迅以一尊古代"魔神"的形象被召唤出来，构成这部描写战后日本至暗时刻的小说里少有的高光场面。借由"魔神鲁迅"，武田得以用文学的方式颠覆战后死灰复燃的政治话语霸权。

小说中，主角峯三郎的情人蜜枝为了赚钱给峯买礼物，鬼使神差般地做了一夜暗娼，而她的客人恰是峯以前的"同志"日野原。日野原参加过峯等人组织的中国文化研究会（以中国文学研究会为原型），退出后又转拜至鼓吹"王道"的汉学学阀M教授门下，战后成为支持"援蒋反共"的右翼积极分子。日野原受右翼头目清风庄主人之命准备偷渡台湾，参与反攻大陆的军事行动。临行前，他带领手下去买春，美其名曰"养浩然之气"，发现蜜枝懂些汉文，便要求她在"日之丸"旗上写点儿"汉诗或者汉文"以壮行色。不料，蜜枝竟有如神助般写下了鲁迅悼念"左联"五烈士的诗："惯于长夜过春时，挈妇将雏鬓有丝。梦里依稀慈母泪，城头变幻大王旗。忍看朋辈成新鬼，怒向刀丛觅小诗。吟罢低眉无写处，月光如水照缁衣。"[1]

---

[1]　武田泰淳「風媒花」『武田泰淳全集』第4巻、筑摩書房、1978、第211～212頁。

蜜枝是从峯三郎那里学到这首诗的，但当时她已不记得这是鲁迅的诗，对诗的意义、背景、作者心境也全然无知。可正是这个外表"如低能儿一般"的蜜枝，在兀自飞走的"奇迹之笔"驱使下，用鲁迅的革命之诗覆盖了象征右翼的"日之丸"："她的笔写出越来越大的墨字，即将覆盖整面旗子。笔肆无忌惮地前行，墨迹覆盖了不知是谁写的'万岁'、不知是谁的署名，还有旗子中央那'日之丸'的红色圆球。"① 不知诗作者的右翼青年询问日野原，由此引出"魔神鲁迅"：

> "'怒向刀丛觅小诗'，不错啊，日野原老师，此是何人之作？"为了试探前辈的学力，青年甲问道。
> "鲁迅。"
> "唉？谁呀？"青年丙又问了一遍。
> "鲁迅！"日野原铁青着脸答道，仿佛说出的是那久已被忘却的可怕的古代魔神之名。②

蜜枝写诗这一幕向来颇受好评，本多秋五称其令人"抱腹绝倒，给人无法形容的惊奇痛快之感"③。而被讨论最多的，是为何要选择让"无知"的蜜枝来写鲁迅之诗。村上克尚认为，小说从由中国、朝鲜所代表的亚洲诸国的"连带意识"出发，表达了对日本加入西方阵营、参与朝鲜战争的批判，通过书写"桥""混血""翻译"等主题，探索与"多样的他者们以多样的方式相联系"的多元可能性，以此对抗二元对立的冷战思维。④ 蜜枝就是体现这种多元性的人物。她的"混血"使她能对抗狭隘的右翼民族主义，对鲁迅诗意的无知

---

① 武田泰淳「風媒花」『武田泰淳全集』第 4 卷、筑摩書房、1978、第 211 頁。
② 武田泰淳「風媒花」『武田泰淳全集』第 4 卷、筑摩書房、1978、第 212 頁。
③ 本多秋五「武田泰淳」、埴谷雄高編『増補　武田泰淳研究』、筑摩書房、1980、第 132 頁。
④ 村上克尚「抵抗の複数性を求めて——武田泰淳『風媒花』における国民文学論批判の契機」『日本文学』2010 年第 59 卷第 11 号、第 35 頁。

则使她不会被主－客、内－外这些二元概念所束缚。因为本来就无所知，所以也就不会因为主体先入为主的、固有的"内在"认识而"遮蔽他者话语中的多重差异"。正是她的这种"不由自主"打开了不受固有主体遮蔽和干扰的空间，使鲁迅所代表的中国这个他者的话语在"1952 年的当下"语境中得以完整再生，从而形成"对参与朝鲜战争的日本的激烈批判"①。陈婉认为，蜜枝"无意识"的卖春是一种"主体丧失"行为，作者安排她以"无意识"的模仿方式引出鲁迅之诗，是为了讽刺和批判以日野原为代表的日本政客和文人丧失了战争责任主体。② 高华鑫认为，鲁迅的诗句使日野原这个背叛中国文学的右翼分子"在鲁迅这一坚硬的'他者'面前感到某种羞耻"，收到"研究对象对研究者反噬"的效果。③ 蜜枝的出身和行为上的"混血"使她能够超越民族国家的壁垒，她无意识地使用鲁迅的诗句证明"文学的花粉总是飘向难以预测的方向，在读者那里获得新的生命"，以此紧扣"风媒花"的主题。④ 武田引入鲁迅的诗句是为了批判右翼这一点殆无疑义，那么，为何通过写诗的场景来表达这种批判？"诗"这种文体符码在小说中具有怎样的寓意？选择蜜枝这位女性来书写鲁迅之诗又暗藏了怎样的性别政治隐喻？这些问题尚未得到深入解读。此外，前述几位论者都将鲁迅视为"他者"，笔者则认为，这里的"魔神鲁迅"被召唤出来，是为了逆转战后的政治话语权力结构，从而为文学主体再生创造契机。

　　首先，日野原等人要求蜜枝写的汉诗象征着"政治"，而鲁迅之诗则代表着"文学"，由此隐喻中国文学研究会以中国现代文学所象征的"文学"对抗汉诗所象征的"政治"的精神传统。此处的汉诗首先是作为"政治"欲望的符码出现的。右翼青年催促蜜枝时提到

---

① 村上克尚「抵抗の複数性を求めて——武田泰淳『風媒花』における国民文学論批判の契機」『日本文学』2010 年第 59 卷第 11 号、第 32 ~ 33 頁。
② 详见陈婉《论武田泰淳的〈风媒花〉——占领期东京的都市空间折射出的"中国"》，北京外国语大学硕士学位论文，2018，第 33 页。
③ 详见高华鑫《以风为媒的文学因缘》，《读书》2019 年第 3 期，第 101 页。
④ 详见高华鑫《以风为媒的文学因缘》，《读书》2019 年第 3 期，第 105 页。

三句汉诗："鞭声肃肃夜过河"、"山川草木转荒凉"和"古来征战
几人回"。① "鞭声肃肃夜过河"出自江户史家赖山阳的《川中岛·
题不识庵击机山图》，系吟咏战国武将上杉谦信与武田信玄的川中岛
之战；"山川草木转荒凉"出自明治名将乃木希典在日俄战争中视察
旅顺北部金州城时所写《金州城下作》；"古来征战几人回"出自唐
朝边塞诗人王翰的《凉州词》。三句诗的共同主题是开疆拓土、治国
平天下。赖山阳出身儒学世家，他用汉文撰写的《日本外史》在幕
末明治时代被广泛阅读，其中所宣扬的"大义名分"论、尊皇思想
等观念更是被许多志士奉为立身行事之典范。乃木希典因在日俄战
争中立功，其事迹被编入教科书广为宣传，他在明治天皇去世后的
自杀行为被视为"殉主"，引起社会轰动，形象被进一步神化。斋藤
希史指出，长久以来对中国文化的接受在日语中形成了一个以汉诗、
汉文为核心的话语世界，其中包含的士大夫治国平天下的观念也影
响了日本，特别是在以朱子学为立身典范的江户武士阶层中影响深
远。幕末明治时代，汉诗尤为志士所喜，成为他们慷慨抒发"经世
之志"以及"议论天下国家的文体"。② 赖山阳的《日本外史》在明
治时代的影响更是超出旧武士阶层而及于整个国民群体，当时许多
政客、浪人、文人都熟读此书，他们通过阅读汉文、吟咏汉诗，内
化了其中治国平天下的政治欲望。③ 在《风媒花》中，学汉学出身
的日野原等人要蜜枝写些"汉诗或者汉文"壮行，正是想效仿幕末
志士参与到由汉诗、汉文象征的政治世界中。唐土诗人的边塞豪情、
江户史家的尊皇大义、明治名将的孤忠殉主，这个由汉诗、汉文构
成的征伐拓疆的话语世界与日野原们的政治欲望正相契合。他们以
"国士"自命，充满暴力的亢奋，坚信应当重新武装日本，效仿明治
浪人向大陆侵略扩张的野心——"大陆雄飞"，以战争手段去中国掠
夺土地和资源。

---

① 武田泰淳「風媒花」『武田泰淳全集』第 4 巻、筑摩書房、1978、第 210 頁。
② 详见齋藤希史『漢文脈と近代日本』、角川学芸出版、2014、第 40 頁。
③ 详见齋藤希史『漢文脈と近代日本』、角川学芸出版、2014、第 83～84 頁。

　　而竹内、武田等人成立中国文学研究会的初衷，正是为了旗帜鲜明地反对已成为天皇制意识形态工具的汉学。他们主张研究中国现代文学，激烈批判作为汉学基础的汉文、汉诗，根本上是为了对抗汉学背后的国家政治。《风媒花》连载的 1952 年，正是日本政治、社会风云动荡之时。为了供应朝鲜战争所需，美国重启了日本战前的国家垄断资本主义体制，政治上推行打压共产党人的"赤色整肃"，同时释放了许多右翼战犯，将他们重新扶上政治舞台。这在小说中有明确影射：日野原等人偷渡至中国台湾背后的主谋——清风庄主人，曾被定为 A 级战犯关进监狱。他被释放后继续进行右翼活动，而且"近来势力日增，于政治上有极大发言权"①。这一年的五一节，东京爆发了当地民众与美国占领军之间的大规模冲突，上千人被捕和受伤，史称"血色五一"事件。蜜枝写诗时，叙述者用背景音讲出的"她不知道如今的东京城头也正变幻着大王旗"② 就是影射上述局势。在武田眼中，眼前的东京正如鲁迅写诗时那个弥漫着政治恐怖的上海。他曾撰文批判日本汉学家即便经历了战败，依然只愿躲在古代中国的世界中而无视眼前的现实，"更加黑暗的是笼罩着我的这种雾。射不进理智的光，听不到感情的音"，只有在路上偶然听到的"东京怎么感觉变得像上海"的只言片语才更符合自己的现实感觉。③ 兵藤正之助指出，这篇批判汉学家的文章虽然完全没有提到鲁迅，但字里行间明显让人感觉到鲁迅的存在。④

　　所以，蜜枝写诗时以全知叙事者视角插入讲述"左联"烈士之事，不单是为了介绍此诗背景，更是为了引入鲁迅作诗时的政治语境以映射当下，构建起同样"变幻着大王旗"的"鲁迅的上海"与"如今的东京"这两个空间的对应关系。这也是为了告诉读者：此诗

---

① 武田泰淳「風媒花」『武田泰淳全集』第 4 巻、筑摩書房、1978、第 264 頁。
② 武田泰淳「風媒花」『武田泰淳全集』第 4 巻、筑摩書房、1978、第 211 頁。
③ 武田泰淳「『経書の成立』と現実感覚」『黄河海に入りて流る：中国・中国人・中国文学』、勁草書房、1970、第 258 頁。
④ 兵藤正之助「武田泰淳と魯迅」、兵藤正之助等『武田泰淳』、冬樹社、1979、第 63 頁。

虽用汉诗旧体，但绝非开疆拓土的政治口号，而是"于旅馆中徘徊彷徨的鲁迅的悲痛之思的凝结"，是这位在政治的残酷暴力下，"不得不束手看着挚友一个又一个化为新鬼消逝"的"残存"的老文人①，悼念被杀的青年文学者、控诉政治压迫的文学之诗。当这首文学之诗被写在充满政治意味的"日之丸"旗上时，日野原们深信不疑的"汉诗"与"政治"间的意义链条被一举斩断，取而代之的是来自现代中国的"文学"呐喊。

那么，既然是为了延续中国文学研究会的传统，武田为何会选择蜜枝这个既非研究会成员，又不懂鲁迅，也不知时局的人物？除了论者已指出的是为了用蜜枝身上超越民族国家的"混血性"来否定右翼的极端民族主义外，还有一个重要因素决定了只有安排这个人物才能完成这场"文学"对"政治"的颠覆，那就是她身为女性的性别角色所具有的对抗男性政治话语的能量。

写作《风媒花》的前一年，武田发表了一篇题为《烈女》的小说。开篇介绍故事发生在"（自称）大清帝国——我们日本的邻国"，因其被外国人征服，"教育、军队、贸易以及其他所有重要领域都在外国人手中"，所以"知识精英领悟到自己唯一的任务就是发些不痛不痒的议论"。② 男性精英们深知自己无力对抗外国人，又"害怕被女人们看破自己已一无所能的丑态，便用女人们难以理解的美辞丽句得意地讨论着"，煞有介事地主张着"文化""自由""道德""礼仪"。③ 与此对照的是一群"不服输"的女人，她们看破了男性话语的虚张伪饰，遂跳出道德礼义之外，"多姿多彩地展现出元气淋漓的生存方式"，④ 特别是那些在中国败于异族时选择了激烈死亡的"烈女"。"烈女的数量有多惊人，不烈男的数量也就有多

---

① 武田泰淳「風媒花」『武田泰淳全集』第4巻、筑摩書房、1978、第211頁。

② 武田泰淳「烈女」『武田泰淳全集』第1巻、筑摩書房、1978、第260頁。

③ 武田泰淳「烈女」『武田泰淳全集』第1巻、筑摩書房、1978、第260頁。

④ 武田泰淳「烈女」『武田泰淳全集』第1巻、筑摩書房、1978、第261頁。

惊人"。①

　　《烈女》的故事背景虽然是晚清中国，但武田的目的实为借古讽今，小说开头的"大清帝国"实则隐射美军治下的日本，以躲避当时美军在日本实行的严格的出版审查制度。《烈女》发表当年的9月，《旧金山和约》和《日美安全保障条约》签订，标志着日本迎来美军"占领下的独立"，一如当年处于半殖民地状态的晚清中国。《烈女》开头一段明显致敬了鲁迅《我之节烈观》《论睁了眼看》等文中对"表彰节烈"的讽刺，"烈女"与"不烈男"的对比也让人联想到鲁迅嘲讽男性知识精英面对异族强权时只会"瞒和骗"，"遭劫一次，即造成一群不辱的烈女"。②

　　不过，鲁迅的"烈女"是男性话语权下的受压迫者，而武田的"烈女"却代表着反衬男性精英虚伪无能的强大生命力。松原新一在总结武田文学中的女性形象时指出，她们不为世间道德所束缚，不因罪而不安，也能忍受恶，既是拥有强大能量、充满自信的强韧生活者，也是男性出演的历史闹剧的冷静旁观者。③ 这种女性形象并非凭空创造，而是根植于战后日本的精神土壤。鹤见俊辅指出，日本女性地位在战后提高的一个原因是，整场战争是由日本政府在"男性至上立场"上发动的，这个男性政府最后的俯首投降令男人们彻底丧失了自信。女性则因为始终被排除在政治之外，所以丝毫不必负责。"她们不讲夸大的政治口号，却充分运用战时不为国家机器采纳，或者可说是因此涌出的实际思想。"当男人们因战败萎靡不振时，女人们仍然保持着强韧的生命力维持日常生活，这使她们获得了"在近代日本从未有过的权威"。④ 蜜枝正是这种战后女性的典型，她为了给情人买礼物而去偷盗和卖春，无视男性制定的法律和

---

①　武田泰淳「烈女」『武田泰淳全集』第 1 卷、筑摩書房、1978、第 261 頁。
②　鲁迅：《论睁了眼看》，《鲁迅全集》第 1 卷，人民文学出版社，2005，第 254 页。
③　松原新一「評伝の解説」、武田泰淳『武田泰淳集』、学習研究社、1970、第 458～464 頁。
④　〔日〕鹤见俊辅：《战争时期日本精神史（1931～1945）》，邱振瑞译，北京日报出版社，2019，第 128～129 页。

道德，只凭自身的爱欲能量行动。这个人物在武田文学论者中颇受好评。奥野健男评价蜜枝作为武田文学中"淫女"系列的人物，充满了"原始的生命力和动物式的能量"，是打破笼罩武田的"宦官式的无力感"的契机。[1] 川西政明也指出蜜枝是武田笔下的女性代表，她们"为了活下去什么都做"，积蓄着"动物性的能量"。[2]

川西政明分析《风媒花》的语言时还指出，小说的语言整体上是"文化人的语言"，唯有蜜枝的语言是"超越了文化人的语言"，"与敌视中国的文化人、阴谋家们对抗的蜜枝是庶民语言的拥有者"。武田后来的写作正是通过发展这种庶民的语言和文体，实现对日本近代的"超克"。[3] 我们将上述分析与小说的性别话语结合在一起考察就会发现，所谓"文化人的语言"就是日野原、峯等人的男性语言，蜜枝的女性语言则是"庶民的语言"。日野原等人要求的汉诗代表着把战争合理化的政治话语，他们自以为可以舍身兴国，其实也不过被利用为国家政治的棋子。明治以来整个日本的"近代化"就是一场宏大的政治话语，男性被卷入其中，结果或者被政治所阉割（如峯），或者被政治所规训（如日野原），已无力反抗。而蜜枝的无知反倒令她不会被宏大的政治话语所蛊惑。她在回应写诗要求时的反应"仿佛低能儿一般"，正是为了与日野原等男性"知识精英"构成反讽。她反感日野原们的杀伐之气，对他们亢奋的男性语言毫无兴趣，反倒被门外女乞丐的歌声所吸引。

蜜枝决定去卖春是受了偶遇的醉酒老人的启发。老人感叹在美军占领下，"日本国中全是PX[4]那样的商场和干着杀人勾当的军需工厂"，所谓的正经职业其实都是做仰赖他人的奴隶，只靠自己身体

---

① 奥野健男「武田泰淳論」、埴谷雄高編『増補 武田泰淳研究』、筑摩書房、1980、第43頁。

② 川西政明『武田泰淳伝』、講談社、2005、第268頁。

③ 川西政明『武田泰淳伝』、講談社、2005、第324頁。

④ PX：post exchange 的缩略语，本义指设于美军基地内的商店。战后进驻日本的美军接收了一批百货商场，专门售卖美军所需的日常用品。

的卖春才是唯一不做奴隶的生活方式。① 女性向男性出卖身体的交易
本是男性权力压迫女性的产物，但作者借老人的醉话尖锐地指出当
时日本在美军治下人人为奴的处境，让蜜枝用"自主"的卖春反衬
出日野原们的"为奴"。日野原们本想利用蜜枝的女性身体确认自己
的男性权力——"养浩然之气"，可当他们被蜜枝写出的鲁迅之诗所
震慑时，性别权力结构在这一刻发生了极其戏剧化的反转，完成了
一场女性对男性政治话语反客为主的颠覆，这也是对"近代"的颠
覆。战后重新抬头的右翼思想代表了男性战争话语的死灰复燃，当
武田需要与之对抗时，唯有借助蜜枝身上的女性生命力才能实现。
更深一层，是借助由蜜枝的女性/庶民话语所代表的底层民众力量，
去对抗以"近代"为名行侵略杀伐之事的国家政治暴力。

　　其次，选择女性来书写鲁迅之诗，还因为在武田笔下女性也常
常是中国的象征。武田对于亡国有一个著名观点，就是将被异族灭
亡比喻为女性被男性强暴，日本在战败前从未被异族统治过，所以
"导致日本人的整个心理非常浅薄"，而中国历史上经历过多次王朝
的覆亡，早已"从处女锻炼成强者"。② 这里有武田自《司马迁》以
来一贯的观念：无论是人还是国家，只有被置于极端耻辱之境才能
体会生存真义，唯有被逼至穷途的弱者才能完成绝地反击。女性被
强暴、司马迁受宫刑、国家被异族占领都属于这种极端之耻。唯有
经历了多次耻辱体验锻炼而成的强韧的成熟女体，才能解构战争、
统治、征服等男性话语。三岛由纪夫直言："《风媒花》的女主人公
是中国，只有这女主人公是憧憬、渴望、怨嗟、征服这一切梦想的
对象，也就是恋爱的对象。"经历了涅槃重生的新中国，在武田面前
正散发着"不可思议的回春的荷尔蒙"。③

---

① 武田泰淳「風媒花」『武田泰淳全集』第 4 卷，筑摩書房、1978、第 203 頁。
② 武田泰淳・古林尚「武田泰淳」、兵藤正之助等『武田泰淳』、冬樹社、1979、
　第 146 頁。
③ 三島由紀夫「『風媒花』について」、埴谷雄高編『増補　武田泰淳研究』、筑摩
　書房、1980、第 360 頁。

武田很可能是有意将蜜枝写诗的场景描绘成一场扶乩降神仪式，让蜜枝扮演女性巫者角色，将她的身体描绘成极具魅惑性的成熟女体。当她身不由己地写出鲁迅之诗时，久已被忘却的鲁迅这尊"魔神"和"现代中国"被重新召唤出来。武田早年曾致力于中国民俗研究，记录过中国西南地区被称为"醒婆"的女性巫者降神的风俗，认为这种"灵媒风俗"可作为"遍布亚洲全土的萨满巫女的比较研究"资料。① 可以推测，他构思这一幕时有可能受到自己当年研究的启发。蜜枝写诗的状态多次被形容为"奇迹"："她闭上眼睛，等待着奇迹降临"，"奇迹之笔兀自飞走"，仿佛具有灵力般"肆无忌惮地前行"。这些描写都暗示她写诗如萨满降神，处于身不由己的半迷狂状态。"笔的运动停止了，她终于可以把笔从自己绞绳般扭在一起的手指中揪下来，任由泪水喷涌而出。她记住这些诗句，并不是为了主张什么。只是，履行了责任的喜悦油然涌起，浸透了她的全身。"这样安排或许是因为武田愤怒于当时"鲁迅"和"中国"都被文化投机者所利用，其真正精神却"久已被忘却"。② 《风媒花》中武田借以竹内好为原型的人物军地之口，痛惜"中国"这个曾寄寓了研究会同人"无限苦恼和憧憬"的词，如今已"满是投机者的掌垢，成了吊儿郎当的通用语"，被"无反省的知识精英们"当作谋生工具，连"过去曾经侮辱中国、无视中国的那些人也若无其事地组织起冠以中国之名的会来"。③ 《L恐惧症》中的"我"在鲁迅生前对其极其畏惧，因为鲁迅会毫不留情地揭下"我"的假面；而在鲁迅死后疾呼"鲁迅精神永垂不朽"的同时，却将鲁迅变成谋利的招牌。④ 而蜜枝记住鲁迅的诗句却"并不是为了主张什么"，正因为她完全没有主张、没有目的，由她写出的鲁迅之诗才不是投机者的工

---

① 武田泰淳「中国西南地方の蕃人文化」『黄河海に入りて流る：中国・中国人・中国文学』、勁草書房、1970、第 14 頁。
② 武田泰淳「風媒花」『武田泰淳全集』第 4 卷、筑摩書房、1978、第 212 頁。
③ 武田泰淳「風媒花」『武田泰淳全集』第 4 卷、筑摩書房、1978、第 110 頁。
④ 武田泰淳「L恐怖症」『黄河海に入りて流る：中国・中国人・中国文学』、勁草書房、1970、第 229～230 頁。

具，她的"无知"使她能够一举越过男性精英用"美辞丽句"构建的话语迷障，直达本心，召唤出真正的"鲁迅"和"中国"。日野原在看到这首鲁迅之诗、说出"鲁迅"之名时表现出强烈的畏惧感，因为他正属于《L恐惧症》所讽刺的对象。他清楚，在眼前这个无知无识的女人写出的诗里，才有"魔神鲁迅"的真身。

高桥和巳指出，武田文学中存在女性所代表的"雌"的立场，它既不同于被政治世界放逐的司马迁式的立场，也不是格斗的"雄"的立场或"中性"的视点，对这种"雌"的立场的建构标志着武田再次回归文学。① 《风媒花》通过蜜枝写诗将"女性""中国"和"魔神鲁迅"融合在一起，塑造出一个新的"文学"形象来颠覆男性"政治"话语权力，正是对"雌"的立场的回归。武田失望于男性知识精英的虚言伪语，转而寄望于蜜枝这样深深扎根于民众、充满原始生命能量的女性，通过她召唤出鲁迅这尊"古代魔神"以烛照现代日本的精神荒原，从而对抗日野原们背后那死而复生的"政治"幽灵，借由"现代中国"这尊久经历练的女体，重建战后日本的文学主体。

"魔神鲁迅"颠覆了被政治霸权所支配的性别和知识权力结构，标志着武田的思考不再像"政治鲁迅"时代那样局限于知识分子的出处进退、理想与现实，而是扩展到更广大的民众层面。他开始从鲁迅所代表的中国民族革命与蜜枝所代表的日本底层民众中汲取力量，探索重塑"政治与文学"间权力关系的可能，为此后构建新的"政治－文学"位相图奠定了基础。

第三节 食薇之耻与"文学者鲁迅"

1956年，时值岩波书店出版由竹内好、松枝茂夫等人翻译的

---

① 详见高桥和巳「忍耐の思想」、埴谷雄高编『増補　武田泰淳研究』、筑摩書房、1980、第149、153頁。

《鲁迅选集》,《世界》杂志邀请武田泰淳与竹内好进行了一次对谈。对谈中,武田表示最希望现在的日本青年思考鲁迅在《阿 Q 正传》《范爱农》《采薇》中都表达过的主题——知识人在伪革命时代的生存困境:"在革命看似成功,其实是伪革命的时代生存。伪革命的现实深深浸入身体,在被伪进步和伪革命包围的时候,有良心的人如何生存下去这个问题。"[①] 阿 Q 是鲁迅作为最能看清时代之伪的文学者,"在这些愚蠢和丑陋之中,而且自己不食薇就活不下去"的环境中塑造出的人物,表达的是"对于说是变了,其实没有变之人的愤怒"。[②] 鲁迅"非常愤怒,同时也非常悲哀,非常寂寞。不食薇就活不下去,这种寂寞渗透骨髓"。[③]

武田提出,鲁迅身处伪革命、伪进步时代所面临的"食薇困境",与自己当时所处的日本政治环境悉悉相关。安保条约签订后,日本虽然迎来名义上的"独立"和"自由",但这其实是美国自上而下给予的伪独立、伪自由。右翼政客重掌国权,垄断财阀东山再起,天皇制、以帝国大学为核心的教育体系、官僚培养制度得到保留,且几乎是由战前同一批官员在运作,依靠朝鲜战争带来的经济复苏更是令许多人错以为日本已重回"一等国"行列。以为可以通过战败反思而重获民族新生的武田,眼见日本渐渐恢复战前模样,其心情正如目睹了辛亥革命和新文化运动落潮的鲁迅,无怪乎他会在《L 恐惧症》中引用鲁迅的《现代史》:

> 变戏法的说着严肃而悲哀的台词。戏法终于结束了。死掉的孩子站起来,与变戏法的一同走了。呆呆的看客不久也散去了。空地上暂时沉寂了。不久,变戏法的又出现了。鲁迅在愤

---

① 武田泰淳・竹内好「薇を喰わない」、武田泰淳『混々沌々:武田泰淳対談集』、筑摩書房、1970、第 72 頁。
② 武田泰淳・竹内好「薇を喰わない」、武田泰淳『混々沌々:武田泰淳対談集』、筑摩書房、1970、第 72 頁。
③ 武田泰淳・竹内好「薇を喰わない」、武田泰淳『混々沌々:武田泰淳対談集』、筑摩書房、1970、第 73 頁。

怒什么呢？是因为熊和猴子挨饿、被打，被训练至死吗？还是供驱使的孩子长大成了变戏法的，又找到新的孩子和熊呢？总之，他写道："总是这一套。"①

中村光夫指出，战败初期日本在美军授意下建立的所谓的民主制度，其实延续了"服从强者这种战时遗留下来的情绪"，很多日本人却并未意识到其中的矛盾。② 曾将日本卷入战争的思维方式尚未得到真正清算，人们便将被赋予的独立、民主和自由当作真正的独立、民主和自由，沉浸在经济复苏、重回强国的幻象中，遗忘了战争责任，本应以战败为契机展开的对日本现代化的反思也付诸东流。这就是武田所说的伪革命、伪进步。眼前上演的"现代史"正如鲁迅笔下的戏法场景："许多年间，总是这一套，也总有人看，总有人Huazaa，不过其间必须经过沉寂的几日。"③ 操纵戏法者由战前的日本政府变成战后的美国占领军，当下的日本社会情状"用'鲁迅的镜子'照一下，就一清二楚了"。④ 武田在这种语境中提出重读鲁迅，根本上是希望思考如何面对这个战争记忆逐渐淡化，人们将被赋予的自由当作真自由的伪革命、伪进步的时代。

这种问题意识成为武田文学的新出发点。松原新一指出，武田等战后派作家第二期⑤作品的特点就是"把自己作为进行批判的主体，要跟战后社会的存在方式、战后世界的存在方式对峙"。⑥ 武田

---

① 武田泰淳「L恐怖症」『黄河海に入りて流る：中国・中国人・中国文学』、勁草書房、1970、第231頁。
② 中村光夫『日本の現代小説』、岩波書店、1968、第115頁。
③ 鲁迅：《现代史》，《鲁迅全集》第5卷，人民文学出版社，2005，第96页。
④ 武田泰淳・竹内好「薔を喰わない」、武田泰淳『混々沌々：武田泰淳対談集』、筑摩書房、1970、第72頁。
⑤ 松原新一认为，1950年朝鲜战争爆发是对日本战后文学具有转折性意义的事件，因此将1945年日本战败后至朝鲜战争爆发前视为战后文学的第一期，此处的"第二期"即指战后文学受朝鲜战争爆发影响而进入"纵深发展的第二阶段"。详见松原新一等《战后日本文学史・年表》，罗传开等译，上海译文出版社，1983，第235页。
⑥〔日〕松原新一等：《战后日本文学史・年表》，罗传开等译，上海译文出版社，1983，第259页。

在《风媒花》中将以自己为原型的峯三郎设定在"大众色情文学作家"这个卑俗的位置，以自虐式的堕落与时代对峙，他的痛苦正是在这"暂时做稳了奴隶的时代"[①]里自觉为奴的痛苦，一如鲁迅笔下伪革命时代里范爱农们的痛苦。这就是为什么他在《采薇》里读出了文学者的真正困境，即食薇之耻："一般人以为只是食薇的话，就能完全从统治者手中逃出来，如此就满足了。还有，认为不管怎样，总之现在的统治者打倒了之前的统治者，不是挺好吗？持这种看法的人也有。可是，鲁迅完全拒绝了这些。他一开始就把食薇之耻作为文学者的根本问题提出来。"[②]伯夷和叔齐时代的周王讨伐商王、鲁迅时代的民国取代清廷、武田时代的美国征服日本，都只是"现在的统治者打倒了之前的统治者"，这种统治层的更迭并不会改变文学者和民众的真正处境。如《现代史》中所写，变戏法的（统治者）、被驱使的孩子和动物（统治傀儡）与看客（民众）间的关系从未改变，要解决这种困境只靠保持文学孤高的纯洁性——"只是食薇"是不够的。这里面包含着武田与《近代文学》派在"政治与文学"问题上的分歧。

作为战后文学复兴的标志之一，平野谦等人于1946年创办《近代文学》杂志，提出"艺术至上主义""精神贵族主义"等主张，要求独立于政治之外的文学，认为日本文学者没能抵抗到底，根本上是因为未能确立起坚实的主体性，所以主张确立个人主体性，强调文学对政治的自律性。松原新一指出，这些战前多少都受过左翼思潮影响的评论家因为目睹过无产阶级文学在1930年代的失败，故而希望"把'文学'从以政治性的实用主义为本质的无产阶级文学观念中解放出来"[③]。武田虽然也在该杂志上多次发表作品，但他的

---

① 鲁迅：《灯下漫笔》，《鲁迅全集》第1卷，人民文学出版社，2005，第225页。
② 武田泰淳・竹内好「薇を喰わない」、武田泰淳『混々沌々：武田泰淳対談集』、筑摩書房、1970、第76页。
③ 〔日〕松原新一等：《战后日本文学史・年表》，罗传开等译，上海译文出版社，1983，第213页。

看法更近于竹内好。竹内好 1951 年与伊藤整展开"国民文学"论争，指出明治以来的日本文学都带有殖民地性质，是放弃抵抗欧洲的产物。真正自立的文学应当正视亚洲被殖民的现实，倾听民族"从被遗弃的黑暗角落发出的要求回复完整人性的痛苦叫声"①。与《近代文学》同人站在欧洲人文主义立场上要求保持"文学"对"政治"的自立不同，深受中国现代文学影响的武田和竹内认为，明治以来的日本文学者一味以欧洲为范本，日本近代文学的失败就是因为未能直面"政治"，也就是最大的现实——近代以来包括日本在内的亚洲被殖民的现实。

武田就是在上述语境中提出应该关注鲁迅文学中的"食薇之耻"。早在《司马迁》时代，他就意识到作为政治否定者的伯夷、叔齐的困境，他肯定他们不食周粟的行为象征着"纯洁无比的精神主义"，②但"食薇困境"并未因他们的死亡而解决。司马迁意识到这一点，因此没有一味赞颂他们圣人般的精神，而是着重描写他们"一筹莫展的境地"。③矶田光一指出，武田无法成为《近代文学》同人所追求的"面对政治之恶时强调'个人'价值的人道主义者"，是因为"在'个人'之上织梦的前提早已在他心中瓦解了"。④武田不相信仅凭伯夷、叔齐式的个人精神主义就能抗衡政治，他借"食薇困境"隐喻的是所有亚洲文学者的困境。保持文学精神的纯洁并不能解决这种困境，正如他认为日本近代文学的浅薄缘于未经亡国的"处女性"一样。武田和竹内都相信，文学者如果不正视亚洲被殖民的现实，就无法解决与政治的关系问题，单纯的否定或逃离并不能获得真正的自立。鲁迅文学的伟大正在于他意识到这一点，因此从未将自己的目光从这种现实中移开。在这一意义上，他继承了

---

① 竹内好「近代主義と民族の問題」『竹内好全集』第 7 巻、筑摩書房、1981、第 34 頁。
② 武田泰淳『司馬遷』、講談社、1965、第 150 頁。
③ 武田泰淳『司馬遷』、講談社、1965、第 148 頁。
④ 磯田光一「非革命者のキリスト」、埴谷雄高編『増補　武田泰淳研究』、筑摩書房、1980、第 165 頁。

司马迁的文学传统。司马迁没有选择纯洁的死亡，而是成为忍耻而活的"记录者"；鲁迅同样选择凝视民族现代化过程中产生的无尽黑暗，正如司马迁将伯夷、叔齐洁白的精神主义和《货殖列传》中漆黑的物质主义并置一样，实践者女娲和大禹、革命志士夏瑜、愚者阿Q以及围观他们的无名之众都是鲁迅凝视的对象，这使其文学能够表现出中国乃至整个人类、世界的面貌。"鲁迅文学的黑暗如古代铜镜铁鉴般放射着坚韧黑光，也可以说就是所谓民族的黑暗。"①

　　亚洲的文学者不可能"只是食薇"，而必须自觉到"食薇之耻"，即使身处伪革命时代，也要直面政治，凝视和描写民族的现实，这是武田从鲁迅身上获得的最重要的启示。从中可见早年直面"政治恶魔"的鲁迅形象，反映出他作为战后派作家强调文学必须关注社会现实的理念，以及更重要的，与竹内好共同展开的对日本现代化的反思。他在与竹内的对谈中提到的"鲁迅的黑暗"，可以"与战后日本人的东西联系在一起"。② 武田比较了中日不同的现代化之路对文学的影响，认为日本文学者因为对"从后进国强行爬上先进国"地位的日本的"伪近代"感到失望和反感，"转而走进古旧之美、冷漠的心理和孤立的个人内部中去"，对亚洲其他被压迫民族身处的黑暗"令人难以原谅地欠缺"理解，无法与中国作家日常体验到的"屈辱感"共情。直到战败，也就是一味追求成为西方帝国主义强国的日本式现代化失败，他们才真正体会到"东方土民"的共同命运。而鲁迅虽然同样对中国不彻底的现代化感到愤怒，却将这愤怒"以舔舐自身痈疽般的姿态喷发出来"，转化为文学创作的动力："剥下浸透了阿Q肉身的古旧之恶以及从这种恶中展开的自我变革的过程，都是他为自己定下的文学修行之路。"③ 以鲁迅为代表

---

① 武田泰淳「魯迅とロマンティシズム」『黄河海に入りて流る：中国・中国人・中国文学』、勁草書房、1970、第246頁。
② 武田泰淳・竹内好「薇を喰わない」、武田泰淳『混々沌々：武田泰淳対談集』、筑摩書房、1970、第72頁。
③ 武田泰淳「中国の小説と日本の小説」『黄河海に入りて流る：中国・中国人・中国文学』、勁草書房、1970、第235～236、240頁。

的中国文学者通过凝视和描写象征着被压迫民族之耻辱的"阿Q的现实"①，将由政治引起的愤怒和痛苦转化为文学的能量，这令武田看到解决"食薇困境"的出路。

武田战后虽然没有像竹内好那样投入到实际的革命活动中，却从未停止对"政治与文学"问题的思考。丸山真男在武田逝世后所致悼辞中这样形容他与政治间的微妙关系：武田虽与一切政治党派性保持距离，却对作为人之活动的政治表现出"贪婪的好奇心"，当武田借助历史人物描绘政治的"原动力"时："眼睛几乎像是被美女的妖艳姿态所魅惑而追随其后的少年，朝气蓬勃地闪着灿烂光芒。"② 这种态度体现在他对积极投入政治的"行动者""实践者"形象的塑造中，他承认自己理想中的知识精英是"更加强韧的、真正能推动这个世界的人"。③ 武田对《故事新编》评价很高，认为其中塑造了女娲、禹、墨子这些"真正的知的实践者"，因此是"最政治的寓言"，"把什么问题用什么方法解决、今后我们如何表现，这些几乎全都预言了"。④ 因为鲁迅在中国共产党那里看到了希望：

> 伯夷、叔齐不食薇而死，但是，不是还有不食薇也活下来的禹吗？实践者禹，变得黑乎乎的，赤着脚工作。这个禹能够成为领导者。鲁迅因此而感到放心，才写出那种光明吧？苏维埃政权建立、成长起来的现实，令即使是他那样抱着强烈黑暗政治精神的人也感到高兴吧？……我读了以后感觉人无论怎样痛苦、怎样变坏也好，只要这种讽刺能穿透下去，肯定能穿透

---

① 武田泰淳「中国の小説と日本の小説」『黄河海に入りて流る：中国・中国人・中国文学』、勁草書房、1970、第238頁。
② 丸山真男「弔辞」、兵藤正之助等『武田泰淳』、冬樹社、1979、第138頁。
③ 武田泰淳・堀田善衞「現代について」、武田泰淳『混々沌々：武田泰淳対談集』、筑摩書房、1970、第203頁。
④ 武田泰淳・竹内好「薇を喰わない」、武田泰淳『混々沌々：武田泰淳対談集』、筑摩書房、1970、第78～79頁。

到光明的地方，给我的就是这样的勇气。①

鲁迅描写政治"行动者"的文学实践，使武田看到构建全新的"政治－文学"位相图、解决"食薇困境"的可能。1955 年在与臼井吉见的对谈中，武田表示目前最感兴趣的是"文学表现政治的方法"，应当突破"文学应该从属于政治"的左翼观念，而从更广大的意义上探索"将政治纳入文学"的方法。② 日本作家未能很好地在文学中描写政治的一个重要原因是过度的"洁癖"，"只描写作为政治受害者的自己"，总是将主人公置于"被驱赶、被玩弄的一方"，没有塑造出投入政治中心的、拥有巨大力量的人物。③ 可见，所谓"将政治纳入文学"，就是突破以往日本文学中的"政治受害者"和"政治边缘人"形象，像鲁迅那样去描写能够推动政治的强大人物。

这种通过塑造积极的"行动者"和"实践者"而"将政治纳入文学"的设想，最终在 1968 年出版的《秋风秋雨愁杀人——秋瑾女士传》中得以实现。武田引竹内实《关于鲁迅的短刀》一文中认为鲁迅与秋瑾在复仇精神上相通的观点，觉得可以"从辛亥革命的行动者们的角度深入鲁迅精神的内部"。④ 这部秋瑾传正是沿此思路展开，通过发掘鲁迅这个文学者内部的政治能量，建立"文学者鲁迅"与"行动者秋瑾"的有机联系。武田在书中回忆自己 1945 年在上海观看夏衍的话剧《秋瑾传》，剧中"穿着红色囚衣、披着黑色长发

① 武田泰淳・竹内好「薔を喰わない」、武田泰淳『混々沌々：武田泰淳対談集』、筑摩書房、1970、第 80 頁。

② 武田泰淳・臼井吉見「政治と文学」、武田泰淳『混々沌々：武田泰淳対談集』、筑摩書房、1970、第 216 頁。

③ 武田泰淳・臼井吉見「政治と文学」、武田泰淳『混々沌々：武田泰淳対談集』、筑摩書房、1970、第 217 頁。

④ 武田泰淳「魯迅と秋瑾」『黄河海に入りて流る：中国・中国人・中国文学』、勁草書房、1970、第 395 頁。竹内実「魯迅の短刀について」『吉川博士退休記念中國文學論集』、筑摩書房、1968、第 779～794 頁。

的女演员喊着'秋风秋雨愁煞人'的声音至今仍在耳畔萦绕不绝"①。这红衣黑发的形象显然与鲁迅的复仇"女吊"颇为相似。正像很多论者指出的，秋瑾和蜜枝都属于"烈女"人物，她们以激烈的生存和死亡方式展现出强大的生命力。武田形容这位喜爱刀剑的女革命家"把她的革命思想当作自杀用的短刀紧握在手中"②。刀是秋瑾为革命而死的象征，也是联系她与鲁迅的媒介。众所周知，鲁迅的文章常被喻为短刀匕首。武田明显希望建立起秋瑾的"革命之刀"与鲁迅的"文学之刀"的联系。他在《鲁迅与秋瑾》中引用竹内实《关于鲁迅的短刀》一文中认为鲁迅收藏短刀是源于复仇精神的观点，由此想象秋瑾归国前可能将短刀赠予鲁迅。③《秋瑾女士传》中对这一联想做了进一步展开，先是引用周作人的回忆：秋瑾因日本政府颁布留学生取缔规则而在中国留学生会馆发表演讲，主张全体回国以示抗议，反对之人"被秋瑾在留学生会馆宣告了死刑，有鲁迅、许寿裳在内，鲁迅还看见她将一把小刀抛在桌上，以示威吓"④。武田由此展开想象，描画了"行动者秋瑾"与"文学者鲁迅"对峙的图景：

> 如果让我来写一部以她为主人公的剧，无论如何也要加上这样一幕：台上大声疾呼的女志士与承受这骂声、沉默坐着的志愿学医的文学者。

> 和服短刀的她固然不能理解：自己受刑而死后，写下《药》这部短篇，如坟冢上的花环般装饰在中国文学史上，比任何人都更加深刻地纪念自己的作家就悄悄混在这群"卑怯者"中。

> 而出席集会的鲁迅也未曾预料到，这位女丈夫决非耍嘴皮的宣传家，而是会作为言行一致的光复会会员为革命而死，也

---

① 武田泰淳『秋風秋雨人を愁殺す——秋瑾女士伝』、筑摩書房、1968、第31頁。
② 武田泰淳『秋風秋雨人を愁殺す——秋瑾女士伝』、筑摩書房、1968、第51頁。
③ 武田泰淳「魯迅と秋瑾」『黄河海に入りて流る：中国・中国人・中国文学』、勁草書房、1970、第395頁。
④ 周作人：《鲁迅的故家》，北京十月文艺出版社，2013，第237页。

不可能立刻就相信她那雄壮的演说。①

这幅"秋瑾－鲁迅"图就是武田构想出的新的"政治－文学"力学平衡图。鲁迅被塑造成冷静旁观的文学者，与慷慨激昂的革命行动者秋瑾形成鲜明对比。而正是这位秋瑾眼中的"卑怯者"，最终以文学的方式继续着她未能完成的革命。武田甚至以叙事者身份直接向秋瑾之灵倾诉：鲁迅是"用与你完全不同的、依然为你所不知的，不，毋宁说是被你所无视的方法，与你一样，在你死后也依旧战斗着的'同志'"。②武田用复仇、短刀将"行动者秋瑾"和"文学者鲁迅"联结在一起，前者为革命而死，后者作为凝视和书写革命的文学者活下去。他们在行为上正相对照，在革命精神上则根本相通。"政治"与"文学"由此既相互联系，又相互转化：秋瑾的政治理想被鲁迅用文学方式延续，鲁迅对文学者身份的坚守最终发挥了政治作用，二人由此成为拥有共同政治性能量的"同志"。

武田在凝视秋瑾、阿Q、范爱农、祥林嫂的鲁迅身上看到"文学"直面"政治"的方式：不是成为政治的参与者，而是以文学者的身份去凝视和书写民族的政治现实，既为被压迫的"孤独者"们发声，也塑造投入政治中心的"行动者"。"孤独者"深切的痛苦、"行动者"强大的能量都被"文学者鲁迅"所容纳，转化为文学。武田最终通过"行动者秋瑾"塑造出的"文学者鲁迅"，既不像左翼那样参与和追随政治，也不像伯夷、叔齐或日本近代文学者那样逃离和否定政治，又不作竹内好式的政治缠斗，而是以凝视和书写者的身份与政治形成一种如双子星般的永恒绕转。

以文学方式容纳政治的"文学者鲁迅"代表着"食薇困境"的解决之路，是武田数十年来鲁迅情结的总结，既是对早年"政治鲁迅"的回归，也是超越。所谓回归，是因为其同样建立在直面政治的姿态上，强调文学与政治间不可分割的紧密联系。所谓超越，是

---

① 武田泰淳『秋風秋雨人を愁殺す——秋瑾女士伝』、筑摩書房、1968、第240頁。
② 武田泰淳『秋風秋雨人を愁殺す——秋瑾女士伝』、筑摩書房、1968、第242頁。

因为其不再被动承受政治压迫，也不以政治实践效果来衡量文学价值，而是以凝视与书写的文学姿态容纳政治能量，无论是积极的革命的能量，还是黑暗的压迫的能量，都被转化为滋养文学主体的强大养分。其与政治间不是竹内好式的矛盾对抗，而是容纳转化的关系。武田在战后日本的伪革命逆境中，通过与鲁迅所代表的中国文学传统和民族革命体验共情，探索出"将政治纳入文学"的方式，由此建立起由"文学者鲁迅"所象征的新的文学主体。

小　结

武田泰淳首先是一个政治活动者，失败后才"转向"文学，因此他对文学的兴趣中常常包含着政治关注，其文学创作很多是为了回应现实的政治问题，像受过腐刑的司马迁一样更加严肃地思考政治。而鲁迅这一代知识分子身上也体现着中国传统士大夫强烈的入世、用世精神，对现实政治的参与和关注是考察其文学时不可忽视的层面。所以，二者在以文学回应政治这一点上是共通的，这就决定了"武田鲁迅"中强烈的现实政治性，而不同于竹内好式基于文学本体论的抽象政治性。

把文学的"影子"卖给政治"恶魔"的"政治鲁迅"、颠覆战后政治话语权力结构的"魔神鲁迅"、以文学方式容纳政治的"文学者鲁迅"，都是武田在与"政治"纠缠的一生中为自己也为所有日本知识人树立起的精神灯塔。武田曾将鲁迅与中野重治并论，说"想任性撒娇的时候，他们是可恶的存在；绝望无助的时候，他们是可靠的存在"，觉得应该为有这样的文学者而"感谢神佛"。[①] 鲁迅启发武田正视亚洲民族现代化过程中的共同命运。武田通过与现代

---

① 武田泰淳「魯迅と中野重治」『黄河海に入りて流る：中国・中国人・中国文学』、勁草書房、1970、第 352 頁。

中国共情，最终在"政治与文学"间构建起新的力学平衡，重建日本现代文学主体。从"政治鲁迅"经由"魔神鲁迅"而走向"文学者鲁迅"，揭示出武田面对政治时从被动抵抗其压迫，到反向逆转其权力，再到主动容纳其能量的过程。

"政治鲁迅"是被绝对权力逼至穷途的产物。1930 年代日本政府对左翼的暴力弹压，1940 年代"总体战"下的绝对主义军国体制，是"政治鲁迅"中那令人窒息的"政治"黑暗压迫感的来源。彼时的武田主要还是以内 – 外、主 – 客的二元思维来看待"政治与文学"，将"政治"视为无法撼动的外部存在。"政治鲁迅"直面恶魔的姿态遂具有知其不可而为之的凄怆宿命感，多少还带有一点儿"竹内鲁迅"的色彩。而 1950 年代的武田目睹了曾经不可一世的日本帝国的轰然崩毁，也见证了曾经被侮辱、被压迫的旧中国浴火重生，这种现实中上演的强弱转化触发了他思想中"诸行无常"的观念。川西政明指出，"诸行无常"是武田历经战败形成的重要思想，其中包含了佛教的净土空观、《史纪》的中国式空间观以及武田自己的战败体验，以此对抗西方的文明观和日本的皇国史观。① 武田将"诸行无常"阐释为"一切东西都是变化的"②，说这不是虚无的厌世哲学，而是具有"明朗的发展性"③。一切是变化的，因此一切是平等的。没有绝对的定理、不变的现实和永恒的权力，不存在绝对的中心与边缘、支配与从属，包括"政治与文学"在内的一切都在这个不断变化的宇宙中流转，由此解构了西方提出的线性时间、主

---

① 川西政明认为，武田青年时代受到身为净土宗僧侣的父亲和舅舅影响，佛教的无常观念很早就植根于其思想中，使他相信世间万物变化，生、死、灭亡、建设等诸相都是有限的"色"，根本上都融归于无限的"空"，无限的"空"同时又作为诸种"色"而呈现。这种源自大乘佛教"缘起性空"的"空观"观念，后来与武田阅读《史记》所获得的万物相生相克的《易经》式空间思想、经历战败所获得的灭亡体验相结合，形成了独特的以"空"来把握世界的"诸行无常"观念。川西政明『武田泰淳伝』、講談社、2005、第 117～118 頁、第 195 頁。

② 武田泰淳「諸行無常のはなし」『身心快楽』、創樹社、1977、第 289～290 頁。

③ 武田泰淳「人間をささえるもの」『身心快楽』、創樹社、1977、第 321 頁。

客对立和日本军国政府宣扬皇国史观的八纮一宇、万世一系。《风媒花》中用女性、中国和"魔神鲁迅"的三位一体一举解构了政治的绝对性地位，标志着武田文学开始从女性、中国现代文学、底层民众中汲取能量，用以颠覆男性、日本政府、知识精英所代表的政治话语霸权。1967年绍兴之行后完成的《秋瑾女士传》标志着武田重回鲁迅文学原点，寻找到"文学者鲁迅"与"行动者秋瑾"间的有机联系，由此探索出文学与政治间容纳转化的新型关系，使政治不再是外在的绝对权力，文学也不再是内向的孤高主体。武田不再像竹内好那样执着于"政治与文学"的二元对立，他的"文学者鲁迅"在凝视与书写民族现实的文学实践中容纳了一切或光明或黑暗的政治能量，将知识人的"食薇困境"逆转为文学主体重建的契机。

武田从鲁迅以及整个中国现代文学中获得的最重要的启示是：文学者必须深深扎根于民众之中，凝视和书写民族的现实。三岛由纪夫评论《风媒花》有言："无论是峯还是军地，都抱着'政治的同义语就是人的责任'这种政治观念"。① 虽然思想理路不同，但武田和竹内理想中的"政治"应该都是指这种"人的责任"。二人都相信，真正的亚洲文化的主体性应当立足于自身的民族现实特别是底层民众的生存现实之上，真正属于亚洲的现代化之路也应由此出发。

---

① 三島由紀夫「『風媒花』について」、埴谷雄高編『増補　武田泰淳研究』、筑摩書房、1980、第362頁。

第五章　田中庆太郎与中国文学研究会

　　1860 年代重启的正式交往和近代以来日趋发达的交通，使中日两国间的文化往来愈加迅速和频繁。随着现代出版印刷事业的发展，当时最重要的文化载体——书籍，也以前所未有的规模和速度在东亚文化圈中流动。邹振环指出，"书籍是中日文化交流史之路中最重要的事项，而这一书籍之路在近代是甲午战争后再掀高潮的"，来往于两国间的留学生、书商、外交官、游学游历的文人政客等都是这条书籍之路上的关键媒介者和载体。① 本章聚焦于日本战前著名中国学书籍出版和经营者田中庆太郎与日本研究现代中国文学的先驱者中国文学研究会间的赞助、合作关系，考察他们如何通过输入、翻译、出版现代汉语和现代中国文学的相关书籍，建立起中日两国立足于民间立场的跨境文化空间。

　　田中庆太郎是日本战前著名的经营、出版中国学书籍的书店文求堂的店主。文求堂在庆太郎祖父治兵卫时代是为皇室提供御用书籍的京都老字号日文书店，继承家业的庆太郎在甲午战争后来到东京，进入东京外国语学校（简称"东京外语"，今东京外国语大学前身）学习汉语。其间结识了被誉为天才文献学家的岛田翰，受其影响颇深，由此坚定了经营汉籍的志向。1900 年东外毕业后，田中庆太郎随河井荃庐初访中国。翌年便将文求堂搬到东京，并将经营方向由日本古籍转移到中国书籍上来。其经营范围除了善本古籍、新式标点本古籍、

---

　　① 邹振环：《东文学社与〈支那通史〉及〈东洋史要〉》，王勇编《书籍之路与文化交流》，上海辞书出版社，2009，第 299 页。

国学研究著作外，还包括中国新文学作品、刊物及研究著作，以及汉语学习和研究的相关书籍等。明治末年至昭和中期，文求堂一直处于日本输入中国古籍和新书的前沿，在学界有"东洋学的岩波书店"①之称。当时著名记者大庭柯公更是断言："当今我国的学者，无论是谁，若舍却文求堂，便完全无法展开亚洲研究。"② 增井经夫将田中庆太郎与内山完造相提并论，认为文求堂和内山书店都是战前中日民间交流的窗口，两位书店主人都是"两国人之间良好的中介者"。③

目前学界对田中庆太郎的研究主要集中于以下两个方面：一是考察其向日本输入汉籍方面的贡献；④ 二是研究其与中国文人学者如鲁迅、郭沫若、董康等的交往。⑤ 本书着重讨论田中庆太郎和中国文

① 「町の本屋さんの追憶文集——十七回忌を機会にオランダ大使らが準備」、田中壮吉編『日中友好的先駆者「文求堂」主人：田中慶太郎』、極東物産株式会社、1991、第 18 頁。

② 柯公生「文求堂」（上）『読売新聞』1902 年 8 月 16 日朝刊、第 3 頁。

③ 増井経夫「内山完造と田中慶太郎」、竹内好・橋川文三編『近代日本と中国』（下）、朝日新聞社、1974、第 137 頁。

④ 参见吉少甫《中国的琉璃厂和日本的文求堂》，《中国出版》1991 年第 10 ~ 11 期；陈福康《文求堂与〈羽陵馀蟫〉》，《读书》1992 年第 5 期，第 146 ~ 149 页；魏奕雄《文求堂与中日文化交流》，《文史杂志》1997 年第 2 期，第 59 ~ 61 页；钱婉约《田中庆太郎与文求堂》，《汉学研究》2000 年第 7 集，第 358 ~ 363 页；钱婉约《近代日本学人中国访书述论》，钱婉约、宋炎辑译《日本学人中国访书记》，中华书局，2006，第 8 ~ 12 页；〔日〕富田昇《近代日本汉籍的流入——通过文求堂・田中庆太郎的引入事业》，王勇编《书籍之路与文化交流》，上海辞书出版社，2009，第 264 ~ 298 页；八木正自「文求堂田中慶太郎、唐本商の泰斗」（1）（2）『日本古書通信』2011 年第 980 ~ 981 号。

⑤ 参见吕元明《将冥福裕后昆：郭沫若和日本出版界友人田中庆太郎、岩波茂雄》，《东北师大学报》（哲学社会科学版）1979 年第 3 期，第 34 ~ 35 页；卜庆华《郭沫若致田中庆太郎的书简及说明》，《宁夏大学学报》（社会科学版）1991 年第 2 期，第 50 ~ 55 页；李慶国「郭沫若と文求堂主人田中慶太郎：重ねて『郭沫若致文求堂書簡』の誤りを訂正す」『アジア文化学科年報』2005 年第 8 号、第 49 ~ 60 页；成家徹郎「日中友好の断層——郭沫若と文求堂田中慶太郎」（上、下）『東方』2009 年第 9 ~ 10 号；成家徹郎「郭沫若と文求堂田中慶太郎——交流の軌跡」『人文科学』2010 年第 15 号、第 211 ~ 259 页；蔡震《打开尘封的记忆——郭沫若在日人际关系述略（之一）》，《郭沫若学刊》2004 年第 1 期，第 64 ~ 70 页；〔日〕斎藤孝治《承印郭沫若古文字研究著作的印刷所和与之相关的一首绝句》，中国郭沫若研究会、四川省郭沫若研究学会编《郭沫若与百年中国学术文化回望》，四川人民出版社，2005，第 506 ~ 514 页；陈福康《鲁迅与田中庆太郎》，《鲁迅研究月刊》1990 年第 7 期，第 51 ~ 55 页。

学研究会的关系，就笔者管见而言，这一点尚未引起学者注意。

1934 年成立的中国文学研究会以竹内好、武田泰淳、冈崎俊夫等人为中心结成，该会不仅是日本译介、研究中国现代文学的开拓者，也对此后日本的中国现代文学研究产生了决定性影响。田中庆太郎自文研会成立伊始就与其核心成员在公私两方面一直保持着密切的关系。他不仅以出版同人译作、协助同人刊物出版等方式提供经济支持，以同步引进最新的中国文学、学术书刊，出版汉语辞典和教科书的方式提供译介资源和工具，更是与文研会在反抗作为国家意识形态和"官学"权威的汉学，批判"同文"观念上达成共识并展开合作，扮演着类似于安德烈·勒菲弗尔（André Lefevere）所说的"赞助者"（the patron）角色。[1] 他利用横跨中日两国之间，沟通文、学、政、商各界的人脉网络，将文求堂营造成中国学研究者的交流场，使之成为文研会同人以翻译对抗汉学和"同文"观这些主流意识形态的文化空间。

第一节 作为民间文化空间的文求堂

中日正式建立国家间的现代外交关系虽然始于 1871 年《中日修好条约》的签订，但早在 1862 年，江户幕府就派出了正式使节团乘坐"千岁丸"至上海考察，受到中国官员接待并与当地文人笔谈，实际上重启了因幕府锁国政策而中断二百余年的两国直接交往。日趋便利的交通和不再受严格限制的人员流动，使两国间书籍的直接、迅速、大量的输入和输出成为可能。田中庆太郎敏锐地意识到现代出版印刷时代的到来，他积极地利用这一契机，尝试建立一个以书籍交换为中心，超越民族国家意识形态的、基于民间立场的跨国文

---

[1] André Lefevere：*Translation*，*Rewriting and the Manipulation of Literary Fame*，上海外语教育出版社，2010。

化空间，他的文求堂书店就是这一文化空间具体而微的象征。田中庆太郎经营这一空间的文化资本有三：一是他在传统文献学方面具备该博学识、卓越的古籍鉴赏力以及一口流利的汉语；二是作为始于江户时代的老字号古书店店主，在中日两国的文、学、政、商界积累了坚实的人脉网络；三是书店经营必须与学界动向紧密结合的理念。

　　首先是学识、鉴赏力和汉语能力。在当时的日本古籍文献学领域，田中庆太郎可与内藤湖南、岛田翰相提并论。昭和文献学大家长泽规矩也曾举出自己在古籍知识方面受教最多的三位书店主，其中之一便是文求堂主人田中庆太郎。① 关于这一点，许多学者有过详尽的研究。如钱婉约指出，田中庆太郎在古籍上的高超鉴赏力"是他在中国访书购书、回销日本、获得巨额利益的基本保证；也是他为日本中国学界服务、与中国学家交往的资本所在"。② 富田昇则评价："田中的学术见识保证了其汉籍引入事业是质和量兼备，而且是原来的日本书商所无法企及的。当然，许多具有极高学术意义及价值的古籍善本，只有在当时才可能引入日本。这也同时能够证明多数学者对他的评价，即他为日本学术研究的发展作出了很大的贡献。"③ 与此同时，在东京外国语学校这座当时日本官立最高外语学府里两年系统的汉语学习，则使田中成为日本近代"最早接受过正统高等教育的古籍业者"。④ 长泽规矩也曾评价田中庆太郎的"北京话十分流利，汉文的读书力也旺盛"。⑤ 流利的汉语不仅有助于庆太郎经营中国书籍、建立横跨中日两国的人脉网络，也为后来与中国

---

① 長澤規矩也「思い出す人々」『長澤規矩也著作集・書誌随想』第 6 卷、汲古書院、1984、第 342 頁。

② 钱婉约：《近代日本学人中国访书述论》，钱婉约、宋炎辑译《日本学人中国访书记》，中华书局，2006，第 10 页。

③ 〔日〕富田昇：《近代日本汉籍的流入——通过文求堂・田中庆太郎的引入事业》，王勇编《书籍之路与文化交流》，上海辞书出版社，2009，第 289 页。

④ 反町茂雄編『紙魚の昔がたり』（明治大正編）、八木書店、1990、第 514 頁。

⑤ 長澤規矩也「古書店主とのつきあい」、田中壮吉編『日中友好的先駆者「文求堂」主人：田中慶太郎』、極東物産株式会社、1991、第 15 頁。

文学研究会展开合作打下了语言基础。

其次，田中庆太郎建立起以文求堂为中心，沟通文、学、政、商界，横跨中日两国的人脉网络。其祖父田中治兵卫在京都经营文求堂时就广泛结交政界人士，幕末时代，家中常有维新志士出入，治兵卫对他们多有赞助，特别是与明治元勋品川弥二郎关系亲密。[①]至庆太郎时代，他高超的古籍鉴赏能力颇得文、学两界大家看重，常常出入文求堂的包括明治至昭和时期新老几代学者和文人。田中庆太郎更是时常出入西园寺公望、犬养毅等政要宅中，为他们提供古籍、字画、古董等。他每次从中国采购书籍回国时，都会首先将所购汉籍目录送至西园寺府上，任其挑选，而内藤湖南和富田谦藏则会随后到庆太郎宅中拜访、挑选。[②] 庆太郎之婿、中国史研究者增井经夫这样描写当年的文求堂：

> 本乡的店里，为了挂郎世宁的孔雀图，建了九尺见方的壁龛。店里可以看到西园寺公望、犬养毅、森鸥外、内藤湖南等人。夏目漱石热衷于篆刻之时，在某处购得一枚印，不知如何解读，便拿去给田中一看，结果刻的是"不许复制"。[③]

文求堂关系网中重要的另外一支是以东京外国语学校中国语部的教师和毕业生为中心，藤井省三称之为"东京外语中国语部集团"，他们在日本近代汉语教育创立、改革、推广中占据了举足轻重的地位。[④] 田中庆太郎作为该校毕业生，也是这一集团中人，与任教东外中国语部的宫岛大八、青柳笃恒、平岩道知、金国璞、张廷彦，校友宫越健太郎、冈本正文、神谷衡平等人都建立了良好的关系，

---

① 増井経夫「内山完造と田中慶太郎」、竹内好・橋川文三編『近代日本と中国』（下）、朝日新聞社、1974、第 139 頁。
② 田中慶太郎「西園寺公と漢籍：文求堂主人談」『中国文学』（汲古書院復刻本）1941 年第 69 号、第 602 頁。
③ 増井経夫「内山完造と田中慶太郎」、竹内好・橋川文三編『近代日本と中国』（下）、朝日新聞社、1974、第 140 頁。
④ 详见藤井省三『東京外語支那語部』、朝日新聞社、1992。

是他们的重要出版赞助人。不仅如此，与东外的关系也是他与文研会合作的重要机缘之一，关于此点留待后文详论。

文求堂的人脉网还延伸到了中国学界和古书业界。长泽规矩也写道，田中庆太郎"曾去清国游历，受教于清国学者。来游的民国学者十有八九都会受到欢迎，董康、傅增湘、张元济等一流的版本学者在京时常与交欢"。① 此外，由于与郭沫若交厚，由郭引介，田中庆太郎又在周作人、徐祖正②、郁达夫③、傅抱石④等人访日时予以接待，他们又经由庆太郎介绍，结识了河井荃庐、中村不折等日本文人。中国的书商，如北京的翰文斋和来薰阁、上海中国书店到日本举办书展时，皆倚靠庆太郎周旋联络。古书店主斋藤兼藏回忆当时"常听从北京归国的人说，文求堂的信用在那边大到令人吃惊的程度"。⑤ 大庭柯公则写道："在北京只要说'文求堂来'，琉璃厂自不必说，名家旧家也纷纷拿出各自的珍藏售卖，以至于有文求堂去后，北京珍籍一空之说。"⑥

最后，田中庆太郎之所以能将文求堂经营成"东洋学的岩波书店"，更重要的还缘于其独特的经营理念和方式。他在东外时与岛田翰

①　長澤規矩也「古書店主とのつきあい」、田中壮吉編『日中友好的先駆者「文求堂」主人：田中慶太郎』、極東物産株式会社、1991、第 15 頁。

②　1934 年 8 月 14 日郭沫若致田中的信谓："今日周作人、徐祖正两先生来访，谈及尊处，颇愿识荆。拟于十七日午前奉访，并欲瞻仰观潮楼，不识尊便如何。又两君欲访中村不折翁，兄台如能介绍，尤所是祷。" 见马良春、伊藤虎丸编《郭沫若致文求堂书简》，文物出版社，1997，第 299 页。

③　1936 年 10 月 19 日，郭沫若致信田中，告知郁达夫所住旅馆。（马良春、伊藤虎丸编《郭沫若致文求堂书简》，文物出版社，1997，第 315 页。）郁达夫归国后曾于 1937 年 1 月 7 日寄赠田明信片，感谢访日之时所受照顾并田中所赠书画册及孩童文具。田中壮吉编『日中友好的先駆者「文求堂」主人：田中慶太郎』、極東物産株式会社、1991、第 47 頁。

④　1934 年 11 月 18 日、1935 年 4 月 17 日，郭沫若致信田中，介绍傅抱石，并传达傅欲结识河井荃庐之意，后又想请田中和河井为其篆刻写评语。见马良春、伊藤虎丸编《郭沫若致文求堂书简》，文物出版社，1997，第 303、309 页。

⑤　斉藤兼蔵「田中さんを偲ぶ」、田中壮吉編『日中友好的先駆者「文求堂」主人：田中慶太郎』、極東物産株式会社、1991、第 5 頁。

⑥　柯公生「文求堂」（上）『読売新聞』1902 年 8 月 16 日朝刊、第 3 頁。

成为同学、密友，其经营汉籍的理念受岛田氏影响颇深。他曾回忆道：

> 我读书时代与众所周知的岛田翰君是同学，关系亲密。此人与我同年，有家学影响，又师事竹添井井氏，学问、文章都十分了得。我也在与他交往的过程中，生起好好地研究一番中国书籍的念头，于是就问岛田君什么书比较好。岛田君的回答很有意思：读《经籍访古志》之类只注重书籍外观的东西是不行的，首先应该读刘歆的《移书让太常博士》。这篇《文选》里也收了，难解的部分就请教岛田君。我在那时第一次知道经书有今文、古文之别。岛田君向准备开书店的人教这些东西是在暗示什么吧。目前的古书流行趋势的根底究竟在哪里呢？这种事必须好好考虑。①

来自岛田翰的启发使田中庆太郎意识到，祖述经典的古典学术时代已经过去，现代学术是不断变化的，学界研究趋势的变化对书籍市场行情的变化有决定性影响，作为书籍经营者必须准确把握当下"古书流行趋势的根底"。因此，积极与学界交流，通过对学界趋势的敏锐观察和准确预测，随时调整经营方向才是上策："日本的学界决不会停顿不前，学问是每天都在进步的。我以为最重要的是，有清醒明确的认识，知晓将来的研究会向何种方向前进。"②

而且，田中庆太郎并不满足于只是作为学界的资料提供者和追随者。他曾于1908～1911年间居留北京，搜集珍本，学习古籍知识。就是在这段时间里，亲身体验了清末琉璃厂"大文化俱乐部"的独特氛围：

> 说琉璃厂是个大文化俱乐部，是因为只要不下雨，来这里

---

① 田中慶太郎「唐本商の変遷」、反町茂雄編『紙魚の昔がたり』（明治大正編）、八木書店、1990、第519～520頁。
② 田中慶太郎「唐本商の変遷」、反町茂雄編『紙魚の昔がたり』（明治大正編）、八木書店、1990、第531頁。

就肯定能在店头碰见几位学者、文人、好事者。在哪家店门口停着谁的车之类的事，小店员们看见了就会立即报告，很快就能取得联系。在某家店里集合，店主也杂在中间，热闹地漫谈文化。

那时盛伯义祭酒昱已物故，徐梧生枋、柯凤孙劭忞、陈士可毅、宝瑞臣熙、罗叔言振玉、董授经康、傅沅叔增祥诸氏都是厂肆常客，袁世凯之子袁克文有时也能见到。

这比起到家中拜访，在会客室和书斋里谈话，心情更愉快，话题也不会像在饭庄子里那样变得散漫，因此主客畅谈常常忘记了时间。现在的琉璃厂是什么样子？老生自大正十二年以后就再未踏足彼地，所以不得而知，但希望这样的气氛能够保留。认为中国的书店一概只知追求利益的想法未必恰当——至少在当时是这样的——能够与学者先生对等谈话之人也是有的。

像怡墨堂老板那样的，虽是个温厚老者，但其实是了不得的鉴赏家，说得出"罗先生近来于碑版之上多少也开了些窍啊"这样的话来。① （此处"罗先生"当指罗振玉。——笔者按）

从这篇 1941 年发表的文章中仍可明显感觉到，清末琉璃厂的文化氛围，即便在多年后还是令田中庆太郎十分怀恋，他也一直致力于将自己的文求堂营造成一个类似于琉璃厂的民间文化空间。在这个文化空间中，田中庆太郎对书店主的定位是：介于偏重一面的学者和过于宽泛的记者之间的"公平的第三者"。② 事实证明，他的努力是成功的。1966 年 5 月 22 日《朝日新闻》关于田中庆太郎逝世 17 周年纪念活动的报道，回顾了当年文求堂的盛况："店中宛如中国文学、东洋学的沙龙一般，关西的学者中乃至有'去东京的话，不要

---

① 田中慶太郎「民国初年の琉璃廠」『中国文学』（汲古書院復刻本）1941 年第 77 号、第 352～353 頁。
② 田中慶太郎「『これから』の古本屋に就いて——文求堂主田中慶太郎氏談」『日本古書通信』1934 年 2 月 10 日第 2 号、第 2 頁。

去东大，要去文求堂大学'这样的说法。"① 石田干之助也有类似说法："大阪的石浜大壶先生曾玩笑着对我说，若是上京，去东洋文库访书和去文求大学听讲这两件事是不可少的"，并直接用琉璃厂比拟文求堂：

> 大概是梁启超的书里写的吧，在没有学会之类组织的清代，北京琉璃厂书店就是学者的俱乐部，是学术的讨论场，是新观点的发表场。文求堂正有这种气氛，所以后辈的我们也能在这里见到许多鼎鼎大名的学界和词坛大前辈，得以亲近，得以聆听在别处难以听到的先生们的高谈卓论。古城贞吉先生、中川忠顺先生、河井奎郎先生的高论，比起别处，还是在田中先生这里听得最多。德富苏峰、中村不折、田口米舫、中岛竦诸先生的教诲也不时能在文求堂听到。在田中先生这里见得最多的是田中丰藏先生。外国方面，有中国的董授经（康）先生、美国的斯威克林先生（农务省著名的柑橘学者，在议会图书馆收集汉籍的有功之臣）和波士顿美术馆故平野千惠子女史，最近的荷兰大使馆高罗佩先生亦是一例。②

长泽规矩也详细描述过当年文求堂中学者云集的盛况：

> 东洋史的先生们常常能见到。首先是市村瓒次郎博士，其次有和田清博士、有池内宏博士、加藤繁博士。白鸟博士也不时能见到。鸟山博士在京时也常能见到。不过，朝野上下最常去的当数石田干之助博士，可谓其中首屈一指者吧。这些学者都与主人高谈阔论。（……）总之，文求堂是我们研究中国学之人的聚会之所。

---

① 「町の本屋さんの追憶文集——十七回忌を機会にオランダ大使らが準備」、田中壮吉編『日中友好的先駆者「文求堂」主人：田中慶太郎』、極東物産株式会社、1991、第18頁。

② 石田幹之助「田中さんの片鱗」、田中壮吉編『日中友好的先駆者「文求堂」主人：田中慶太郎』、極東物産株式会社、1991、第1頁。

东大在职的藤田剑峰博士、庆应的桥本增吉博士，这些当时东洋史学者中数一数二的先生们，次数上或有差别，但几乎全都出入于文求堂。①

可见，田中庆太郎以其独特的经营理念，一方面紧跟学界趋势，输入书籍、出版新书；另一方面模仿清末琉璃厂，致力于将文求堂营造成一个中日文人、新老学者亲近交流，店主与学者平等对话，跨越国界、跨越代际、跨越身份的民间文化空间。正是这种学者、文人和书店主自由平等交流的民间文化沙龙气氛，吸引了年轻的中国文学研究会同人。

第二节　对中国文学研究会的赞助

当年常常出入文求堂的石田干之助曾回忆，田中庆太郎对"有潜力的少壮学者和年轻学生"，特别是"那些虽居于正确立场，却不为周围所容的年轻人"，常常明里暗里加以照顾，"帮助他们构筑将来的地位。这些人都对田中先生感激有加"。其中就包括中国文学研究会的年轻同人们。大概从"昭和八九年开始，常常能见到东洋史、中国哲学、中国文学专业的年轻学士诸君，主人擅长的书籍方面自不用说，还愉快地谈了许多对他们有益的各种研究方法之类的话题"。② 此处提到的"昭和八九年"，就是出身东京帝大中国哲学中国文学科的竹内好、武田泰淳、冈崎俊夫等人酝酿成立中国文学研究会的 1934 年前后。据同人之一松枝茂夫回忆，田中庆太郎先对时常出入店中的文研会同人十分好奇，这种好奇很快就变成好感，他

① 長澤規矩也「古書店主とのつきあい」、田中壮吉編『日中友好的先駆者「文求堂」主人：田中慶太郎』、極東物産株式会社、1991、第 15 頁。
② 石田幹之助「田中さんの片鱗」、田中壮吉編『日中友好的先駆者「文求堂」主人：田中慶太郎』、極東物産株式会社、1991、第 1～2 頁。

开始积极加以支持，并在 1936 年 11 月正式入会，成为会员。① 长泽规矩也回忆称，田中庆太郎深得年轻人喜爱，也十分疼爱年轻人，特别是文研会同人：

> 在东京的中国哲文学界，对许多先生而言，文求堂较为年轻，可以说是敬而远之的。相形之下，年轻人则全无顾虑，反而亲近文求堂主人，主人也十分疼爱年轻人。（……）特别是中国文学研究会同人。主人买下了松枝茂夫君的学问，委托他翻译《学生字典》。增田涉君则是主人、小震、胁本先生的象棋搭档。竹内好君也很受喜爱。②

在竹内好的日记中，"访文求堂""去文求堂"的记录随处可见，田中庆太郎在世时，没有一家书店或出版社的出现频率可与文求堂相比。竹内好战后复员，回到满目疮痍的东京，第一时间去访问的也是文求堂。③ 即便是田中逝世多年后，向以毒舌批评家著称的竹内好忆及得其相助之事也还是满怀深情：

> 根底上是京都商人、粹人。将帝国大学贬得一文不值，却对我们小小的中国文学研究会颇有好意，一而再、再而三地在物质和精神上都给予援助。喜欢客人，只要去店里便必定用上等好茶相待，对着我们这些不值一提的无学书生高谈阔论，警句频吐。比如评价德田秋声《缩影》里的艺伎，说艺伎才不是那个样子呢。谈到某大先生的文章，说那个是大阪落语啊。
>
> 田中先生的回忆真是怎么写也写不完。（……）武田泰淳是我们这些人中最受田中翁疼爱的。（……）现在，岩波书店被捧

---

① 「会報」『中国文学月報』（汲古書院復刻本）1937 年第 22 号、第 188 頁。

② 長澤規矩也「古書店主とのつきあい」、田中壮吉編『日中友好的先駆者「文求堂」主人：田中慶太郎』、極東物産株式会社、1991、第 15 頁。

③ 竹内好 1946 年 6 月 26 日复员归国，暂住武田家。7 月 3 日至东京寻访故人旧迹，"至文求堂，老主健在，谈论亦健在"。竹内好「復員日記」『竹内好全集』第 15卷、筑摩書房、1981、第 404 頁。

为出版界的王者，相形之下，文求堂却于瞬息间销声匿迹。虽说荣枯盛衰乃世之常情，但终究令人叹息啊。①

在与文研会的交往中，田中庆太郎为文研会租赁事务所充当过保证人，② 在武田泰淳出征时送锦旗以祈平安，③ 在松枝茂夫因家庭生活困顿而想自暴自弃时加以劝阻，在同人失意时送酒馔以表抚慰，④ 在竹内好、武田泰淳等人酝酿刊物转型时及时表达过支持。⑤

文求堂还是文研会与中国文坛、学界建立联系的窗口。松枝茂夫就是在文求堂第一次结识了郭沫若，后者既是文求堂的常客，也与文研会交情深厚。周作人 1934 年访日时，又由郭沫若介绍结识了田中庆太郎。1935 年 4 月董康访日，庆太郎将其介绍给文研会。5 月 5 日，文研会成立后主办的第二次恳谈会在学士会馆召开，邀请董康演讲《中国文学我见》，由庆太郎全程担任翻译。

对文研会同人而言，文求堂是一个可以随时出入，听主人高谈

---

① 竹内好「田中慶太郎氏のこと」『竹内好全集』第 10 卷、筑摩書房、1981、第 37 頁。

② 1937 年 6 月，竹内好准备赴北京留学，将本来位于自己家中的研究会事务所搬至位于本乡区的和田大厦内。田中不仅充任租赁保证人，还赠送一套《太平广记》以贺乔迁。竹内好「北京日記」『竹内好全集』第 15 卷、筑摩書房、1981、第 157 頁。

③ 竹内好 1937 年 10 月 14 日日记中记载，在得知武田泰淳被征召入伍后，"文求堂子送武田旗"。竹内好「北京日記」『竹内好全集』第 15 卷、筑摩書房、1981、第 166 頁。

④ 松枝茂夫回忆录中写道，当时"我的毫无计划的家庭生活破了产，妻子送回了老家。本想着自暴自弃，却受到文求堂老爹的强烈反对。（……）战争形势渐渐恶化，同人中接连有出征者。喝了文求堂主人送来慰问的酒，酒上了头，平日少言寡语的我终于大放厥词，说了'我以生为日本人为耻'之类的话。"（松枝茂夫「とぎれとぎれの思い出・竹内好」『松枝茂夫文集』第二卷、研文出版、1999、第 181 頁。）又，《中国文学》终刊号上猪俣庄八所写《断想》中记录，1939 年竹内好结束留学从中国回国，事务所办欢迎会，文求堂送来寿司。（猪俣庄八「断想」『中国文学』（汲古書院復刻本）1943 年第 92 号、第 343 頁。）

⑤ 1939 年竹内好、武田泰淳、实藤惠秀等同人陆续从中国归国，竹内重新负责刊物编辑。11 月 6 日竹内好至文求堂购买周作人讲读会所需材料时，"关于会，堂主流露援助之意"，并将女婿增井经夫介绍给竹内。竹内好「北京日記」『竹内好全集』第 15 卷、筑摩書房、1981、第 356 頁。

阔论，月旦品藻，结交学界、文坛中人，也可以随时借用为同人聚会场所而无须顾虑的地方。田中庆太郎对当时东京帝大的汉学大家们颇不以为然，他以在野的立场对那些处于"官学"金字塔顶端的帝大教授们发表的酷评，与当时正以"东大系反叛派"① 自居的文研会同人不谋而合。对这些年轻学子而言，比起无味的帝大课堂、枯燥的汉学讲义，他们更愿意流连于"文求大学"这个民间沙龙。

对田中庆太郎而言，年轻的文研会同人也有其吸引力。如前所述，他并不满足于只做学界的资料提供者和追随者，而是希望积极参与甚至影响学界。在他看来，如果对年轻人加以引导，他们就有可能成为将来的主要顾客群，自己更可以通过影响这些年轻的学者而参与甚至影响学界大势。他曾写道：

> 汉籍古书这种东西，必须和那边学界新发表的研究著作放在一起出售，否则就会卖不出去。所谓新刊书，相当于日本东方文化学院研究所、东洋文库等出版的纯学术研究的新书。这里面有值得我们深思之事：只是古书的话，往往只有那些不是学者的老年人光顾，年轻人却不来。年轻人不来的话，就无论如何无法抓住将来有购买力的客人。中国新出版的学术研究书几乎没有折扣，是非常薄利的东西，除去运费，利润常常连一成也不到，或者可能只按成本价出售。但是，不这样做却不行。因为读了这些新书才会想看更基本的资料，才会开始购买古书。像这样薄利的书不能退回出版社，缺页本要退货也要花费高额运费，令人非常痛苦为难，但不这样做的话，就不能吸引好学之人前来。②

1923 年关东大地震后，田中庆太郎因为所藏大量珍籍古书在地

---

① 竹内好「奥野信太郎さんのこと」『竹内好全集』第 12 卷、筑摩書房、1981、第 95 頁。
② 田中慶太郎「唐本商の変遷」、反町茂雄編『紙魚の昔がたり』（明治大正編）、八木書店、1990、第 529 頁。

震中几乎悉数被毁，遂将经营范围转移到汉语教科书出版和中国新文学书刊引进上来。文研会同人对于汉语和中国新文学的兴趣和研究，对转型后的文求堂而言正是理想的顾客和潜在的作者。可以说，田中庆太郎独特的书店经营理念和方式，以及营造独立自由的民间文化空间的抱负，使他与这批日本最早的中国现代文学研究者之间建立了亲密的关系。这种关系远远超越店主与顾客、出版者与作者的关系，而成为"帮助他们构筑将来的地位"的重要赞助者和合作者。

作为书籍经营、出版者的田中庆太郎，对文研会的赞助首先体现在经济支持上。具体方式主要包括：出版同人译作、著作，为同人刊物介绍印刷厂，帮助刊物销售等。

同人中最早受到赞助的是松枝茂夫。松枝茂夫 1930 年东大毕业后一直没有找到稳定的职业，只能在几所大学同时兼职，做非常勤讲师，家庭负担十分沉重，几度陷于困顿。当时热衷于中国文学的他写了介绍新文学运动的文章，1929 年 2 月在东大学生自办的杂志上发表《中国文坛管窥》，1930 年 3 月发表《续中国文坛管窥》。松枝茂夫后来回忆，当时正值创造社全盛时代，自己"如饥似渴地贪读"了郭沫若等人的作品，将读书感想在这些文章中"一股脑儿地写了出来"。由此他被田中庆太郎看中，并受其赞助：

> 那是关于中国的新文学还没有任何文章的时代，我怀着一种义愤以及知晓了珍奇之事的喜悦而奋笔疾书。实在都是些幼稚的东西。然而，却以此为机缘，被文求堂主人田中庆太郎先生所知。此后十数年，在我最贫困的时期，很受了些（金钱方面的）照顾。[1]

《续中国文坛管窥》花大篇幅介绍了上海现代书局发行的四种核

---

① 松枝茂夫「中国文学と私」『松枝茂夫文集』第二卷、研文出版、1999、第 235～236 頁。

心刊物：陶晶孙主编的《大众文艺》、蒋光慈主编的《新流月报》（后改名为《拓荒者》）、田汉主编的《南国月刊》，以及叶灵凤主编的《现代小说》。松枝在文中评价现代书局是 1930 年上海文坛执牛耳者，而现代书局当时正与文求堂有密切的业务往来。从文研会同人的日记、文章中可以得知，现代书局出版发行的不少书刊如《创造十年》《现代》杂志等在文求堂都有销售，郭沫若致田中庆太郎的信中也显示，他与现代书局在书籍出版、文章发表等方面的事务常常交由文求堂经办。① 另外，松枝文中介绍郭沫若时还特别提及：郭氏现正埋头于金石研究，这一消息的来源正是文求堂主人，读者若是想了解郭氏是何等谦逊高雅之人物，以及为何从事金石研究，只需直接前去文求堂，相信定不虚行云云。② 可以猜测，田中庆太郎之所以看中松枝茂夫，除了其学术能力和潜力外，还因为松枝的这些文章对刚刚转型经营中国新文学书刊的文求堂而言也是不错的广告。

文求堂为松枝茂夫出版著作、译作，松枝按月支领编纂费。这与对郭沫若的赞助模式相同，松枝回忆某次郭沫若曾对他说："我和你都是从田中先生那里领钱生活的普罗阶级哟。"③ 松枝茂夫在文求堂主要承担汉语教育书籍的编写和周作人作品的译介工作，关于前者，将在后文详论。对周作人作品的译介主要有：

> 论文《周作人先生的立场》，发表于《中国语学报》创刊号（文求堂 1935 年 11 月开始发行，系田中庆太郎担任发起人之一的中国语学会的会刊）；

---

① 参见郭沫若 1932 年 6 月 23 日、9 月 14 日、10 月 13 日、12 月 30 日致田中庆太郎的信。马良春、〔日〕伊藤虎丸编《郭沫若致文求堂书简》，文物出版社，1997，第 254、259～260、284 页。

② 松枝茂夫「続・中国文壇をのぞく」『松枝茂夫文集』第二巻、研文出版、1999、第 52～53、第 59 页。

③ 松枝茂夫「郭沫若さんの思い出」『松枝茂夫文集』第二巻、研文出版、1999、第 143 页。

编写汉语教材《现代实用中国语讲座9》（1936年），其中收录周作人的《乌篷船》；

翻译周作人《中国新文学之源流》（1939年）（作为文求堂中国学翻译系列丛书之四）；

编注《周作人随笔抄》（署名田中庆太郎，实际由松枝茂夫负责编选、注释。1939年初版，1941年再版）。

1934年以前，日本人对周作人的介绍，除了在中国发行的、面向在华日人的《北京周报》上有丸山昏迷的几篇译介外，日本本土鲜有提及，且常常抹不去"鲁迅之弟"的标签。而从1934年周作人访日开始，日本主流文坛、媒体对周的关注度日益提高，竹内好等人也以举办周作人访日欢迎会为契机，正式公开以"中国文学研究会"的名义开始活动。松枝茂夫既是文研会的核心成员，也是当时周作人最重要的日译者，他在文求堂出版的上述论文、译著，属于在日本本土发行的最早一批译介周作人的文献。

从松枝茂夫的经历可以看到，田中庆太郎对当时学界的最新动向十分关注，一旦发现像松枝这样有潜力的新进年轻学者，便积极加以赞助，以发表、出版作品的方式提供经济支持，使这些年轻学者能够继续研究，而田中庆太郎也由此得以长久保持与学界的联系和影响力。

文研会成立伊始便出版会刊《中国文学月报》（从1940年4月第60号开始改称《中国文学》），但因经费问题，找不到合适的印刷厂承印。竹内好1935年1月31日、2月1日的日记中记录了他们多方寻找印厂无果，因无力支付高额的印刷费用而苦恼。2月4日，竹内好与冈崎俊夫访问文求堂，向田中庆太郎求助。① 庆太郎很快为他们介绍了开明堂印刷所，这家印厂承印了包括郭沫若数部甲骨文著

---

① 竹内好「中国文学研究会結成のころ」『竹内好全集』第15卷、筑摩書房、1981、第94～95頁。

作在内的绝大部分文求堂出版物，该社东京营业所所长尾藤光之介
与庆太郎交情深厚。①《中国文学月报》中使用了大量汉字，且涉及
多种字形，这种印量小又比较麻烦的工作当时少有印厂愿意接手，
但开明堂在田中斡旋下，仍愿意以较便宜的价格承印。② 三天后，竹
内好便拿到了印费预算书，随即决定交由开明堂印刷。2月9日，竹
内好访文求堂时正好偶遇也在店中的尾藤所长，便当即与之签订合
约。③ 此后，双方一直保持着良好的合作关系。直至1943年停刊前，
这份刊物一直由开明堂承印。

　　文求堂还承担了《中国文学月报》的发售。竹内好在日记中
记录，1935年2月26日发行前夕，田中庆太郎曾特地将他约到宾
馆，详细询问、了解了文研会的情况后，表示出好意。3月1日
《中国文学月报》正式发行，竹内日记中特别记载："文求堂愿意承
担发售之事。"④ 翌日，竹内好和冈崎俊夫带着刊物，四处委托书店
发售：

　　　　从早上开始和冈崎一起去神田。神保町角书店十份。尚
　　文堂拒绝。路遇松川氏，把我们介绍给东亚预备学校的佐川
　　氏，委托了二十份。青年会拒绝。（……）至文求堂，委托
　　百份。⑤

---

① 〔日〕斋藤孝治：《承印郭沫若古文字研究著作的印刷所和与之相关的一首绝
　　句》，中国郭沫若研究会、四川省郭沫若研究学会编《郭沫若与百年中国学术文
　　化回望》，四川人民出版社，2005，第511页。
② 松枝茂夫「武田泰淳のこと」『松枝茂夫文集』第二卷、研文出版、1999、第
　　198页；立间祥介「中国文学研究会年谱」『復刻「中国文学」別册』、汲古书
　　院、1971、第42页。
③ 竹内好「中国文学研究会結成のころ」『竹内好全集』第15卷、筑摩书房、
　　1981、第96页。
④ 竹内好「中国文学研究会結成のころ」『竹内好全集』第15卷、筑摩书房、
　　1981、第100～101页。
⑤ 竹内好「中国文学研究会結成のころ」『竹内好全集』第15卷、筑摩书房、
　　1981、第101～102页。

可以看到，这本在当时还籍籍无名的小小同人刊物并未立刻得到书店的青睐，甚至被神田中华留日基督教青年会馆这样当时大量销售中国相关书籍的地方拒绝，其他愿意代售者也不过只接了十份、二十份，而文求堂则一下子接受了一百份。此后，每逢刊物出版，竹内好都会照例送往文求堂委托发售。

文求堂也是文研会译介、研究中国文学的资料提供所。田中庆太郎明白，在现代学术研究中，新材料的出现会引发新问题，甚至使研究观念、范式发生整体性变革，而作为书籍经营者，正可承担起为学界提供新材料这一关键角色："内容必须以是否能对各人专攻的学术有用为第一义，这并不是轻松之事。"① 这促使他积极参与介绍当时刚刚被发现的敦煌文献，成为最早目睹敦煌文献并加以介绍的日本人之一。② 文求堂输入的中国书籍，不仅有善本珍籍，也有整理国故运动中出版的新式标点本、相关的新国学研究著作，以及新文学作品、刊物等。这成为他与中国文学研究会合作的重要基础。

从文研会同人的文章和日记中可以看到，当他们要寻找中国文学资料时，常常首先想到的便是文求堂。竹内好日记中多次记录了在文求堂购书的情况。他 1934 年准备着手进行丁玲研究时，便于 3 月 2 日在文求堂购入了丁玲的《母亲》和《自杀日记》。③ 同年 5 月 11 日，购入《田汉戏曲集》（一、二、四、五卷）、《洪深戏曲集》、伍启元《中国新文化运动概观》和《现代》杂志 5 月号。④ 6 月 6

---

① 田中慶太郎「唐本商の変遷」、反町茂雄編『紙魚の昔がたり』（明治大正編）、八木書店、1990、第 523 頁。

② 1909 年，田中庆太郎得知伯希和携带敦煌经卷寓居北京的消息后，便立刻登门拜访，并参与了伯氏在北京六国饭店首次披露敦煌经卷的展示会。同年以"救堂生"的笔名在《燕尘》（在北京出版、由日本人发行的杂志）上发表《敦煌石室中的典籍》。

③ 竹内好「中国文学研究会結成のころ」『竹内好全集』第 15 巻、筑摩書房、1981、第 46 頁。

④ 竹内好「中国文学研究会結成のころ」『竹内好全集』第 15 巻、筑摩書房、1981、第 55 頁。

日，购入袁牧之《演剧漫谈》。① 1935 年 4 月 10 日，购入《晶报》数部。② 1937 年 2 月 6 日，购入梁启超《戊戌政变记》。③ 1939 年 11 月 6 日，为文研会举行的周作人讲读会购入资料。④ 冈崎俊夫则回忆，自己大学时代兼职做家教，皮包中除了毕业论文的参考书，就是在文求堂购买的《达夫代表作》。对他而言，比起讨论儒释道的哲学著作，还是郁达夫的小说更具吸引力。翌年夏，冈崎受友人邀约开始写关于中国现代文学的文章，在当时的情况下，能够提供参考资料的除了大学图书馆，就是文求堂。⑤ 松枝茂夫刚进入东京帝大研究中国文学时，曾着手翻译《红楼梦》，所使用的底本就是购自文求堂的上海扫叶山房石印本，同时购入的还有刚由文求堂出版的、井上翠编写的《中国语辞典》。⑥ 饭塚朗和千田九一 1933 年进入东京帝大学习，与同学工藤篁等每周组织现代文学作品轮读会，所使用的材料就是购自文求堂的《茅盾自选集》、陆晶清《素笺》等。竹内好抱着物色文研会成员的目的数次参加该轮读会，饭塚、千田二人也正是在此时加入文研会。⑦ 此外，文研会当时曾有意识地建立自己的图书馆，以供会员使用，这是当时日本唯一一座以收藏中国现代文学书刊为主的图书馆。其中也包括了来自文求堂的不少赠书，如文求堂出版的《中国语讲座》系列⑧、郭沫若《北伐》⑨、田中庆

---

① 竹内好「中国文学研究会結成のころ」『竹内好全集』第 15 巻、筑摩書房、1981、第 63 頁。

② 竹内好「中国文学研究会結成のころ」『竹内好全集』第 15 巻、筑摩書房、1981、第 110 頁。

③ 竹内好「北京日記」『竹内好全集』第 15 巻、筑摩書房、1981、第 140 ~ 141 頁。

④ 竹内好「北京日記」『竹内好全集』第 15 巻、筑摩書房、1981、第 356 頁。

⑤ 岡崎俊夫「楽焼の郁達夫」『中国文学月報』（汲古書院復刻本）1935 年第 4 号、第 45 頁。

⑥ 松枝茂夫・飯倉照平・木山英雄（聞書）「紹興、魯迅、そして周作人」『松枝茂夫文集』第二巻、研文出版、1999、第 264 頁。

⑦ 立間祥介「研究会設立まで」『復刻「中国文学」別冊』、汲古書院、1971、第 33 頁。

⑧ 「会報」『中国文学月報』（汲古書院復刻本）1937 年第 22 号、第 188 頁；1937 年第 24 号、第 20 頁。

⑨ 「会報」『中国文学月報』（汲古書院復刻本）1937 年第 30 号、第 120 頁。

太郎自著的《羽陵馀蟫》①、亚东书局版《水浒》《官场现形记》以及上海话读本等。②

可以说，正是由于文求堂能够源源不断地提供各种中国文学作品集、刊物、新学术研究著作，文研会同人才可能迅捷地获得第一手资料，及时将现代中国的学界文坛动向、作家作品介绍到日本，这为他们成为日本中国现代文学研究界的开拓者奠定了基础。

第三节　与中国文学研究会的合作

田中庆太郎对文研会的赞助，除了利益上的考量外，更重要的是，身为体制外批判者的田中庆太郎和从体制内反叛出来的文研会，在反抗作为"官学"权威的汉学主流意识形态、批判"同文"观念上达成共识，并展开合作。

日本近代汉学某种意义上可以说是国家权力的产物。它是明治政府为了建构现代民族国家意识形态，在复活江户儒学的基础上，凭借国家权力，依托学院体制而形成的。安藤彦太郎写道：

> 江户时代的儒学，进入明治后被洋学所取代，一度不振。不久，在明治国家体制整备的过程中，作为拥护天皇制意识形态的教化之学再度复活，在学院中占据地位，并且以东京帝国大学的汉学科为顶点，通过中等学校的汉文教育扩大影响力。③

竹内好、武田泰淳、冈崎俊夫、松枝茂夫等人都出身于日本汉学金字塔顶端的东京帝大中国哲学中国文学科，他们成立文研会的目的，正是反对被视为"官学"代表的东京帝大汉学，可谓从学院

---

① 「会報」『中国文学月報』（汲古書院復刻本）1937 年第 29 号、第 112 頁。
② 竹内好「北京日記」『竹内好全集』第 15 巻、筑摩書房、1981、第 385 頁。
③ 安藤彦太郎『中国語と近代日本』、岩波書店、1988、第 53 頁。

体制内部发起的反叛。竹内好战后回忆文研会设立时写道："当时的心情，首先，与其说是对文坛，不如说是对既成学界的不满。东京帝国大学的中国文学科，本来叫汉学科的，完全是蠢货一般的存在，不值一提。"① 冈崎俊夫也说自己当年抱着学习东洋哲学的志愿进入东大，然而"进去之后就幻灭了，说是'中国哲学'，其实连个'哲'字也没有，说白了就是汉学。但后悔已经来不及了"。②

至于田中庆太郎，如前所述，同样对东京帝大系统的汉学颇不以为然。与文研会从体制内发起反叛不同，田中庆太郎是以体制外的民间立场展开汉学批判的，这源于他出身的东京外国语学校中国语部及其所承袭的"咏归舍传统"。

田中庆太郎在东外的老师宫岛大八，是日本近代汉语教育的开山之祖。大八之父诚一郎是主张日中建立民间联盟、"连衡我东洋，振兴亚细亚阖州之大势"以抗"西力东渐"的兴亚会核心成员，他关心中国问题，与清政府驻日公使何如璋、黎庶昌等人交往密切。③ 身为长子的大八遵从父命，先是在当时刚设立不久的清政府驻日公使馆中学习汉语，接着又进入兴亚会所办的、由广部精主持的兴亚会中国语学校（简称"兴亚学校"）。他后来应文研会之邀，以汉语教育界元老的身份回忆自己的学习经历，谈及兴亚学校的汉语教育时写道：

> 只一味重视背诵。当天教的东西，翌日必须背熟。这应该是模仿中国的"背"的方法。（……）这实在是了不起的方法，在背的过程中自然而然成为自己的东西，对语言学习而言，是最好的方法，但对学生来说却是最困难的，何况我们日本人最不擅长的就是背诵。（……）然而托这种方法的福，使语学也有

---

① 竹内好・高橋和巳「文学　反抗　革命」『状況的・竹内好対談集』、合同出版、1970、第33頁。

② 岡崎俊夫「『中国文学研究会』のこと」、岡崎俊夫文集刊行会編『天上人間：岡崎俊夫文集』、岡崎俊夫文集刊行会、1961、第154頁。

③ 安藤彦太郎「宮島大八と二葉亭四迷」、竹内好・橋川文三編『近代日本と中国』（上）、朝日新聞社、1974、第129頁。

了文学的底子。这实在是拜兴亚学校所赐。①

之后，宫岛大八读到黎庶昌赠予父亲诚一郎的张廉卿文集，大为敬服，于是决定专门去中国。他到保定莲池书院，拜入张廉卿门下亲受其教，接受了包括经学、训识、书法等在内的中国传统士人教育，以弟子礼奉侍张氏直至其逝世，前后长达七年。

与清政府驻日公使馆和兴亚会的关系，以及在中国的留学经历，深深影响了宫岛大八日后的汉语教育理念和方式。他于1895年甲午战争爆发之际归国，开办"咏归舍"，取《论语》中"咏而归"之意，教授汉语和儒家经典。宫岛大八在这里推行的汉语教育理念和方式，后来被田中庆太郎归纳为"咏归舍传统"，其主旨是强调儒学作为东亚传统价值观的重要性，主张汉学必须与汉语教育相结合，提倡"汉文直读"，即按照汉语发音来直接阅读汉籍，反对当时日本汉学主流使用的以日式发音阅读汉籍的"汉文训读"。咏归舍不久被扩建为"善邻书院"，取《左传》"亲仁善邻，国之宝也"之意。在宫岛大八看来，中日皆应以孔子之教立国，"善邻"之意本于此。宫岛大八还曾被聘至东京帝国大学、东京外国语学校任教，尽管后来因不满官立学校做派而辞职，但是按田中庆太郎的说法，他仍然成功地将"咏归舍传统"渗透到官学系统中，"外国语学校的中国语科可以说是善邻的分店"，学生在该校学习的也是直读。② 宫岛大八创办的"咏归舍/善邻书院"和受其影响的东京外国语学校中国语部，很长一段时间都是日本汉语教育的中枢。安藤彦太郎评价宫岛大八归国时说："日本正处于正规学校汉语教育还是空白的时期，他与此前的实用主义会话教师不同，是以传统文化为基础进行的真正修学。"③

宫岛大八开创的立足于民间、对抗汉学主流的"咏归舍传统"，

① 宫岛大八「詠帰舎閑話」『中国文学』（汲古書院復刻本）1942年第83号、第22頁。

② 田中慶太郎「出版と支那語」『中国文学』（汲古書院復刻本）1942年第83号、第42頁。

③ 安藤彦太郎『中国語と近代日本』、岩波書店、1988、第19頁。

以及"汉文直读"的教学方式、语言学与文学相结合的理念，对此后日本的汉语教育影响深远，而田中庆太郎正是以出版者身份对此积极加以支持。宫岛大八1904年出版的《急就篇》被奉为战前日本汉语教科书的"圣经"，战后也再版至百余次。这本书虽冠以善邻书院名义，但实际发行者就是文求堂。此外，青柳笃恒、金国璞、张廷彦、平岩道知、冈本正文等东京外语系统中人撰写的有关汉语教育、研究的许多著作，也由文求堂出版。

田中庆太郎还积极支持同样出身于东京外语的校友神谷衡平等人的汉语教科书改革运动。1923年开始，刚在中国亲历了新文化运动并深受触动的神谷衡平，着手对日本汉语教育进行改革。与宫岛大八支持清政府、反对辛亥革命的立场不同，神谷改革旨在把中国新文学作品引入日本汉语教科书，教学理念上强调对现代中国，特别是新文化运动之后中国的关注，这既是对"咏归舍传统"的继承，也是革新。神谷衡平等人编写了大量以新文学作品为底本的汉语教材，大部分交由文求堂出版。藤井省三对此有专门研究，他指出，包括鲁迅在内的中国新文学作家作品正是在这场汉语教科书革新运动中被大量介绍到日本，并逐渐巩固了在知识界的地位，而"充分领会了神谷等人意图"的田中庆太郎，"从教科书出版方面给予了几乎可以说是全面的支持"。①

文研会同人既是神谷改革的受益者，也是支持者。帝国大学虽有汉学科，但只重汉文，想学好汉语需要到专门的外国语学校或民间学校。竹内好回顾当时日本汉文和汉语的分裂状况时写道：

> 汉文背负着昌平黉的传统，中国语则背负着长崎通事的传统。在产生之初就已分道扬镳。如此互不相交直至明治，一度被洋学压倒，两者都悄然无声，再次复活时，隔绝的状况进一步扩大。就是说，汉文以帝国大学（及其附属师范教育）为大

---

① 藤井省三『東京外語支那語部』、朝日新聞社、1992、第91頁。

本营，中国语则是外国语学校的专卖品。①

文研会同人几乎不约而同地提起过，自己虽身处顶尖学府的汉学专业，却无法受到像样的汉语语言训练，只能去善邻书院、东京外语的夜校补习。让他们了解中国现代文学并产生兴趣的，不是帝国大学的汉学讲义，而是汉语夜校课堂上编入了新文学作品的教科书。松枝茂夫回忆自己赴华留学前恶补汉语时写道：

> 我的中国语完全不行。那时和现在不同，中国语在大学受到轻视，即使是专攻中国文的学生也不是必修，课也都是敷衍了事。我除了《红楼梦》还读了《水浒传》《平妖传》，只是读还可以，发音就完全不行。因此决定去北京后，急急忙忙到善邻书院上了三个月的夜校。②

冈崎俊夫回忆自己大学二年级时，因为东大无法提供令人满意的汉语教育，加之厌恶学校气氛，于是选择去夜校学习汉语。当时的任课教师奥平定世所使用的教材都是新文学作品的复印本，这也是冈崎第一次接触中国现代文学。其中汪敬熙的小说《瘸子王二的驴》令他印象颇为深刻（奥平定世后来与松枝茂夫合作，在为文求堂编写的汉语教材《现代实用中国语讲座9》中收录了这篇小说），小说中所描写的中国底层小人物的悲惨命运深深触动了他。他知晓后来令他深深喜爱的郁达夫的名字，也同样是在奥平的汉语课上。冈崎还回忆，同样是在汉语夜校里，偶遇过也来补习汉语的武田泰淳。③

---

① 竹内好「教授法の多様化」『竹内好全集』第10巻、筑摩書房、1981、第301頁。

② 松枝茂夫「中国文学と私」『松枝茂夫文集』第二巻、研文出版、1999、第236～237頁。

③ 岡崎俊夫「楽焼の郁達夫」『中国文学月報』（汲古書院復刻本）1935年第4号、第44頁；岡崎俊夫「『中国文学研究会』のこと」、岡崎俊夫文集刊行会編『天上人間：岡崎俊夫文集』、岡崎俊夫文集刊行会、1961、第155頁。

　　吸引文研会同人的不仅是高质量的汉语教育，更有基于"汉文直读"的教学理念背后的汉语观和中国观。日本在接受中国文化时发明了独特的"汉文训读"法，它是借鉴中国注解经典时的训诂法，使用"返点"解释语法和假名注音的方式。这种方法既是对原文的注解，某种意义上也可视为一种翻译，使阅读者可以跳过汉语学习过程而较快地掌握汉籍内容。这在特定的历史环境下，于文化接受而言不失为一种便利之法。然而到了近代，正是因为训读法使阅读者可以在完全不懂汉语的情况下阅读汉籍，所以也使日本人可以完全无视"现代中国"而停留于"古典中国"的世界之中。训读的存在，导致汉文和汉语在近代日本的分裂：前者以圣贤经典为代表，传达了具有普遍意义的价值观念；后者则不过是仅服务于外交、军事、贸易的实用语言。对此，安藤彦太郎写道："对日本人而言，《论语》和唐诗等同于自己国家的古典，而对康有为和五四运动之类的现代人物和事件则几乎无知。对古典使用汉文式读法，对汉语则视为'特殊语学'加以处理。"汉文和汉语的分裂，正体现了明治以来日本人心目中分裂的两种中国观，即"对现实世界的侮蔑和对古典世界的尊崇"。①

　　从上述语境看，宫岛大八的"汉文直读"就不仅是在阅读方式上对抗主流的"汉文训读"，也是以民间立场对抗明治以来由政府主导的西化过程中日趋分裂的中国观。兴亚会的影响和在张廉卿门下受到的熏陶，使宫岛的中国观中带着浓重的明治时期亚洲主义色彩，即相信中日民间普遍存在着基于传统儒家价值的"亚细亚的连带感"，只要加以整合就能对抗西洋，宫岛在汉语教育上对民间立场的坚持也可溯源至此。按田中庆太郎的说法，宫岛是"国士"，想要培养的是"有志于大陆的青年"，② 即具备儒学素养，能够实现中日民间联盟、重振亚洲的人才，汉语能力则被视为实现这一联盟的必备工具。

---

① 　安藤彦太郎『中国語と近代日本』、岩波書店、1988、第51～52頁。

② 　田中慶太郎「出版と支那語」『中国文学』（汲古書院復刻本）1942年第83号、第42頁。

田中庆太郎一方面继承了宫岛的"咏归舍传统"，通过对民间汉语教育的赞助，对抗明治以来逐渐成为国家意识形态、官方体制代表的汉学。另一方面通过对神谷衡平改革的支持，超越了宫岛保守的儒教中国观，将中国新文学作品及其背后的"现代中国"引入日本。这对于渴望反抗汉学、了解现代中国的文研会而言，显然相当具有吸引力。1942 年，《中国文学》第 83 号策划推出了"日本与中国语"特辑，旨在为编纂日本的汉语史收集资料，采访了包括中田敬义、宫岛大八、坂西利八郎、青柳笃恒、岩村成允、秩父固太郎、田中庆太郎等在内的"日本中国语界国宝级"元老。① 庆太郎在接受采访时，以自己学习汉语的经历为线索，回忆了咏归舍、善邻书院、东京外语与"咏归舍传统"建立的过程，为近代日本汉语教育史的研究留下了珍贵的文献资料，由此也可见文研会对"咏归舍传统"的认同。

藤井省三研究竹内好对当时日本汉语教科书的批判时指出，竹内好是从批判汉语教科书之劣出发，直指放任劣书流行的日本文化根底："明治以来将汉语视作外交和商业的实用语言，其中所反映出的是中国像的扭曲，以及这扭曲的中国像所投射出的日本现代自身的扭曲。"这种批判最终延伸到竹内好针对日本战败进行的文化反思。② 从这一意义上看，田中庆太郎对从学院体制中反叛出来的文研会的赞助，可以视为民间与学院的合作。双方都将汉语教育改革、现代文学译介，以及对"现代中国"的关注视为相辅相成的有机结合，希望由此变革日本的中国观。

田中庆太郎与文研会的合作主要包括：翻译出版汉语辞典和字典，出版汉语语言学研究著作，编写使用现代文学作品的汉语教材，在文研会会刊上宣传上述出版物，提倡新的汉语教育理念等。双方合作出版的汉语语言学研究和汉语教育方面的译作、著作主要有：

《现代中国趣味文选》（署文求堂编辑局编，实际由神谷衡

---

① 实藤惠秀「後記」『中国文学』（汲古書院復刻本）1942 年第 83 号、第 86 頁。
② 藤井省三『東京外語支那語部』、朝日新聞社、1992、第 156～157 頁。

平、松枝茂夫注解。1934 年出版）；

《现代中国白话趣味文选》（署文求堂编辑局编，实际由神谷衡平、松枝茂夫注解。1935 年出版）；

《现代实用中国语讲座9》（小说散文篇）（奥平定世、松枝茂夫编。1936 年初版，1942 年再版）；

《中国语言学概论》［Bernhard Karlgren（高本汉）著 *Sound and Symbol in Chinese*，鱼返善雄、岩村忍共译。1937 年初版，1940 年再版。该书的汉译本《中国语与中国文》被文研会"言语研究部会"作为讲读会的材料］；

《中国现代文选》（实藤惠秀编注，1937 年出版）；

《现代中国语科学》［*A characterization of the Chinese national language*，丹泽尔·卡尔（Denzel Carr）著，鱼返善雄译，1939 年出版］；

《中国现代文选》（实藤惠秀编注，1940 年出版）；

《为了读中国文的汉字典》（陆尔奎、方毅编《学生字典》，松枝茂夫译。1940 年初版，后多次再版）；

《北京话发音》［*A Mandarin Phonetic Reader in the Pekinese Dialect*，高本汉著，鱼返善雄译。1941 年出版］；

《广东话发音》［*A Cantonese phonetic reader*，丹尼尔·琼斯（Daniel Jones）与胡绚堂（Kwing Tong Woo）合著，鱼返善雄译。1942 年出版］。

秋吉收将文研会的汉语语言学研究、汉语教育改革提倡称为"逆境中的探索"，因为在当时日本社会的普遍观念中，汉语甚至被认为是不存在语法的劣等语言，而文研会却对此投入了极大的热情和精力。在当时严酷的战争环境下，这种行为是十足的异端，可视为"对于日本对中国犯下的'错误'的竭尽全力的抵抗"。① 从这一

---

① 秋吉收「『中国文学（月報）』と中国語——竹内好らの活動を軸として」『中国文学論集』2006 年第 35 号、第 58～72 頁。

意义上看，文求堂在出版方面给予的支持，对需要时时承受当局出版审查压力的文研会而言，可谓弥足珍贵。

文研会则在会刊上为文求堂出版的汉语教材和其他书籍刊登广告。如《中国文学月报》第 33 号上刊登了文求堂的出版广告，包括井上翠的《口袋日华辞典》和《口袋中国语辞典》、影山巍的《详注现代上海话》和《实用速成上海话》、稻叶鼎一郎的《上海话指南》和《上海声音字汇》。① 特别是其中井上的辞典，在当时汉语辞典和字典相当匮乏的状况下，成为日本汉语学习、翻译者的必备书。1935 年 11 月，由田中庆太郎牵头、日本汉语研究者组织的中国语学会（本部设于文求堂）成立，《中国文学月报》第 8 号上刊出学会会刊创刊、举办研究活动的消息。1940 年《中国文学》第 63 号特别策划了"汉语字典特辑"，针对日本的汉语辞典和字典问题展开讨论。文研会同人曹钦源在《中国语的辞典》一文中专门推介了文求堂出版的《井上口袋中国语辞典》：

> 只有先将一个字的主要的用例收集完毕，才能开始对这个字的个性的研究，才可以说辞典对这个字的任务结束了。从这一意义上看，在日本出版的《井上口袋中国语辞典》（袖珍型七百五十四页，二圆五十钱，文求堂）比前者（指商务印书馆《标准语大辞典》——引者注）优秀得多。而且发音方面，不仅词头，其他字词也用威妥玛或罗马式拼音标注。②

介绍注音字母时又写道："若是熟悉威妥玛或罗马拼音的话，看日本刊行的类书《中国国音字典》（袖珍型约三百页，定价一圆二十钱，文求堂）就可以了。"谈到多音字时，又举出文求堂的《中国破音

---

① 『中国文学月報』（汲古書院復刻本）1937 年第 33 号。
② 曹钦源「支那語の辞典」『中国文学』（汲古書院復刻本）1940 年第 63 号、第 154 頁。

字典》"是专门收录这方面字的"。① 竹内好在《中国文学》第 66 号上发表书评,评价王力著《中国语文概论》的日译本时,提及文求堂出版、田中清一郎译的《中国文法学初探》,认为是"中国语学生的必读书。即使是为了了解我们所处的环境,以及日本中国语言学者理论和思想的贫瘠,也应该读一读王力的概论"。② 文研会同人实藤惠秀译注的黄遵宪《日本杂事诗》在《中国文学》上连载,其中在《店铺》一首的黄遵宪自注中,谈及日本造汉字词。实藤对此展开讨论,谈到这些"日本特有的汉字用法"已为中国人注意,文求堂出版的吴主惠《日华实用辞典》,是由中国人所编"最早真正有组织地搜罗日本特有的汉字用法"的辞典。③

田中庆太郎与文研会的上述合作反映了双方在汉语观上的共识:批判"汉文训读",把汉语当作外国语,并最终指向对"同文"观的批判。这在他们合作出版的《为了读中国文的汉字典》中得到典型体现。这本字典的出版在当时意味着一种理念宣示:统一汉文和汉语,把中国的古文和现代文都当作中国的东西来读,出版不同于"汉和辞典"的专门的"汉语辞典",以区别同一汉字在中日两国的不同涵义。这在现在看来理所当然,在当时却足够标新立异。

安藤彦太郎指出,近代日本两种中国形象分裂的极端表现,"就是在日本有汉和辞典和汉语辞典这两种完全无关的存在"。④ 汉和辞典是"汉文训读"的产物,同时收录汉语固有词、日汉同形异义词、日本造汉字词等,解释词义时,日语词义和汉语词义常常被混在一起,并不加以区分。汉语辞典才是专门供汉语学习者、翻译者使用的,只收录汉语词汇,对汉日同形词也只收录其汉语词义的辞典。

---

① 曹钦源「支那語の辞典」『中国文学』(汲古書院復刻本)1940 年第 63 号、第 159~160 頁。

② 竹内好「支那言語学概説」『中国文学』(汲古書院復刻本)1940 年第 66 号、第 332 頁。

③ 黄遵憲「日本雑事詩(三)」、実藤恵秀訳、『中国文学』(汲古書院復刻本)1941 年第 73 号、第 128 頁。

④ 安藤彦太郎『中国語と近代日本』、岩波書店、1988、第 51 頁。

文求堂发行的绝大多数汉语辞典都属于此类。这类工具书在日本近代汉语教育的起步阶段几乎是不存在的，这给当时的汉语学习者和翻译者带来了极大的困难。这种状态直至田中庆太郎与井上翠等编纂者合作，出版了一系列汉语辞典和字典后才得以改善。山根幸夫后来评价井上翠的贡献时写道："战时，学习中国语的人几乎都受过井上《中国语辞典》的恩惠。"[1] 竹内好回忆说，初学汉语时能用的辞典"只有井上翠所编的一种"，并盛赞："井上翠这个人，在日本的中国语教育史上是不可被忘记之人。他以一己之力编纂辞书，余生都奉献于修订工作。许多人都曾受其恩惠，我也是其中一个。"[2] 松枝茂夫也回忆自己开始翻译中国文学时，难以找到一本像样的汉语辞典，当时刚刚由文求堂出版的井上翠的《中国语辞典》令他如获至宝：

> 井上翠先生的辞典出版是在我毕业的昭和五年。那时的喜悦真是如地狱中遇见了佛祖一般，只恨为何不早出一两年。像样的参考书一本也没有，唯一的依靠就只有井上先生的辞典，此外还有商务印书馆的《辞源》吧，一直翻到破烂。[3]

文研会同人亲身体验过汉语辞典和字典的匮乏之苦，这促使他们1940年专门在《中国文学》第63号上策划了"汉语字典特辑"，用整整一期专门讨论汉语辞典和字典问题。竹内好在该期《后记》中写道：

> 本号的策划由本会提起。关于中国和中国语，我们没有令人满意的字典。这是为什么？以及这对于我们的文化有怎样的

① 山根幸夫『近代中国のなかの日本人』、研文出版、1994、第62~63頁。
② 竹内好「ローマ字の功罪」『竹内好全集』第10巻、筑摩書房、1981、第318頁。
③ 松枝茂夫・飯倉照平・木山英雄（聞書）「紹興、魯迅、そして周作人」『松枝茂夫文集』第二巻、研文出版、1999、第264頁。

意义？这是我们想思考的问题。首先必须知道已有的字典是怎样的。我们将反复思考，直到解决这个问题为止。也希望读者诸君和我们一起思考。①

对文研会而言，专门的汉语辞典和字典不仅是语言学习、翻译的工具书，更是如竹内好所说，"是关乎我们文化态度之根本的问题"。② 从这一语境中看，他们与文求堂的合作就显得意味深长。

《为了读中国文的汉字典》以陆尔奎、方毅共同编辑的《学生字典》（上海商务印书馆 1915 年版）为底本，署名为田中庆太郎编辑，实际由松枝茂夫负责翻译，同时参考《辞源》进行增补。除注音改为威妥玛式，加上反切、诗韵、说文部首之外，与原著无大差别。布装，正文 656 页。据田中庆太郎所记，该书是 1936 年自己与松枝茂夫商谈后定下的翻译计划，1939 年完成，1940 年正式出版。③该书出版后大受欢迎，多次再版，战后又由山本书店、书籍文物流通会等重版多次。

田中庆太郎在为该书所撰《赘后》中清楚地表达了以下观点。一是统一汉文和汉语。

> 这里所谓"中国语"，并非指"现代中国语"这般狭义的东西，而是将自古以来典籍所载全部包括进来。
>
> 所谓将"汉文"和"中国语"当作两个东西区别处理，我很久以前就颇不以为然。粗略言之，古代的典谟是古代的语言，中世的文章是中世的语言。因己与它不相通之故，而堕于独善相轻，实不得不谓气量狭窄。④

---

① 竹内好「後記」『中国文学』（汲古書院復刻本）1940 年第 63 号、第 189 頁。
② 竹内好「支那文を読む為の漢字典」『中国文学』（汲古書院復刻本）1940 年第 67 号、第 380 頁。
③ 田中慶太郎「贅後」『支那文を讀む為の漢字典』、文求堂書店、1940、第 1 頁。
④ 田中慶太郎「贅後」『支那文を讀む為の漢字典』、文求堂書店、1940、第 1～2 頁。

二是强调区分汉日同形异义词的重要性。该书因专门收录了汉语词义，是以定名为《为了读中国文的汉字典》。

> 对于汉字典中中国式的解释与国训，大多数人都抱着"买菜求益"的态度杂纂在一起，难免不懂装懂之虞。

> 无论中国是在何种意义上使用那些单字、熟语，国训都不应被他们的解释所左右，所以，国训都归入国语辞典的领域，以与我所说的广义的中国语字典辞书相区别。（……）

> 随着与中国关系的日益紧密，因共同使用汉字的缘故，虽然许多场合下确实比较方便，但反而更加不便的情况也不在少数。举几个就在手边的例子，比如"御"这个字的用法，熟语方面如"汉学""汉文""新闻""汽车""情实""役人""约束""勘定""料理""不在""勉强""书院""助长"等，在我国的意义与在中国的意义相当不同。因此，如果不清楚地加以区别，今后恐怕会导致不便。[1]

三是由语言而及于文化，主张重视差异，反对"同文"观念。

> 我丝毫没有我国使用汉语时也应重视中国式的解释这种卑屈且不当的想法。只是，我相信，清楚地知晓双方的区别，于当下的形势而言是必要的，而且漫然感觉到，不希望我国的青年诸君因为"同文"而抱有中国人比其他民族更容易沟通这样安易的想法。[2]

竹内好在该书出版不久就在《中国文学》上加以介绍，予以高度评价，认为其贡献首先在"明确区别字典和辞典（或词典）上的功绩"。他运用欧洲语言学理论，论说作为屈折语的日语和作为独立语的汉语的区别，由此带来单字在这两种语言中所起的作用不同，

---

① 田中慶太郎「贅後」『支那文を讀む為の漢字典』、文求堂書店、1940、第3頁。
② 田中慶太郎「贅後」『支那文を讀む為の漢字典』、文求堂書店、1940、第4頁。

所以必须区别处理。继而引出第二个贡献：区别汉日同形异义词。

> 即使是同样的汉字，在日语和中国语中的意义也必须明确区别。编译者在书后所写"国训皆交予国语辞典"的意见（这也是命名为《为了读中国文的汉字典》的理由）是一大卓见。这样反而能令国语辞典更加纯粹、更加丰富的观点，我也是赞成的。

> 现在的汉和字典都非常暧昧。日本也好，中国也好，过去几乎都是字典。现在虽已进步到了辞典，但日本的汉和字典究竟是日语字典还是中国语字典并不清楚。所谓汉和字典这种东西，大抵不过是拼凑中国的字典和辞典，再加上国训罢了。这不仅不能使日语丰富，反而使日语混乱。①

竹内好对田中庆太郎举出的汉日同形异义词表示赞同，而且更进一步，强调两种语言在本质上就是不同的："不仅是这些词，可以说，虽然有程度上的差异，但其实所有词语都是不一样的。不同是本质，相同不过是偶然。"②

竹内好和田中庆太郎的共同目的，是强调"他们"中国的汉语和"我们"日本的"国语"之间的不同，寻求日语的独立，进而引申到中国文化和日本文化之间的不同，最终解构"同文"观念，建立日本文化的主体性。要实现这个目的，就必须直面"汉字"这个在日语形成过程中"不可避的他者"（子安宣邦《汉字论》）。竹内好领悟到田中庆太郎的操作方式：通过编纂"为了读中国文"的专门字典，分离汉日同形词中的汉语词义（"中国式的解释""他们的解释"）和日语词义（"国训"），让分离开的两种词义分别在"汉语字典"和"国语字典"中各自重建一套独立的意义体系：

---

① 竹内好「支那文を読む為の漢字典」『中国文学』（汲古書院復刻本）1940 年第67 号、第 379 頁。

② 竹内好「支那文を読む為の漢字典」『中国文学』（汲古書院復刻本）1940 年第67 号、第 379 頁。

汉和字典必须变成中国字典。即便是所谓的汉语，成为日语的那部分也应该全部交给国语辞典去解释。同一词语，日语和中国语各自处理就好，而且也是理所应当的。这样做既是为了使日语纯粹，也是对中国语的尊重。①

竹内好援引欧洲语言学理论对世界语言的分类，强调作为"国语"的日语和作为"外语"的汉语在本质上的区别，赋予语言以国籍。在当时强势的民族主义语境下，这是日本语言学界的流行做法，其目的是清除汉语的影响，建构日语作为"民族语言"（national language）——"国语"的纯粹性和独立性。子安宣邦指出，对当时日本的国语学者而言，日语作为民族语言、固有语言（native language）是不证自明的前提，历史上日本对汉字的接受被阐释成汉语"侵入""混入"日语的过程，汉语成为影响"国语"纯粹性的异质、外来之物，所谓"国语中的汉语"问题正是在这种思想背景下才产生的。②

统一汉语和汉文、强调汉字词的中日差异的主张，也发挥着同样的作用。如前所述，近代日本汉语和汉文的分裂，象征着"现代中国"和"古典中国"两种中国形象的分裂，而统一汉语和汉文，就意味着统一"现代中国"和"古典中国"。田中庆太郎在表达这一观点时使用的逻辑，是主张古代汉语和现代汉语有着时间上的连续性，是中国"自古以来"就存在的，它们在日本的分裂是人为导致的。竹内好在战后的汉文批判中也使用了同样的逻辑：

在日本被称为"汉文"的东西，是非常特殊之物（……）将古典中国语的某个本来与现代语相连续的部分切断，嵌进日本的思维模式里，就是削足适履。因此，是极其人为的、随意

---

①　竹内好「支那文を読む為の漢字典」『中国文学』（汲古書院復刻本）1940 年第67 号、第 380 頁。

②　子安宣邦『漢字論』、岩波書店、2003、第 6 ~ 7 頁。

的东西。①

这种操作方式使汉文和汉语在共同的"中国历史"时间轴上被统合进整体的"中国文化"。再通过强调汉字词的中日差异，由语言而及于文化，明确"我们"日本文化与"他们"中国文化的不同，划清与他者——中国的界限，从而确立自我——日本的文化主体性。

除了他者–自我关系外，还有"东亚文化圈"这个覆盖东亚，以"中华"为中心，日本为边缘从属，使用汉字为共同书写系统的古老文化圈的现代转型问题。金文京指出，与江户时代学者荻生徂徕在中华文化圈内部批判训读，主张"唐音论"（用"唐音"即中国发音来阅读儒家经典）不同，明治时代，近代民族国家的概念为"汉文直读论"提供了新的理论武器。"外化中国的行为成为直读的根据"，代表文化圈中心的、文化意义上的"汉""唐"变成了作为"外国"的民族国家意义上的"中国"，汉语随之成了和英语一样的"外国语"，"直读"也就顺理成章。② 斋藤希史也指出，明治时代"日本文学史"的编写始于将"汉"从"和汉"中剔出，成为"中国"，由此界定"日本"的轮廓："到了明治二十年代，汉文这种文体不再被视为能够体现普遍价值。不仅如此，而且开始被当作'中国'地方的文章。"③ 也就是说，在从明治时期开始的日本近代民族主义进程中，把汉语当作外国语、统一汉文和汉语这些主张的背后，是中国在日本的视野中，从作为天下秩序代表的"中华"，变成了作为世界诸种民族国家之一的外国"中国"。田中庆太郎和文研会在出版、宣传汉语字典上的合作正是在上述语境中展开的。

朱琳研究文研会的训读批判时指出，其"根底上是近代日本知识人旨在摆脱中华文化圈的隶属关系，以及由此确立日本文化独异

---

① 竹内好「漢文ぎらい」『竹内好全集』第 10 卷、筑摩書房、1981、第 250 頁。
② 金文京『漢文と東アジア——訓読の文化圈』、岩波書店、2010、第 87 頁。
③ 齋藤希史『漢文脈と近代日本』、角川学芸出版、2014、第 102 頁。

性的愿望"。① 同样的，这也是他们批判汉和辞典的原因。在竹内好看来，"汉和字典"和"汉文科"之所以必须废除，是因为二者都是"汉字崇拜"的残留，而"同文"观之本源正在汉字。② 田中庆太郎出版汉语辞典和字典之所以是卓见，是因为他"知道汉学家式的'中国崇拜'毒害了日本人的中国认识"。③ "汉文""汉字崇拜"是古代东亚文化圈的遗留：

> 首先"假名"这一名称是针对"真名"而言，伴随着劣等意识。在我们成长的时代，汉字还被称为"本字"。只有汉字才是本来的文字，假名是假借之物、赝品的意识十分强烈。
>
> 这种意识不仅在文字和语词上，还扩散到文章上。只有汉文才是正式的文章，假名文以及汉字、假名混用文被视为低一等的文章。④

"汉学""汉文""训读"联结在一起，在近代又被作为"忠君爱国"的国家意识形态统治工具，都是国家权力控制和封建等级压迫的象征，它们的存在势必阻碍日本文化获得真正的现代主体性。竹内好战后在《中国》杂志上连载文章，批判"同文"之误，反复强调：汉文应该被日语和汉语吸收分解掉，"只要汉和辞典还存在，日本文化就不能自立"。⑤ 他再次借回忆当时已故的田中庆太郎作引子：

> 若我推测得不错，田中先生认为，为了日本文化的自立，

---

① 朱琳『近代日本における知識人の中国認識—中国文学研究会を中心に』、東北大学博士論文、2017、第 134 頁。

② 竹内好「支那文を読む為の漢字典」『中国文学』（汲古書院復刻本）1940 年第 67 号、第 380 頁。

③ 竹内好「田中慶太郎氏のこと」『竹内好全集』第 10 巻、筑摩書房、1981、第 41 頁。

④ 竹内好「同文同種」『竹内好全集』第 10 巻、筑摩書房、1981、第 33 頁。

⑤ 竹内好「漢文ぎらい」『竹内好全集』第 10 巻、筑摩書房、1981、第 252 頁。

应该以将汉和字典（或辞典）这种莫名其妙的东西从日本驱逐出去为目标。在他看来，不在这种自立的基础上，换言之，不通过驱逐同文观的过程，就不能产生正确的中国认识，不能建立日中两国真正的平等友好关系吧。

他是为了打破倚靠着同文观的亲善论，为了出其不意，抢先于那些趁着时局投机取巧的汉学家们，而决心出版《为了读中国文的汉字典》的吧。①

这就是为什么竹内好在《为了读中国文的汉字典》甫一出版时，就期待该书"能引起世人对于无反省的汉和字典的注意，成为将日语从汉字的奴隶中解放出来的一个阶梯"，② 也是文研会在他们的汉文批判、训读批判中常常使用"奴隶根性"一词的原因。这更是与竹内好由反思战败而形成的日本现代化批判一脉相连：日本虽然自诩为亚洲的"先进国"，视东亚其他国家为"后进""劣等"，然而这种先进－后进的等级意识，与崇拜汉字、汉文，视假名为劣等的意识并无二致，根底上都源自日本从未摆脱的封建奴隶意识，只不过臣服的对象从"中华"换成了"西洋"。日本从未能摆脱"同文"观念，从而既无法正确"知中国"——认识中国这个"他者"，也无法正确认识日本这个"自我"，因此从未获得文化的主体性，这才是日本战败在文化上的根本原因。

竹内好评价文研会同人神谷正男翻译的《现代中国思想史》（郭湛波著）时，曾特别称赞神谷把"天下"译为"世界"，"尤其可为思想方面的翻译家提供参考"。③ 可以说，田中庆太郎与文研会的合作，最终指向了"世界"语境中以汉字为共同书写系统的东亚

① 竹内好「田中慶太郎氏のこと」『竹内好全集』第 10 巻、筑摩書房、1981、第 36 頁。

② 竹内好「支那文を読む為の漢字典」『中国文学』（汲古書院復刻本）1940 年第 67 号、第 380 頁。

③ 竹内好「翻訳時評」『中国文学』（汲古書院復刻本）1941 年第 70 号、第 649 頁。

文化圈的重构。他们从拆解"汉和辞典"中最基本的词义开始，将原本处于"天下"秩序中的"汉和"，拆分成"世界"秩序中作为民族国家"国语"的汉语和日语，从而解构了"同文"的理论根基：拥有同样的汉字便拥有同样的文化意义体系。最终目的是超越"天下""华夷"视角下的"同文""汉和"，建立"世界"视角下作为独立民族国家的中国与日本。

小　结

田中庆太郎作为书籍经营者和出版者，依托文求堂书店，有意识地对中国文学研究会同人加以赞助并与之展开合作。在当时强势的国家主义环境下，一方面维系着依托于书籍流动的这一脉东亚文化圈传统，尝试在新的"世界"语境中建立起一个超越民族国家的跨境文化空间，另一方面也参与到东亚文化圈新传统的构建中。他们通过译介中国现代文学、提倡汉语教育改革、研究现代汉语、出版相关书籍，整合日本近代以来持续分裂的中国形象，反抗已成为国家意识形态工具的汉学和"同文"观念，以期确立日本文化的主体性和中日两国平等交流的文化基础。田中庆太郎支持文研会，文研会也影响了文求堂，他们的合作代表着以民间的、文化的传统对抗国家政治权力的努力。双方合力建构出的不同于汉学家的"现代中国"的形象，成为战后日本现代化反思的思想基础。

第六章　《日本杂事诗》的日译
——黄遵宪、周作人与中国文学研究会

　　黄遵宪的《日本杂事诗》是近代中国日本研究的开拓之作，该书自问世以来，在中日两国被多次刊刻出版，受到知识界的高度重视，是近代中日交流史上的重要文献。目前，学界关于《日本杂事诗》的研究，多集中于其所反映的黄遵宪的日本观、黄氏对变法维新的态度和与日本文人的交往、该书与《日本国志》的联系以及版本研究等方面，[①] 而该书日译本的翻译尚未得到深入研究。

　　《日本杂事诗》最早的日本版，是1880年由饭岛有年训点、早乙女要作以个人名义在东京出版的。但这个版本只是按照日本传统阅读汉籍的"汉文训读法"，在光绪五年王韬本基础上，加上方便日本读者理解的"返点"而成（图一）。虽然"训读"某种

---

① 参见実藤惠秀「日本雑事詩」『中国文学』（汲古書院復刻本）1941年第71号、第1~11頁；増田渉「黄遵憲について」『人文研究：大阪市立大学大学院文学研究科紀要』1964年第15巻第6号、第26~28頁；石原道博『黄遵憲の日本国志と日本雑事詩』（上中下）『茨城大学人文学部紀要. 文学科論集』1974年第7号、1975年第8号、1976年第9号；管林《黄遵宪与中日文化交流》，华南师范大学近代文学研究室编《中国近代文学评林》（第1辑），中州古籍出版社，1984，第180~199页；王飚《从〈日本杂事诗〉到〈日本国志〉——黄遵宪思想发展的一段轨迹》，《东岳论丛》2005年第2期，第75~80页；黄胜任《一百年来黄遵宪研究述评》，《黄遵宪研究新论——纪念黄遵宪逝世一百周年国际学术讨论会论文集》，社会科学文献出版社，2007，第574~612页；戴东阳《论黄遵宪对日本明治维新的认识》，《日本学刊》2018年第3期，第137~158页；等等。

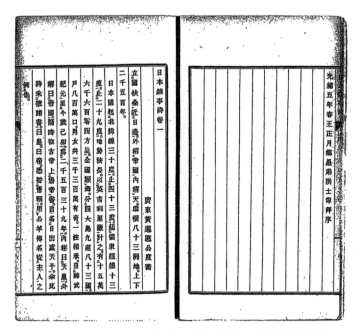

图一　日本国会图书馆藏《日本杂事诗》饭岛有年训点本
（早乙女要作，1880 年版）

意义上也可视为一种翻译，但在文本形式上毕竟还保留着汉文原文。而真正在文本形式上将《日本杂事诗》从汉文翻译成日文的，是 1943 年由实藤惠秀与丰田穰合译的生活社版（以下简称"实藤–丰田译本"）（图二）。伊原泽周的《日本学人的黄遵宪研究》一文着重介绍了实藤惠秀对黄遵宪与大河内辉声等日本文人笔谈遗稿的发现、整理过程。该文提及实藤–丰田译本时指出，此译本是战争时期应日本文学报国会及"大东亚文学者大会"的要求而翻译的，还谈到周作人《日本杂事诗》和《人境庐诗草》两篇文章对日本读者的影响，[①] 但对于翻译经纬、译本本身及周作人在其中所发挥的具体作用并未做专门研究。除了伊原指出的战争环境的影响外，实藤、丰田二人当时都是中国文学研究会的核心成

---

① 〔日〕伊原泽周：《日本学人的黄遵宪研究》，《近代史研究》2003 年第 1 期，第 267～279 页。

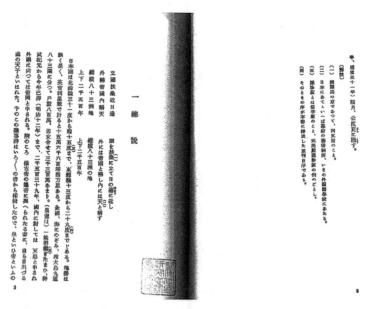

图二　日本东洋文库藏《日本杂事诗》实藤－丰田译本
（生活社，1943 年版）

员，《日本杂事诗》的译介并非只是应和时局之作，而是由竹内好、实藤惠秀、丰田穰等几位同人合力促成的，可视为对于该会所提倡的挑战"同文"观念的新翻译理论的一次积极的实践。与此同时，与该会关系密切的周作人也在这一版本的翻译过程中发挥了关键作用。可以说，黄遵宪《日本杂事诗》的实藤－丰田译本是中日两国文人越境合作的产物，旨在通过翻译实践，探索现代东亚文化圈中民族国家文化主体性的建构和越境文化合作的可能。在当时严酷的战争环境下，这种合作尝试更显得弥足珍贵。

因此，本章将从黄遵宪《日本杂事诗》的日译入手，考察这部近代中国文人日本研究的先驱之作是如何在战火纷飞的 1940 年代，通过中国文学研究会与周作人的交往而被重新介绍到日本；在对该书的译介过程中，又发生了怎样的文化博弈；中国文学研究会是如何通过译介该书，试图用基于对等民族国家文化立场的现代"翻译"，挑战基于中华文化中心观的传统"训读"。

第一节 中国文学研究会对黄遵宪和 《日本杂事诗》 的译介

中国文学研究会对黄遵宪的专门介绍始于 1937 年 9 月，后来成为《日本杂事诗》译者之一的丰田穰在该会会刊《中国文学月报》上发表了《关于〈人境庐诗草〉》。文章开篇提及包括周作人在内的中国学界对黄遵宪其人其诗的研究，肯定黄遵宪对新文学运动的影响，还引用了周作人《人境庐诗草》中关于《日本杂事诗》篇数的考证。丰田针对《人境庐诗草》中涉及旅日时代的诗作进行评析，选译了《不忍池晚游诗》《又寄内子》《都踊歌》《吉田松荫》等篇，称赞黄氏的诗写景、言情能传神。

周作人的《人境庐诗草》一文发表于 1937 年 3 月 5 日出版的《逸经》第 25 期。周作人在文中表示，"黄公度是我所尊重的一个人"，"他的著作都值得注意，应当表章，集外诗该收集，文集该刻布，即《日本杂事诗》亦可依据其定本重印"。[①] 周作人说自己收藏《人境庐诗草》是因为佩服黄遵宪的 "见识与思想"，而并非欣赏其诗作，认为这些旧体诗虽有审美价值，但终究不及新体诗有生命力。[②] 丰田穰也和周作人一样，将《人境庐诗草》放在新旧体诗比较的维度上：虽然肯定了《人境庐诗草》作为旧体诗的文学价值，但仍然在文章最后认为，黄遵宪旅日时只与汉诗人交往，"与当时日本文坛是风马牛不相及"，未能接触到日本的新诗运动，因此也就未能在日本新诗的启发下进行汉诗的体制改革。丰田穰写道：

---

① 周作人：《人境庐诗草》，《秉烛谈》，北京十月文艺出版社，2012，第 44～45、53 页。
② 周作人：《人境庐诗草》，《秉烛谈》，北京十月文艺出版社，2012，第 44～45 页。

若他十年后渡日，并且知晓中西梅花、森鸥外、北村秀谷、土井晚翠等的新诗运动，那么，像他这样的具有革新精神之人能在汉诗这样的旧壳子里装上新内容，也不是不可能，应当会在诗作上寻找出某种新体格式。①

1940 年 9 月，《中国文学》第 65 号刊出实藤惠秀的文章《平林寺与黄遵宪之诗碑》，记述了自己与今关天彭至平林寺寻访黄遵宪与日本文人大河内辉声所立诗碑之事。大河内辉声出身华族，喜爱汉诗，与黄遵宪交情深厚。《日本杂事诗》初稿完成，大河内阅后十分喜欢，想要收藏。黄遵宪则表达了欲仿效古人将诗稿埋入地下以示纪念之意，大河内大加赞成，提出就将诗稿埋入自己宅中，并令人篆刻诗碑。这块诗碑后来被移入大河内家历代祖先坟墓所在地平林寺中安放。实藤惠秀在文中说，自己因为近日读《日本杂事诗》《人境庐诗草》《日本国志》等书，惊异于黄遵宪的日本研究远比近人扎实可靠，认为"这是源于他与日本人密切交往、仔细深究之故"，而诗碑是黄遵宪与日本人密切交往的象征，便决定必须去访问一次。几经周折，终于在平林寺中找到诗碑的实藤惠秀十分欢喜，全文抄录了题为《日本杂事诗最初稿冢》的碑文，文中记录了黄遵宪与大河内辉声埋诗立碑的经纬：

> 是为公度葬诗冢也。公度姓黄氏，名遵宪。清国粤东嘉应州举人。明治十五年从使来东京，署参赞官。性隽敏旷达，有智略，能文章。退食之眼，览我载籍，咨询我古老，采风闻俗，搜求逸事，著《日本杂事诗》百余首。一日遇访，携稿出示。余披诵之，每七绝一首，括记一事，后系以注。考记详该，上自国俗遗风，下至民情琐事，无不编入咏歌。盖较《江户繁昌志》《扶桑见闻记》尤加详焉。而出自异邦人之载笔，不更有

---

① 豊田穣「『人境廬詩草』に就いて」『中国文学月報』（汲古書院復刻本）1937年第 29 号、第 110 頁。

难哉？余爱之甚，乞藏其稿于家。公度曰："否。愿得一片清净壤埋藏是卷，殆将效刘蜕之文冢、怀素之笔冢也乎。"余曰："此绝代风雅事，请即以我园中隙地瘗之。"遂索公度书碑字，命工刊石。工竣之日，余设杯酒邀公度并其友沈刺史、杨户部、王明经昆季同来。饮酒半酣，公度盛稿于囊，纳诸穴中，掩以土，浇酒祝曰："一卷诗一杯土，诗与土兮共千古。乞神物兮护持之，葬诗魂兮墨江浒。"余和之曰："咏琐事兮着意新，记旧闻兮事事新。诗有灵兮土亦香，吾愿与丽句兮永为邻。"沈刺史等皆有和作，碑隘不及刊。明治己卯九月桂阁氏撰并书、广群崔刻。①

实藤还附上了自己翻译的日语译文和简单注释。他显然被这段清末中日文人交友佳话所深深感动，写道：

> 我读此碑，思绪驰骋于遥远的六十余年前，方知黄遵宪与日本文人墨客亲交之情是何等浓厚。虽然没有询问新宿大河内府邸②中的清净之土是否送至此处，不过也没有询问的必要。中国著名诗人的清澄诗魂之香已与我们大和岛国的洁净土地之香混合在一起，这是无论何人也毋庸置疑的！③

除了对黄遵宪与大河内辉声之间文学因缘的向往，周作人与竹内好的交往也是实藤翻译《日本杂事诗》的重要触媒。1941 年 4 月，实藤惠秀在《中国文学》第 71 号上发表《日本杂事诗》，文中述及自己是在竹内好的建议下决定翻译《日本杂事诗》。关于竹内好与黄遵宪的关系，增田涉在 1964 年发表的论文中回忆，自己"二十

---

① 実藤恵秀「平林寺と黄遵憲の詩碑」『中国文学』（汲古書院復刻本）1940 年第 65 号、第 260～261 頁。标点为笔者所加。
② 实藤后来在《中国文学》第 71 号《日本杂事诗》一文中更正：大河内府并非位于新宿，而是在隅田川附近浅草今户町十四番地。
③ 実藤恵秀「平林寺と黄遵憲の詩碑」『中国文学』（汲古書院復刻本）1940 年第 65 号、第 261 頁。

数年前"第一次在竹内好处见到高崇信、尤炳圻校点的《人境庐诗草》（1930 年北京文化学社出版），内附尤炳圻所编黄遵宪年谱，该书系竹内好留学北京时尤氏所赠。① 竹内好 1937~1939 年留学北京时的确与尤炳圻交往密切，日记中多次出现与其往来的记录。而尤炳圻又是与周作人关系密切的学生，竹内好在北京期间也多次拜访过周作人。考虑到周作人一直以来对黄遵宪的推崇、介绍，那么，即使无法确定竹内好的翻译建议是受了周作人的直接影响，至少可以说，留学期间与以周作人为中心的文人圈子的接触，增强了竹内好对黄遵宪的关注和译介《日本杂事诗》的决心。

作为《日本杂事诗》翻译的预备资料，实藤惠秀在文章中首先介绍了黄遵宪的生平，评价其"作为新文学运动的先驱，是文学史上不可遗忘的存在，作为维新运动人士也很重要，而作为联系近代日中文化之人的地位则更重要"。② 他特别叙述了黄遵宪与大河内辉声的关系，指出正是因为与日本文人的密切交往，才使黄遵宪成为近代中国人日本研究的"魁首"。其次，介绍了将要翻译的《日本杂事诗》概况。实藤惠秀认为，《日本国志》与《日本杂事诗》几乎同时开始写作，后者可谓前者的"缩小版、概论、急速版"。最后附各版本简介（同文馆版、王韬本、饭岛有年训点本和上海作新社本）、黄遵宪照片、《日本杂事诗》目录等，并预告自下期开始，将选择自己认为有趣的诗作译出刊载。

从 1941 年 5 月第 72 号开始至 7 月第 74 号，《中国文学》连续三期刊登了实藤惠秀选译的 38 首《日本杂事诗》：

第 72 号：《位置・国体・版図・歴史》《開国と西法輸入》《西洋歴》《風雨多し》《平戸》《富士山》《大礼服・敬礼（新

---

① 増田渉「黄遵憲について」『人文研究：大阪市立大学大学院文学研究科紀要』1964 年第 15 卷第 6 号、第 32 頁。

② 実藤惠秀「日本雑事詩」『中国文学』（汲古書院復刻本）1941 年第 71 号、第 5 頁。

年拜賀)》《観兵式》《学校》，共 9 首。

第 73 号：《イロハ四十七字》《呉音·漢音·支那音》《姓名》《桜花》《家庭訪問》《食品》《獣肉》《店舗》《淡巴菰》《函館氷》《坐る》，共 11 首。

第 74 号：《芝居》《和歌》《写真》《電報》《年中行事》《婦人》《民謡》《馭者》《圍裙》《寝衣》《足袋·下駄》《彫刻》《人力車》《扇》《紙》《海産物（その一）》《海産物（その二）》《結尾》，共 18 首。

上述诗题均为实藤所加。第 74 号《后记》中发布了停止连载的消息和出版全译本的预告："《日本杂事诗》至本号姑且打住，近期将作为丛书之一册出版，内容势必更加丰富。"①

前述《日本杂事诗》文中提到的几个版本，其实都属于未经黄遵宪修订的初刻本系统。实藤惠秀当时所藏的版本也是 1879 年同文馆本的"翻版"，因此，《中国文学》上的连载翻译所根据的版本以及预告准备出版的全译本都属于初刻本系统，这个版本后来被实藤称为"原本"。

1942 年 8 月，《中国文学》第 86 号上刊出实藤惠秀和丰田穰合写的《关于定本〈日本杂事诗〉》，叙述从周作人《日本杂事诗》一文中得知周作人处藏有二人都没见过的"二百首本"，也就是定本《日本杂事诗》。本来正在翻译原本的二人便萌生了要根据定本翻译之意："那样的话，我们的翻译就完整了。""从二百首本译出的话，不只是翻译，也有将这二百首本介绍于世之意。"正值竹内好受日本伊斯兰教圈研究所派遣赴中国考察，二人便拜托他向周作人商借定本，抄写一份带回日本以供翻译，竹内好慨然允诺。不久，便从北京传来消息：周作人不仅同意，而且还从自己所藏中匀出一本相赠。这令二人十分高兴，再三对周作人表示感谢。

───────

① 「後記」『中国文学』（汲古書院復刻本）1941 年第 74 号、第 191 頁。

在拜读这个本子之前，我们必须先对周作人先生由衷地表示感谢。去今六十三年前，围绕着《日本杂事诗》，黄氏和大河内辉声氏间产生了温暖的情谊。现在这本《日本杂事诗》的修订版又带着周先生的温暖情谊跨海来到东京。①

周作人的《日本杂事诗》一文作于 1936 年 3 月 3 日，发表于同年 4 月《逸经》第 3 期。文中介绍自己新得到的《日本杂事诗》的两种版本，即 1880 年王韬刊刻的"天南遁窟活字板本"（即原本）和 1898 年长沙富文堂本（即定本），特别强调了后者的宝贵："此定稿似只有长沙的刻本，后来不曾复刻，我于无意中得到，所谓觉得喜欢就是为此。"②

周作人作此文不仅是为了介绍定本《日本杂事诗》，更重要的是表达自己对于黄遵宪日本观的赞同，对其见识和思想的佩服。文中引用了黄遵宪在定本自序中的自我反省：初到日本之时因为"所交多旧学家，微言刺讥，恣嗟太息，充溢于吾耳"，所以对于明治维新的态度也受到这些旧学家的影响，反映到原本中，便不时有怀疑讥讽之意。及至出使欧美，目睹欧美社会政治"竟与日本无大异"，终于意识到维新对于日本社会进步的推动之力，于是"颇悔少作"，幡然醒悟："中国士夫，闻见狭陋，于外事向不措意。今既闻之矣，既见之矣，犹复缘饰古义，足已自封，且疑且信；逮穷年累月，深稽博考，然后乃晓然于是非得失之宜，长短取舍之要，余滋愧矣。"③周作人又引用梁启超为黄遵宪所作墓志铭，铭中称赞黄遵宪在中国人皆"未知日本之可畏"时就已预言日本维新成功之后将称霸，中国将首当其冲受到威胁。周作人并补充道：

---

① 実藤恵秀・豊田穣「定本日本雑事詩について」『中国文学』（汲古書院復刻本）1942 年第 86 号、第 161 頁。
② 周作人：《日本杂事诗》，《风雨谈》，北京十月文艺出版社，2012，第 111 页。
③ （清）黄遵宪：《日本杂事诗自序（光绪十六年七月）》，《黄遵宪全集》（上），中华书局，2005，第 6 页。

黄君对于日本知其可畏，但又处处表示其有可敬以至可爱处，此则更难。而《杂事诗》中即可以见到，若改正后自更明了了。①

上述观点显然影响了实藤惠秀和丰田穰，《关于定本〈日本杂事诗〉》中很多地方都可以看到周作人《日本杂事诗》一文的影子。文中介绍定本内容时，和周作人一样，大篇幅引用了黄遵宪自序中对明治维新从怀疑到赞同的态度转变过程，同样总结道：

> 就是说，写作原本之时，对日本新政还抱有疑虑，现在则认为是对的，定本便是为了改正自己的看法而作。②

实藤惠秀和丰田穰不仅认同周作人的观点，甚至在论证时所举例证也多与周作人一致。周作人为了证明从原本到定本的修改体现出黄遵宪对明治维新态度的转变，选取了几首改动较大的诗进行比较。如咏新闻纸（即报纸）诗：

> 原本：一纸新闻出帝城，传来令甲更文明。曝檐父老私相语，未敢雌黄信口评。
> 定本：欲知古事读旧史，欲知今事看新闻。九流百家无不有，六合之内同此文。

周作人认为虽然原本诗作艺术水平高于定本，更有"讽谏的风味，在言论不自由的时代或更引起读者的共鸣"，但是定本则更加强了"去旧布新意"。③ 又举出论日本人作汉诗一首：

> 原本：几人汉魏溯根源，唐宋以还格尚存。难怪鸡林贾争

---

① 周作人：《日本杂事诗》，《风雨谈》，北京十月文艺出版社，2012，第112页。
② 实藤惠秀·豊田穰「定本日本雑事詩について」『中国文学』（汲古書院復刻本）1942年第86号、第165页。
③ 周作人：《日本杂事诗》，《风雨谈》，北京十月文艺出版社，2012，第112页。

市，白香山外数随园。

黄遵宪诗注中说，日本人的汉诗追随模仿中国，"大抵皆随我风气以转移"。周作人对此评论道："日本人做汉诗，可以来同中国人唱和，这是中国文人所觉得顶高兴的一件事，大有吾道东矣之叹。"① 暗讽当时中国文人还未从中华文化中心的思维定式中走出，即便黄遵宪亦未能免于此。但是该诗定本却改为：

> 岂独斯文有盛衰，旁行字正力横驰。不知近日鸡林贾，谁费黄金更购诗。

诗注中也加入了"近世文人变而购美人诗稿，译英士文集矣"的句子。周作人就此总结，认为以上所举两例"都可以看出作者思想之变换，盖当初犹难免缘饰古义，且信且疑，后来则承认其改从西法革故取新，卓然能自树立也。"②

同样，实藤和丰田的文章中也采用了这种原本、定本比较法，对比了定本中完全改作的两首诗《新闻纸》和《艺妓》，其中《新闻纸》也就是周作人文中所选的"一纸新闻出帝城"一诗。实藤和丰田认为，定本的修改反映出"黄氏的思想变化"，对日本维新的赞美之意增强。同样举出了"几人汉魏溯根源"一诗及注的前后修改，特别强调定本诗注中加入了"近世文人变而购美人诗稿，译英士文集矣"一句，认为其中反映了：

> 黄氏往欧美赴任后，惊异于欧美文化，进而赞美日本开化的观念也日趋强烈起来。从这一意义上看，定本作为反映黄氏思想变化的资料，令人深感兴味。③

---

① 周作人：《日本杂事诗》，《风雨谈》，北京十月文艺出版社，2012，第113页。
② 周作人：《日本杂事诗》，《风雨谈》，北京十月文艺出版社，2012，第113~114页。
③ 実藤恵秀・豊田穣「定本日本雑事詩について」『中国文学』（汲古書院復刻本）1942年第86号、第166頁。

其引用、比较的方式和所下结论，几可视为对周作人文章的挪用。

1943 年 7 月，实藤惠秀和丰田穰根据周作人所赠定本合作翻译而成的《日本杂事诗》由生活社出版。这是定本《日本杂事诗》的第一个日语译本，战后又经过修订，由平凡社多次再版。该书开篇有《译序》，黄遵宪本人及其手稿照片，《日本杂事诗》的《重刊自序》、《定本自序》和《定本跋》，书末附译者的《解说》、《日本杂事诗》原本和定本书影、《日本杂事诗碑》照片及拓文。

《译序》开头叙述翻译缘起，言自明治十年（1877 年）以来，到访日本的中国人极多，留下的日本印象记和日本研究之书多达数百种，"然而或者多为皮相之见，或者是从日本人著作中摘抄而成"，唯有黄遵宪和戴季陶的研究堪称杰作。因此，"我们将这本《日本杂事诗》作为近代中国人日本观、日本批评的一个样本，奉献于日本读书界"。①

书末所附译者《解说》，应该是在之前发表于《中国文学》上的《日本杂事诗》和《关于定本〈日本杂事诗〉》两文基础上扩写而成的。文章首先介绍了黄遵宪的生平、出使日本的经历、与日本文人的交往，肯定其在近代中国的日本研究方面的开拓之功。其次介绍《日本杂事诗》的成书过程、出版、版本等。着重对原本和定本进行了详细的比较，指出此次翻译所依据的定本，是黄遵宪出使欧美目睹了西方文明，改变了对明治维新的看法后所作。这些变化都反映在定本对原本的修改上，定本对改革的肯定态度加强，并进一步认为应该将这些新制度引入中国。所以，从原本到定本的变化，代表了黄遵宪"日本观的变化"。因此，翻译时特别加入了原本与定本的比较部分，有相异之处时，将两个版本同时译出，"原本在前，定本在后，由此可以明了一篇之中创作心理的变化"。② 原本中有而定本中被删去的几篇诗作也被保留在《附录》中。另外，想必是实

---

① 実藤恵秀・豊田穣「訳序」、黄遵憲『日本雑事詩』、生活社、1943、第 1~2 頁。

② 実藤恵秀・豊田穣「解説」、黄遵憲『日本雑事詩』、生活社、1943、第 432 頁。

藤对于当年黄遵宪与大河内辉声之间往来唱和的一段佳话十分神往，所以《解说》中还特别将此前在平林寺中抄写下的文言文体的杂事诗碑文用现代日语扩写成现场感强烈的叙事散文，甚至加入了大量原碑文所没有的人物表情、动作、对话和场景描写。《解说》最后叙述此书的翻译缘于竹内好的建议，是竹内好首先"发现将这本书译成日文的价值"；又回忆了得周作人相赠定本之事，再次强调周作人对此书翻译的贡献：

> 若是周氏没有在《逸经》上发表那篇文章的话，我们便永远也不会知道定本的存在吧！事实上，定本以后出版的宣统三年作新社本，是根据作者自己说"拉杂摧烧之可也"的王韬本！如果没有周氏的那篇文章，我国恐怕就没有机会看到二百首本的《日本杂事诗》了。这样看来，一篇文章的影响力何其之大啊！
>
> 不仅如此，周氏还好心地从他的秘藏中惠赠我们一本。如此一来，与日本关系深厚的定本《日本杂事诗》才在刊行后的第四十四年，跨过黄海向东，现身于日本，三十七年前逝去的作者诗魂的些许遗香方才得以缭绕于日本之土。①

可以说，如果没有周作人对《日本杂事诗》定本的发现和积极推介，也就不会有依据定本翻译而成的实藤－丰田译本。这个译本将原本和定本并列比较的做法，显然也受到周作人的启发。1944 年，由文研会另一位核心同人松枝茂夫编译的周作人文集《结缘豆》由实业之日本社出版，周作人推介黄遵宪《日本杂事诗》和《日本国志》的两篇文章都被收入集中，也可从侧面看出文研会对周作人观点的认同。从早期丰田穰引用周作人文章介绍黄遵宪，到后来实藤和丰田对定本的关注，再到实藤－丰田译本的出版，在文研会向日

---

① 実藤惠秀・豊田穣「解説」、黄遵憲『日本雑事詩』、生活社、1943、第 445～446 頁。

本读者介绍黄遵宪、译介《日本杂事诗》的整个过程中，周作人始终发挥着关键作用，他对黄遵宪其人其诗及其日本观的看法也在一定程度上影响了文研会。

第二节 《日本杂事诗》与中国文学研究会的翻译改革

周作人对黄遵宪的推介绝非一时兴起，介绍定本《日本杂事诗》也不是仅出于对版本文献的兴趣，而是借此表达自己的日语观和日本文化观。同样，对文研会而言，周作人发现定本《日本杂事诗》的意义绝不仅是提供了一个新的更完整的版本，更重要的是，从原本到定本的修改过程反映出黄遵宪日本观的变化，以及为周作人所多次强调的黄遵宪的日语观，引起当时正在提倡翻译改革的文研会的共鸣。实藤－丰田译本作为这一改革的产物，也呼应了黄遵宪和周作人的日语观和日本文化观。

《中国文学》自 1940 年 11 月第 66 号至 1941 年 12 月第 79 号（除第 68 号"美国与中国特辑"、第 75 号"创作特辑"、第 77 号"民国三十年纪念特辑"外）每期开设"翻译时评"栏目，专门登载关于翻译问题的文章，旨在通过相关讨论，挑战当时日本翻译汉语文章时流行的"训读式翻译"，建立起新的汉语翻译范型。竹内好在第 66 号的《后记》中解释之所以发起有关翻译问题的讨论，就是因为当时日本对中国文学的翻译"连起码规范的翻译范型都还未出现"，并指出"翻译问题不仅是语言学和表现的问题，思考下去的结果就会还原为人的问题"。① 对文研会而言，翻译不仅是语言技术层面的问题，而且关联着更为根本的社会文化问题，也就是竹内好所谓的"把翻译视为文化现象"。②

---

① 竹内好「後記」『中国文学』（汲古書院復刻本）1940 年第 66 号、第 333 頁。
② 竹内好「翻訳時評」『中国文学』（汲古書院復刻本）1941 年第 69 号、第 594 頁。

古代日本在接受中华文化时发明了独特的"汉文训读法",用"返点""送假名"等"训点"解释语法、语义或标注读音,以帮助日本读者阅读汉文典籍。这既是对原文的注解,某种意义上也可视为翻译。然而,如图一所示,传统的汉文训读只是在汉文原文的旁边或下面以加上小字日语假名的方式进行训点,说到底不过是为了辅助阅读。即便可以被视为翻译,被译出的日语也只存在于阅读者的脑中,而不会以文本形式表现出来。更重要的是,这种阅读方法与古代日本将中华文化作为经典来接受的态度紧密相连。在古代东亚文化圈中,汉文所代表的中华文化并不被视为中国一个国家的文化,而是被视为代表了"天下"秩序的文化。古代日本人阅读汉文,不是为了了解作为外国文化的"中国文化",而是为了学习中华文化经典。训读中的日语因此被当成一种"边缘"的、地方性语言,去解释作为文化"中心"之代表的汉文。

文研会通过翻译改革最终想挑战的,正是汉文训读背后这种长久以来支配东亚文化圈的中华文化权威。酒井直树将翻译放在民族国家建立的过程中进行考察,提出"翻译的现代政治制度"的概念,认为可以将翻译视为"一种特定的划界形式(bordering),一种在一种语言和另一种语言之间划分界线、从而使它们成为相互外在对方的划界行为",指出现代的翻译行为是一个伴随着现代民族国家要求划定自我与他者边界、确立自身民族语言的意识而产生的。① 文研会反对训读式翻译的主张也属于这种划界行为,要求划清汉语与日语间的界限,也就是划清同样作为民族国家文化的中国文化与日本文化之间的界限。竹内好在《翻译时评》中明确主张,对于日本过去接受古代中国文化的历史"不信为好",训读式翻译大行其道的关键原因之一就是"日本文化至今未能从中国文化的支配中摆脱出来",

---

① 〔日〕酒井直树、陈湘静:《亚洲抵抗的方式:亚洲的知识生产与文化政治——酒井直树教授访谈录》,《现代中文学刊》2016 年第 6 期,第 10~11 页。

对训读的批判将带来真正的"翻译的自觉"和更为根本的日本文化的独立：

> 我们必须把本末倒置的中国学重新扶正。这种改革除了我们无人可行。必须从这种自觉的立场出发考虑翻译的问题。否则，日本文化永远无法独立前行。因此，必须以翻译来证明训读之误。[①]

这里所谓的翻译的"自觉"，就是使日语摆脱边缘性语言的地位，成为与汉语对等的代表日本民族国家的语言这里所谓"翻译的自觉"，就是让日语摆脱边缘性语言的地位，成为与汉语对等的代表日本民族国家的语言。这种从语言开始的"去中国化"行为，一方面既反映了文学研究会所代表的日本知识人确立日本文化独立性的渴望，另一方面也体现了日本进行侵华战争背后曲折的"文化弑父"心态。

再从翻译本身来看，因为汉字本身有强大的造词能力，由训读衍生出的"汉文调"式的文体延续至明治时代，成为日本人翻译西学的重要工具。日本的"翻译"概念因此受训读影响颇深，训读的悠久传统使日本人在翻译现代汉语文章时也习惯使用训读。即便是在形式上译成了日语，但在"同文"观念影响下，许多译者自觉或不自觉地延续了训读的思维方式，而没有正视两种语言的不同之处。松枝茂夫就尖锐地批评说，虽然"训读"在当时又被称为"国译"，但这种"好似翻跟头式的'国译'之类根本算不上翻译！"他认为汉文训读是影响真正的汉语翻译发展的障碍："一直以来，我们因为有'返点''送假名'这种讨厌的便利之物，中国文献的翻译便断绝了，被认为没有必要。"[②] "作为翻译的一种，日本古来的汉文训

---

① 竹内好「翻訳時評」『中国文学』（汲古書院復刻本）1941 年第 69 号、第 596 頁。

② 松枝茂夫「魯迅著・増田渉訳注『支那小説史』」『松枝茂夫文集』第二巻、研文出版、1999、第 148～149 頁。

读法是最愚蠢的翻译。最坏的事是把这当作独一无二的翻译——不，是把它当作汉文本身。"① 在文研会看来，训读法和"同文"观念忽视了两种语言的区别，也就是模糊了"我们"日本文化和"他们"中国文化之间的界限，而只有建立在正视两种语言的"不同"之上的"翻译"，才能够真正区分自我（日本）与他者（中国）。

因此，文研会翻译改革的根本目的之一，就是批判源于汉文训读的训读式翻译，通过现代式的"翻译"而非古典式的"训读"，建立起汉语和日语作为各自民族国家语言的平等地位，最终由语言及于文化，确立日本文化的独主性。

从上述意义上看，实藤－丰田译本的"反训读"式译法就显得意味深长。这一译本采用了如下翻译形式：原诗无标题，译本根据内容给每首诗都加上了标题；诗的主体部分采用汉语原文和日语翻译并置的汉日对照形式，诗注部分只有日语译文，汉文原文不录（图二）；附译注，作用主要是解释原文的特殊词语、典故，介绍背景，对原文观点进行评论、补充、质疑、指谬、辩驳等；对于定本与原本的不同之处，同时译出原本和定本，并在译注中进行说明。

通过翻译形式上的汉日对照，以及在译注中与原文进行对话，实藤－丰田译本开辟了一个让日语译文与汉语原文平等存在的语言空间，而不再像此前的日本学者一样，只能亦步亦趋地在"威严"的汉文下面或旁边加上"训点"，也不再像日本汉诗人一样，以作出能令中国人称赞的汉诗为荣。作为中华文化代表的汉文和汉诗的权威在这种翻译过程中都被消解了，汉语变成与日语对等的外国语，在更广的意义上，"中华文化"也变成了与日本文化对等的、作为外国文化的"中国文化"。

正因为文研会翻译改革的目标之一是建立起汉语和日语作为各

---

① 松枝茂夫「うめぐさ漫談」『中国文学月報』（汲古書院復刻本）1939 年第 46 号、第 145 頁。

自民族国家语言的平等地位，所以，实藤－丰田译本在黄遵宪的日语观上尤为注意。黄遵宪在《日本杂事诗》和《日本国志》中都对日语不同于汉语的独特性给予了相当关注，他开始意识到，尽管日语中使用了很多汉字，但本质上是一种不同于汉语的语言。正是这一点，在周作人和文研会那里引起了共鸣。

这种在现在看来理所当然的观念，在当时却可谓独异之见。沈国威指出，19 世纪末，许多第一次踏上日本国土的中国士人目睹了汉字在这个异国的大范围使用，惊讶之余，出于"望文生义"的心态，相信只要是使用汉字的词语和文章都必然根据汉语的规则组成，因此，"并没有将日语当作一种外语，而只不过是用汉字书写的不同名称，一种方言而已"。相应的，对于日制汉字词、使用汉字的日语文章及其所体现的日本文化，也都没有给予足够重视。① 相形之下，黄遵宪则是当时极少数将日语视为一种与汉语不同的外国语的人。他积极地记录、研究并向国人介绍两种语言的差异，特别是对日本在使用汉字时所创制的独特文体（汉文调）、独特词汇（日制汉字词）和日汉同形异义词等尤为注意。

《日本杂事诗》原本中咏日语发音云：

> 释氏吴音儒汉语，后来更杂蟹行书。舌人口既经重译，学遍华言总不如。

诗注中解说了日语中所包含的汉语语音及其与中国本土语音之关系、不同阶层语言的差异等。黄遵宪指出，特别是在民众语言中，使用汉字汉音的比例极小，所以日语并不像许多中国人以为的那样容易学习，翻译日文则更难：

> 市廛细民用假字者十之九，用汉言者十之一而已。日本全国音惟北海道有歧异，其余从同。然士大夫文言语长而助词多，

---

① 沈国威：《近代中日词汇交流研究》，中华书局，2010，第 208～209 页。

与平民甚殊，以市井商贾之言施于缙绅，则塞耳退矣。故求通
其语甚难。字同而声异，语同而读异，文同而义异，故求译其
文亦难。①

同样的观点在《日本国志》中也被更详细地展开。卷三三《学
术志二·文字》中介绍日本的语言文字时，多次强调日本是自古以
来便与中国"言语殊异"之国，日语与汉语是完全不同的两种语言，
从语法、词汇到语音"皆于汉文不相比附"。只是因为日本没有文
字，所以才"强借言语不通之国之汉文而用之"，"强袭汉文而用
之"，"若文辞烦简、语句顺逆之间，勉强比附，以求其合"。② 黄遵
宪还意识到，汉字在日本传播的过程中也发生了各种变化，产生了
一种特殊的"和文"："强使就我，颠倒其句读，以循环诵之。"③ 这
种特殊的和文也是训读的副产物——将训读的内容转写成文的所谓
"汉文调"。梁启超的"和文汉读法"之所以能够帮助当时的中国读
者较快地读懂日文，也是因为明治时流行的"汉文调"式文体本就
源于对汉文的训读。④ 黄遵宪虽然从未怀疑过中华文化的权威地位，
但他对于日汉语言差异性的记录和关注，实际上已经打开了使日语
在东亚文化圈中获得与汉语对等地位的道路。

黄遵宪的上述言论后来都被周作人引用以佐证自己的日语观。
在作于 1935 年 6 月的《和文汉读法》一文中，周作人首先批评梁启
超的"和文汉读法"虽在当时有鼓励中国人学习日语的贡献，但
"也要使人误会，把日本语看得太容易"。他引用上述《日本国志》
和《日本杂事诗》中的观点，说黄遵宪才是真正理解日语、正视日

---

① （清）黄遵宪：《日本杂事诗》，游艺图书社，1909，第 30～31 页。
② （清）黄遵宪：《日本国志》，《黄遵宪全集》（下），中华书局，2005，第
1420 页。
③ （清）黄遵宪：《日本国志》，《黄遵宪全集》（下），中华书局，2005，第
1418 页。
④ 关于汉文训读，参见齋藤希史『漢文脈の近代』、名古屋大学出版会、2005；齋
藤希史『漢文脈と近代日本』、角川学芸出版、2014。

汉两种语言差异的先驱者。

> 我读了甚为佩服，因为他很能说明和文的特点，即文中假名部分之重要，以及其了解之困难是也。本来日本语与中国语在系统上毫无关系，只因日本采用中国文化，也就借了汉字过去，至今沿用，或训读或音读，作为实字，至于拼音及表示虚字，则早已改用假名。①

周作人指出，日语中虽然使用大量汉字，但从其整体语言结构来看，"汉字的地位并不很重要，好像裸体的小孩连上下身是个整个，这只是一件小汗衫而已"。中国人因为习惯了在汉语立场上理解汉字，所以容易将日语误解为与汉语类似的语言。他最后强调："日文到底是一种外国语，中间虽然夹杂着好些汉字，实际上于我们没有多大好处。"② 斎藤希史分析周作人对梁启超的上述批评时写道："对于梁启超而言，日语是所谓 pidgin Chinese，③ 正因为如此，单纯作为工具语言足矣。而在周作人看来，这种立场本就是错误的。"④ 也就是说，梁启超认为日语易学的观念背后是汉语 – 汉文化中心观，日语被视为从属于汉语的一种方言。而周作人则反对这种立场，认为日语是与汉语根本不同的、自有其独立性的外国语。周作人在《日本与中国》《日本话本》《关于日本语》等文章中反复重申，中日并非同文同种，日语中的汉字反而是中国人学习日语、深入理解日本文化的障碍，汉字的存在使中国人容易轻视日语，"往往不当它是一种外国语去学"，然而实际上"日本文里无论怎样用汉字，到底总是外国语，与本国的方言不同"。⑤ 周作人说，中国人即使经历了

---

① 周作人：《和文汉读法》，《苦竹杂记》，北京十月文艺出版社，2011，第 201 页。

② 周作人：《和文汉读法》，《苦竹杂记》，北京十月文艺出版社，2011，第 202 ~ 203 页。

③ pidgin Chinese：即洋泾浜汉语。

④ 齋藤希史『漢文脈の近代』、古屋大学出版会、2005、第 117 页。

⑤ 周作人：《日本话本》，《苦竹杂记》，北京十月文艺出版社，2011，第 205 页。

甲午战争、"九一八"等多次打击，却仍没有"知己知彼的决心"，没有专门的外国语学校。[①] 将一种语言当作外国语去学习、研究，也就意味着将对方的国家当作与本国对等的国家来看待。周作人表面批评的是中国人的外语观，根底上则是在批评中国人尚未摆脱以中国文化为中心的观念。

这种从黄遵宪延续到周作人的强调日语是外国语的观念，与文研会在翻译改革中强调日汉语言不同、汉语是外国语的观念正相呼应。竹内好批评训读式翻译"不承认翻译是理解外国语的唯一方法（表现）"。

> 不是让日语去迎合中国语，而是用日语去解释中国语才是独立的翻译的态度。（……）文字的共通与语言的共通是两回事。日语和中国语是完全相异的两种语言，这是我们这些从事语言事业之人必须反复申说的。[②]

在竹内好看来，让日语"迎合"汉语就是源于汉语中心论的训读，用日语"解释"汉语则是立足于承认汉语和日语是完全相异的两种语言的真正的翻译。使用"训读"还是"翻译"，意味着将汉语视为具有普遍意义的文化语言还是民族国家语言，相应的，日语是从属于汉语的一种"方言"还是代表日本民族国家语言的"国语"。

可见，周作人的日语观与文研会的汉语观存在着根本相通之处，二者强调的都是汉语和日语作为各自民族国家"国语"的独特性和主体性地位。黄遵宪对日语不同于汉语的独特性的注意，便是在这个意义上引起了他们的共鸣。所以，实藤惠秀在翻译前文提到的那段黄遵宪诗注后，才会针对诗注最后"通其语甚难""求译其文亦难"专门加上译注，表达了和周作人一样的观点：批评梁启超日语

---

① 周作人：《关于日本语》，《苦竹杂记》，北京十月文艺出版社，2011，第189页。
② 竹内好「翻訳時評」『中国文学』（汲古書院復刻本）1941 年第 69 号、第595 ~ 596 頁。

易学的观点，肯定黄遵宪的看法。

> 梁启超《论学日本文之益》中过于强调日本语易学，难免会使后学误会。可以说，黄遵宪的看法才是恰当的。①

黄遵宪在《日本国志》和《日本杂事诗》中介绍训读时，援引了江户时代批判训读的儒学者荻生徂徕的看法，在定本《日本杂事诗》中将前引原本诗改为：

> 难得华同是语言，几经重译几分门。字须丁尾行间满，世世仍凭洛诵孙。

诗注最后一段也进行了修改，加入了关于训读的内容：

> 市廛细民，用方言者十之九，用汉言者十之一而已。其读汉文多颠倒读之，注上、中、下、甲、乙等字于行间以为识，间附土音为释。物茂卿所谓"句有须，丁有尾"也。②

"物茂卿"即荻生徂徕，"句有须，丁有尾"指训读时使用的"返点""送假名"等。徂徕认为汉语和日语是不同的两种语言，所以日本人使用训读法阅读汉文时必然会产生误解，他把这种误解称为"和臭"，主张以唐音（也就是汉语发音）阅读汉籍以避免"和臭"，这就是对后世影响深远的"唐音论"。沈国威指出，徂徕的训读批判正是因为他清楚地意识到"此方"（日本）与"中华"的区别，意识到汉语和日语是两种根本不同的语言，所以才会强调"和训的实质就是译"。③ 徂徕学说正是文研会训读批判的理论资源之一。竹内好批评训读式翻译只是"根据国训调换语序，补充助词"，"不可能

---

① 黄遵憲「日本雑事詩（三）」、実藤恵秀訳、『中国文学』（汲古書院復刻本）1941 年第 73 号、第 124 页。
② （清）黄遵宪：《日本杂事诗》，《黄遵宪全集》（上），中华书局，2005，第 26 ~ 27 页。
③ 沈国威：《近代中日词汇交流研究》，中华书局，2010，第 70 ~ 71 页。

精确地把握原文的意义"的观点，与徂徕如出一辙。① 实藤－丰田译本针对这一段的译注也相应做了修改，引用《日本国志》之《学术志》中称赞徂徕"欲举一切和训废而弃之"，是"豪杰之士"的观点作为补充，明确表达了对黄遵宪和徂徕的认同。②

金文京指出，周作人将日语视为外国语的观念，与徂徕的"唐音论"主张一脉相通。③ 和文研会一样，周作人强调汉语的"国语"地位和日语的"外国语"地位，也是为了自我与他者界限的划定，建立起现代民族国家的主体地位。也就是说，从黄遵宪到周作人，从获生徂徕到文研会，在将语言和文体引申到文化主体性的观念上是一致的。松枝茂夫引用周作人的八股文批判来批判汉文训读，认为训读和八股文一样，使人丧失了自己的思想和语言，造成只知模仿和听从命令的"奴隶根性"：

> 邻邦人这几百年来练习八股文的结果，是造成牢不可破的奴隶性和模仿性，既没有自己的思想，也没有自己的语言，没有长官大人的命令就什么也不会做，这已经成为普遍的现象。这是周先生的说法。我国的汉文训读也是一样。不管怎样，只要能够机械地、统一地训读，不论是否真的懂得其中的意义，都不会担心丢掉饭碗。④

竹内好也尖锐地将使用训读的汉学家和翻译家讥讽为"影响了国语之纯粹的无智的汉字奴隶"。⑤ 文研会和周作人将对语言和文体的批判矛头最终都指向其背后的封建等级制度所导致的奴隶性——

---

① 竹内好「翻訳時評」『中国文学』（汲古書院復刻本）1941 年第 69 号、第 595 頁。

② 黄遵憲『日本雑事詩』、実藤恵秀・豊田穣訳、生活社、1943、第 128～129 頁。

③ 金文京『漢文と東アジア——訓読の文化圏』、岩波書店、2010、第 86 頁。

④ 松枝茂夫「うめぐさ漫談」『中国文学月報』（汲古書院復刻本）1939 年第 46 号、第 146 頁。

⑤ 竹内好「伊沢修二のこと」『中国文学』（汲古書院復刻本）1942 年第 83 号、第 77 頁。

人的主体性的丧失，二者的目的都是通过这种批判建立起现代的文
化主体性。

除了训读批判外，《日本杂事诗》对日制汉字词也给予了特别的
注意。原本中咏市井生活一首特意使用了"末知""小间物屋""铭
酒""御茶""鸭南蛮"等日本特有的汉字词：

> 末知散步趁农闲，卖捆来寻屋小间。铭酒御茶闲话后，相
> 邀一饱鸭南蛮。①

诗注中也介绍了一些日制汉字词。实藤译注首先指出了诗注中的错
误：将表示蔬菜店的"八百屋"误解为蔬菜本身，将表示货币兑换
所的"两替屋"误解为兑换行为本身。接着评论道：

> 这是将所卖的东西与卖东西的地方混为一谈。这种错误在
> 前面的"兑换所"和接下来的"寿司店"也出现了。这一是因
> 为不太了解情况，一是因为汉文的融通性吧。② 比如汉语中
> "翻译"这个词，既可以表示翻译的行为，也可以表示翻
> 译者。③

黄遵宪诗注最后写道：

> 凡右所录，彼皆笔之书者，若语言之殊，则五方土音亦各
> 歧异，於菟谓虎，陬隅名鱼，译而录之将满纸侏儒矣，故不

---

① 黄遵憲「日本雑事詩（三）」、実藤恵秀訳、『中国文学』（汲古書院復刻本）
　1941年第73号、第127頁。此诗定本中删去，诗注保留，并入"甚嚣尘上逐人
　行，日本桥头晚市声"一首下。"屋小间"是日语"小间物屋"的略称，指售卖
　零碎日用品、化妆品等的杂货铺，诗中为了平仄协调而将"屋"字提前。
② 此句1943年生活社版中改为："这一是因为不太了解情况，一是因为将汉文的融
　通性推及日文来进行思考的方式吧。"黄遵憲『日本雑事詩』、実藤恵秀・豊田穣
　訳、生活社、1943、第282頁。
③ 黄遵憲「日本雑事詩（三）」、実藤恵秀訳、『中国文学』（汲古書院復刻本）
　1941年第73号、第128頁。

为也。①

实藤对此也加上译注：

> （黄遵宪）似乎对于像这样同文且外国特有的辞句很感兴趣
> （……）这种日本特有的汉字用法，渐次多为中国人所介绍。民
> 国四年彭文祖著《盲人瞎马之新名词》一书评论过此事（但比
> 起口语，更注重新文体用语。）（……）最早真正有组织地搜罗
> 日本特有的汉字用法的，是吾友吴主惠君的《日华实用辞典》
> （昭和十四年，文求堂）。②

实藤多次强调的"日本特有的汉字用法"，就是日制汉字词以及日汉
同形异义词。沈国威研究近代中日词汇交流时指出，汉字作为"一
种具有强烈表意功能的符号系统，字义可以和字音最大限度地脱
节"，这使得汉字可以跨越区域语言界限而为周边国家所共有，在不
同语言的长期使用过程中"形成了独自的意义和用法"。然而，"直
到 19 世纪中叶为止，汉字（词）的流动方向是由中国到日本的单方
向传播。这一事实造成了强烈的'规范意识'（对日本人来说）和
'正统观念'（对中国人来说）"，导致许多人错误地认为汉字词可以
在两国间"无条件地实现意义转移"。③

　　实藤译注中所谓的"汉文的融通性"，就是沈国威所说的汉字的
强烈表意功能，这令即使是黄遵宪这样有意识地收集日语汉字词的
人也难免产生误解。译注通过指出黄遵宪的理解错误，强调汉字在
日本传播时产生了"日本特有的汉字用法"，而这也是文研会翻译改
革中反复强调的一点。竹内好评价文求堂出版的《为了读中国文的
汉字典》一文中列举的日汉同形异义词，认为二者"虽有程度上的

---

① （清）黄遵宪：《日本杂事诗》，游艺图书社，1909，第 49 页。
② 黄遵憲「日本雑事詩（三）」、実藤恵秀訳、『中国文学』（汲古書院復刻本）
　　1941 年第 73 号、第 128 頁。
③ 沈国威：《近代中日词汇交流研究》，中华书局，2010，第 36～37 页。

差异，但其实所有的词语都是不一样的。不同是本质，相同不过是偶然"。他批判日本的"汉和辞典"混淆汉日同形异义词的词义，无视语法、语义上的差别，从而导致严重误译，并强调"这是关乎我们的文化态度的根本问题"。① 文研会另一位同人、长期从事汉语翻译的语言学者鱼返善雄，将汉字从中国传播到日本，产生日本特有的词义的过程描述为"符号"的升华与凝结：

> 从干燥的土壤中生出的概念，不断升华，漂浮于虚空，只有形骸被搬运过国境，被当作"符号语"祭祀，这就是中国语。（……）
>
> 但是，不可忘记升华了的东西会凝结，符号会再生。东洋的气候有着使之升华、使之凝结的力量。符号是可以根据不相合的环境活泼地再生之物。②

这番描述就是为了将汉字这种"符号"的所指（汉语意义）从能指（字形）中剥离。这样一来，日本接受汉字时越境的就只有"形骸"——剥离了汉语意义的汉字字形，日本特有的汉字词义就是汉字这种"符号"的能指与日本本土文化结合后"再生"出的新的所指，日本汉字的主体性也就依靠这些新的所指被建构起来。

文研会之所以反复强调汉字词在日语与汉语中的不同，就是想要摆脱沈国威所说的"规范意识"，构建起这两种语言分别作为现代民族国家"国语"的平等地位。这种语言观背后是现代民族国家意识的强化，是希望推动古代东亚文化圈的"天下秩序"向现代民族国家秩序的转变。金文京指出，荻生徂徕的"唐音论"最终还是为了更正确地理解作为"普遍性"文体的汉文，其视野并未越出中华文化圈之外。然而，到了明治时代，近代民族国家的观念使代表中

---

① 竹内好「支那文を読む為の漢字典」『中国文学』（汲古書院復刻本）1940 年第 67 号、第 379～380 頁。
② 魚返善雄「支那語界・回顧と展望」『中国文学』（汲古書院復刻本）1942 年第 83 号、第 2 頁。

华文化圈中心的、文化意义上的"汉""唐"变成作为"外国"的、民族国家意义上的"中国",汉语随之成为和英语一样的"外国语"中的一种。① 汉语背后的"中华文化",也随之变成作为世界诸种民族国家文化之一的"中国文化"。

文研会的翻译改革正是在上述背景下展开的,反映到实藤-丰田译本中,就是译注中随处可见的反对以中国文化为中心的思想。例如,对于咏日本地理位置的"立国扶桑近日边"一句,译注中指出"扶桑""蓬莱""瀛洲"等是古代中国人对日本的风雅别称,因此也被日本人视为风雅之语而接受。然而,这些称呼实际上体现出中国人将日本的文化风俗视为对中国的模仿,也就是将日本"视为自己文化圈内之物"。中国人称日本为"东洋",与"西洋""南洋"一样都是以中国为中心的称呼。明治年间中国人日本旅行记——"东游日记"中最多此种称呼,就是上述观念的反映。民国以后,随着中国中心思想的淡化,游记中更多地使用"日本""旅日""游日"。② 又如,咏日本跪坐习惯的"花茵重叠有辉光,长跪敷衽客满堂"一篇,黄遵宪在诗注中考证认为,日本跪坐习惯源于中国,译注对此评论道:

> 将日本风俗视为古代源自中国的风俗,感觉怀恋的同时也含有骄傲之意。这种感情贯穿《日本杂事诗》全卷,也是当时的东游日记之类的书中常见之色彩。③

咏日本女子的"十种金仙数曼殊,中多绰约信蓬壶"一篇,诗注中称赞日本女子仪态举止有古风。译注评论道:

---

① 金文京『漢文と東アジア——訓読の文化圏』、岩波書店、2010、第87頁。
② 黄遵憲「日本雑事詩(二)」、実藤惠秀訳、『中国文学』(汲古書院復刻本)1941年第72号、第58~59頁。
③ 黄遵憲「日本雑事詩(三)」、実藤惠秀訳、『中国文学』(汲古書院復刻本)1941年第73号、第131頁。

所谓"如古风"是"中国古代"的意思。虽有称赞日本之意，但更多的是视之为古代中国的遗风，感到怀恋之情。这种感情洋溢于整部杂事诗中。①

与批判中华中心思想相应，实藤 – 丰田译本希望塑造出一个赞许日本改革，对明治维新从怀疑、反对到认同、学习的黄遵宪形象。例如，咏西法输入的"玉墙旧国纪维新，万法随风倏转轮"一篇，诗注云：

既知夷不可攘，明治四年，乃遣大臣使欧罗巴、美利坚诸国。归，遂锐意学西法，布之令甲，称曰维新。嫩善之政，极纷纶矣。②

对于"嫩善之政，极纷纶矣"句，实藤惠秀应该是将"纷纶"理解成相反的意思，于是在《中国文学》上连载时译为：

いままでの立派な政治は、これがために極めてみだれたのである。

（一直以来的美善之政因此而混乱不堪。）

他将此句误解为黄遵宪批评明治维新导致政治混乱，于是便针对这一句加上译注进行反驳。他首先引用了佐藤三郎的观点。佐藤认为，甲午战争之前中国人对于明治维新的看法分为两种：一种认为就是传统的"易姓革命"；另一种则认为是对中国文化的"脱离乃至叛逆"，维新中废除中国历法，改用西洋历法，以及穿洋服、习洋语等，"被认为最终导致日本废弃并脱离了此前的精神指导——中国文化势力"，这才是当时中国人反对明治维新的原因。实藤惠秀认为佐藤三郎的上述观点是"卓见"。对于"易服色"，

---

① 黄遵宪「日本雑事詩（四）」、実藤惠秀訳、『中国文学』（汲古書院復刻本）1941 年第 74 号、第 155 頁。

② （清）黄遵宪：《日本杂事诗》，游艺图书社，1909，第 7 页。

他又补充注释道：当时中国人"对日本改革最为注目之处，无形之物在历法，有形之物在衣服"。他指出，清末许多中国人的日本观察记中都对改易服饰不以为然，直至民国以后，中国人才停止"非难洋服"。① 而到了生活社版里，改正了上述误译，也就相应删去了连载时的注释。不过，对这一误译进行的注释也透露出实藤惠秀对于当时中国人日本观的看法。佐藤三郎试图将明治维新叙述成消解中国文化霸权、引领日本走向文明进步的变革过程，因此得到实藤的认同。黄遵宪起初在原本《日本杂事诗》中表现出的对明治维新怀疑甚至反对的态度，也被归因于受到"中华文化中心"思想的影响。实藤和丰田介绍定本时特别强调，黄遵宪"在原本中表达了对日本的汉学者、汉诗人的高度评价和深切同情，定本中却没有"。② "然而，如此反对维新的黄遵宪在日本和美国期间，不知不觉也成了自由民权的思想家。"③

李永晶指出，晚清中国文人在描绘日本形象时常常着意强调中日两国"包括语言文字、政治体制、意识形态等在内的传统文明的共有或共享"，这是确保"中华帝国自我维新的精神动力与心理安全的保障"。④ 黄遵宪在《日本杂事诗》和《日本国志》中都表露出视日本文化为中国古代文化继承者的观念，其实也有这种心态在其中。而实藤－丰田译本通过翻译所展开的对这种观念的批判，则代表着日本文人欲摆脱受中华文化支配、确立自身独立性和主体性的愿望。竹内好评价文研会同人神谷正男将汉语的"天下"译为日语的"世界"时说，"尤其可为思想方面的翻译家提供参考"。⑤ 对于文研会

① 黄遵憲「日本雑事詩（二）」、実藤恵秀訳、『中国文学』（汲古書院復刻本）1941 年第 72 号、第 60 頁。
② 実藤恵秀・豊田穣「定本日本雑事詩について」『中国文学』（汲古書院復刻本）1942 年第 86 号、第 165 頁。
③ 黄遵憲「日本雑事詩（二）」、実藤恵秀訳、『中国文学』（汲古書院復刻本）1941 年第 72 号、第 60 頁。
④ 李永晶：《分身：新日本论》，北京联合出版公司，2020，第 465 页。
⑤ 竹内好「翻訳時評」『中国文学』（汲古書院復刻本）1941 年第 70 号、第 649 頁。

而言，提倡翻译改革的根本目的是确立现代日语的独立性，以及更根本的日本文化的主体性。译介《日本杂事诗》的意义，不只是向日本读者介绍一位清末文人的日本观察记，定本的全译也不只是为了提供一个更加完整的文本，更重要的是，这本书的诞生、传播，从原本到定本的修改过程，既显示出从晚清至民国时代中国知识界日本观的变化，也反映了明治以来日本知识界对华文化心态的复杂之处。

小　结

从中国文学研究会翻译《日本杂事诗》的目的和过程可以看到，翻译的问题最终被归结为语言所代表的民族国家文化的身份认同问题。沈国威指出，近代东亚文化圈内各国都面临着"地域性的俗语方言如何演进为各自的'国语'这一共同性的课题"。在这一传统语言转变为民族国家语言的过程中，语言的变化成为关乎"国家、民族、自我三个层面认同的核心装置"。① 周作人推崇黄遵宪的见识和思想，是因为他在黄遵宪对日语和日本文化独特性的重视中看到了"世界"将取代"天下"的预见。而对汲汲于摆脱中华文化威权，建立日本文化主体性的文研会来说，也没有比像黄遵宪这样一个曾经的"中华文化中心"的笃信者转而认同日本的现代化更好的案例。他们通过强调日语和汉语作为各自民族国家语言的代表，与代表着汉语中心论的传统"训读"抗争，以期在语言层面确立民族国家文化的主体性。

---

① 沈国威：《近代中日词汇交流研究》，中华书局，2010，第61~62页。

附表

周作人	中国文学研究会
1936 年 4 月 5 日，《日本杂事诗》发表于《逸经》第 3 期。文中叙述得到定本《日本杂事诗》之事，比较定本与原本之区别。	
1937 年 3 月 5 日，《人境庐诗草》发表于《逸经》第 25 期。	
	1937 年 9 月，丰田穰「『人境廬詩草』に就いて」发表于『中国文学月報』第 29 号。
	1940 年 9 月，实藤惠秀「平林寺と黄遵憲の詩碑」发表于『中国文学』第 65 号。
1940 年 11 月 19 日，《日本国志》发表于《庸报》。	
	1941 年 4 月，实藤惠秀「日本雑事詩」发表于『中国文学』第 71 号。文中叙述在竹内好建议下他开始《日本杂事诗》的翻译。
	1941 年 5 月，实藤惠秀选译「日本雑事詩（二）」，发表于『中国文学』第 72 号。
	1941 年 6 月，实藤惠秀选译「日本雑事詩（三）」，发表于『中国文学』第 73 号。
	1941 年 7 月，实藤惠秀选译「日本雑事詩（四）」，发表于『中国文学』第 74 号。
1942 年 2 月 17 日至 4 月 26 日，竹内好赴中国考查，其间在北京多次与周作人会面，受实藤惠秀和丰田穰之托，向周作人商借定本《日本杂事诗》抄写以供翻译，得周作人赠送一部。	
	1942 年 8 月，实藤惠秀、丰田穰「定本日本雑事詩」发表于『中国文学』第 86 号。文中叙述得周作人赠送定本《日本杂事诗》事，并多处引用周作人对原本和定本的比较。
	1943 年，实藤惠秀、丰田穰根据周作人所赠定本译出『日本雑事詩』，由生活社出版。
	1944 年，松枝茂夫编译周作人文集『結緣豆』，由实业之日本社出版。集中收入周作人所作《日本杂事诗》和《日本国志》两篇文章。

第七章 "近代"的迷思与新"同文"文化共同体

——实藤惠秀的留日学生史研究

近代，中国政府正式向日本派遣留学生始于甲午战败后的 1896 年，战败导致国家地位一落千丈，终于使国人将目光转向了明治以来依靠"富国强兵"一跃而兴的"蕞尔小国"日本。20 世纪初年遂出现了近代以来最大规模的日本留学潮，大批留学日本的中国学生成为中日间文化交流最重要的中介者。

中国开始向日本派遣留学生的时代，也是中国的"天朝上国"地位日趋瓦解，日本通过明治维新建立了现代民族国家并迅速开始侵略扩张，欲取代中国主导东亚文化圈的时代。在这一历史背景下，目前对中国留日学生群体的研究主要集中于如舒新城[①]、实藤惠秀[②]、沈殿成[③]等对中国人留日史的系统整理，大里浩秋和孙安石[④]、严安生[⑤]的中国留日学生精神思想史研究等。即使是那些针对中国留学生与日本人交流状况的研究，也更多地注重留日学生对中国的影

---

① 舒新城：《近代中国人留学史》（影印本），上海文化出版社，1989；舒新城编《中国近代教育史资料》，人民教育出版社，1981。

② 実藤惠秀「中国人日本留学史稿」、日華学会、1939；〔日〕实藤惠秀：《中国人留学日本史》，谭汝谦、林启彦译，生活·读书·新知三联书店，1983。

③ 沈殿成：《中国人留学日本百年史（1896～1996）》，辽宁教育出版社，1997。

④ 大里浩秋·孫安石編「中国人日本留学史研究の現段階」、御茶の水書房、2002。

⑤ 厳安生『日本留学精神史——近代中国知識人の軌跡』、岩波書店、1991。

响，如伊藤虎丸的创造社研究①，松本龟次郎②、阿部洋③、二见刚史④的日本对华教育事业的研究，李怡对日本体验与中国现代文学发生关系的研究，⑤ 小谷一郎对田汉在日活动及 1930 年代中国留学生在日文学艺术活动的研究⑥等，而对于中国留学生是如何影响了日本这一问题却鲜有提及。这或许是因为近代以来，取得了东亚文化圈主导权的日本一直被视为亚洲现代化的样板和"先进国"，而中国作为"后进国"向日本派遣留学生就是为了学习现代化。在这种视角下，中国人的日本留学史研究也就成了日本向中国输出现代文明之过程的研究。

伴随着中日文化势力的消长，长久以来作为中华文化接受国、留学生派出国的日本，近代一变而成为对华文化输出国、留学生接收国。日本在经历这种角色转换时，表现出在"脱亚"和"兴亚"之间摇摆的复杂文化心态，既希望成为西方文明在亚洲的代言人，又希望取代中国成为东亚文明的主导者，这在日本人对待中国留学生的态度上可见一斑。所以，对中国留日学生群体的研究，不应只局限于日本对中国的影响方面。上垣外宪一研究中国留日学生政治运动史时曾引用英国历史学家汤因比（A. J. Toynbee）的说法，认为"近代日本正是最典型的'西洋文明的实验室'"，而中国、韩国派

---

① 〔日〕伊藤虎丸：《鲁迅、创造社与日本文学——中日近代比较文学初探》，孙猛等译，北京大学出版社，2005；伊藤虎丸编『創造社研究』、アジア出版、1979；伊藤虎丸编『創造社資料』、アジア出版、1979。

② 松本龟次郎『中華留学生教育小史・中華教育視察紀要』、東亜書房、1931。

③ 阿部洋编『日中教育文化交流と摩擦：戦前日本の在華教育事業』、第一書房、1983；阿部洋『「対支文化事業」の研究』、汲古書院、2004。

④ 二見剛史「戦前日本における中国人留学教育」、阿部洋编『日中関係と文化摩擦』、厳南堂書店、1982。

⑤ 李怡：《日本体验与中国现代文学的发生》，北京大学出版社，2009。

⑥ 〔日〕小谷一郎、刘平编《田汉在日本》，人民文学出版社，1997；小谷一郎『東京左連に関する基礎的研究』研究成果報告書、1993；小谷一郎「東京左連再建後の中国人日本留学生の文学・芸術活動について」『日中戦争と中国人留学生の文学・芸術運動に関する総合的研究』、研究成果報告書、2008。

往日本学习西方现代制度的留学生，则是考察东亚文化经历西方冲击、西方文化在东亚"转移"的关键。因为"在近代社会中，拥有最新的思想、科学技术、政治社会制度等相关知识的，是受过高等教育的人"，所以，对于日本而言，"留学生问题不仅是教育、文化上的问题，更是政治、外交上的问题"，而留日学生的故事更是"近代日本在国际舞台上成功与受挫的'先行指标'"。①

因此，本章希望转换视角，从留学生接收国日本的视角出发，以中国留日学生史研究的先驱者之一实藤惠秀为研究对象。实藤惠秀从 1930 年代开始，在近代以来中日文化关系的大框架下展开留日学生史研究，1936 年 11 月 25 日至 1938 年 12 月 13 日他在日本日华学会所办刊物《日华学报》第 58 号～第 71 号上连载《中国人日本留学史稿》（下简称《留学史稿》），1939 年 3 月由日华学会出版单行本。日本战败后，经历了对战争的反思，实藤对《留学史稿》进行了大幅度的修改，于 1960 年完成《中国人日本留学史》（下简称《留学史》），由黑潮出版社出版。实藤当时还是中国文学研究会同人，他在该会成立伊始就成为核心成员，多次主持会刊《中国文学月报》的编辑工作。他在 1930～1940 年代进行的留学史和中日文化关系史研究，也是在呼应中国文学研究会关注"现代中国"的宗旨下展开的。当时在日本，鲜有人注意中国留日学生群体和他们背后的"现代中国"，而这正是通过实藤等人的研究进入了日本人的视野。

实藤惠秀自 1930 年代开始几乎持续了一生的中国留日学生史研究，奠定了日本在这一领域的研究基础。《留学史》汉译者谭汝谦和林启彦评价称，该书使用了大量第一手资料，详述 1896～1936 年间中国的留日运动，以及留日学生对中国近现代思想、政治、教育、文化等方面的贡献和影响，"取材广博，立论亦颇平实客观"，是

---

①　上垣外宪一『日本留学と革命運動』、東京大学出版会、1982、第 iii～v 頁。

"研究 19 世纪末至 20 世纪前叶中日文化关系的重要参考书之一"。① 《留学史》刚一出版，近代中国政治史研究学者永井算巳就发表书评，认为"既不卑屈也不傲慢的'互惠平等的日中友好之道'"是促生《留学史》成书的根本原因，也是《留学史》与《留学史稿》的不同之处。这是该书的特色所在，也是其价值所在。在这一意义上，《留学史》是在"'昭和'这一激荡的历史转换期中心真实生活着的一个充满善意的小市民、一个近代中国研究者不加掩饰的内心告白书"。② 安藤彦太郎回顾 1930～1940 年代日本的中国研究时特别称赞实藤，认为当时绝大部分的中国研究都自愿或被迫协助日本侵略中国的"国策"，而实藤则以表面向"国策"建言，"但整体上对'国策'毫无妥协"的方式，呼吁日本的研究者关注现代中国，特别是中国民众和五四运动之后知识阶级"民族意识、爱国意识的产生和变化"等问题。《留学史稿》正是这种观念的产物。至于《留学史》，更是严肃表达了日本应负战争责任的态度。③ 横山宏指出，实藤战后一直都在包括《留学史》在内的各种著述中表达对日本军国主义罪行的批判，以及对自己当时擅自将许多中国文献带回日本的忏悔，这也是他希望更多的中国人能读到《留学史》的原因。④ 小川博也认为，实藤留学史研究中所体现出的对日本明治以后中国观的反省，比一般人更为深刻。⑤

另一些学者在称赞实藤的研究史料基础深厚的同时，也对其理论深度的缺乏以及他战时对日本侵略思想的附和进行了批评。梁容

---

① 谭汝谦、林启彦：《译序》，〔日〕实藤惠秀：《中国人留学日本史》，谭汝谦、林启彦译，北京大学出版社，2012，第 2 页。

② 永井算巳「実藤恵秀著『中国人日本留学史』」『東洋学報』1961 年 43 巻 4 号、第 591 頁。

③ 〔日〕安藤彦太郎：《早稻田大学与中国：架起通向未来之桥》，李国胜、徐水生译，武汉大学出版社，2010，第 46～47、221 页。

④ 横山宏「実藤恵秀先生をしのぶ」、実藤恵秀『日中友好百花　別冊』、東方書店、1985、第 22 頁。

⑤ 小川博「『中国人日本留学史稿』解説」、実藤恵秀『中国人日本留学史稿』、不二出版、1993、第 10 頁。

若评价实藤"不免绅士气,不想使他的书叫中国人太丢面子,也不想使日本人太难为情,所以从正面着笔的地方多,有意掩饰省略的事实也不少,因而结论也很难说十分深入,启示性不免单纯一些"。① 永井算已也指出,实藤《留学史》对中国现代化、日中关系的近代史理解并未超越常识范围,对日本战后学界的相关研究也未涉及。例如在涉及留学生革命运动的部分,只有对"留日学生界诸政治事件的新闻报道式的现象描写",许多日中革命史的关键资料都没有得到充分使用。② 叶伟敏认为,实藤 1930～1940 年代反复倡导的日本应该认识现代中国的观念,根本上是为了侵华"国策"服务。他在旅华期间结识了中国史研究者佐藤三郎,后者在实藤影响下开始研究近代日中关系史,发表了《近代中国与日本文化》等研究论文,其中分析中国人不满日本在服饰、历法等方面模仿西洋的原因,是出于"中华文化中心"思想,这种观点与实藤有密切关系。实藤后来又在佐藤研究的基础上提出近代中国曾有过"攻日论"的观点,而这正是为了顺应当时日本侵华"国策"的需要。③ 陈言批评实藤在日本侵华战争中"对中国的认识开始出现模糊、怀疑、动摇和附会","对战时中国的时代精神表现出无知与傲慢",认为这种转变是由于丸山真男所说的天皇制权力结构对个体自由的剥夺。实藤在战后重写留学史、痛切反省战争责任,并将自己当时的精神轨迹公布于众的做法,则体现出"责任主体的具体人格"。④

可以看到,目前学界一方面对于实藤惠秀在中国人留日史研究领域的开拓之功给予一致肯定,另一方面对其在日本侵华期间的态度和中国观的评价存在分歧。笔者认为,实藤战前和战时的留学史

---

① 梁容若:《中日文化交流史论》,商务印书馆,1985,第399页。
② 永井算已「実藤惠秀著『中国人日本留学史』」『東洋学報』1961 年第 43 巻 4 号、第 594 頁。
③ 叶伟敏:《简析"攻日论"之说的出现——20 世纪中叶日本"中国人的日本观"研究一侧面》,《史学集刊》2009 年第 3 期,第 114 页。
④ 陈言:《留学场域内的感情与逻辑——以近代日本学问留学生为例》,《探索与争鸣》2019 年第 4 期,第 130～131 页。

写作、中国观表达与战后的反省，其间存在着一以贯之的思想主线，即在西方文明所带来的"近代"语境下，通过留学史的叙述构建起中日间新的文化关系，重塑东亚文化圈的文化权力场结构。

本章将以实藤惠秀的中国人日本留学史和中日文化关系史研究为对象，重点分析其1930～1940年代的相关论文和著作，着重考察实藤如何通过留学史叙事，将中国留日学生塑造为日本向中国输出"近代"和日本文化的载体，将他们学习日本文化、输入现代日语的行为纳入以日本为中心的新"同文"文化共同体，从而重塑东亚文化圈的文化权力场结构，确立日本作为现代民族国家的文化主体性。

在古代东亚文化圈以中国为中心的"华夷秩序"解体、现代民族国家开始形成的历史语境下，实藤惠秀笔下中国留学生形象的建构与嬗变，反映出日本在面对传统中华文化和现代西方文化这两个巨大文化体时幽微曲折的文化心态，体现出中日两国间的文化交流与博弈，以及日本如何在新的现代语境中，以现代民族国家意识为基础，重塑己国的文化身份，重建自己在东亚文化圈中的地位。

第一节　日本留学与"文化移植"

实藤惠秀的中国留日学生史研究源于他对近代以来中日文化关系的兴趣。他在早稻田大学期间，受任教于该校的片上伸、中岛半次郎、高桥君平等人影响，决意研究近代日中文化交流史。在整理近代以来的汉译日本书籍时，实藤发现译者多为中国留日学生，于是产生了"中国人为什么要留学日本？"的疑问。[①] 实藤的研究领域虽说是两国间的文化交流，但他的关注焦点一直在日本对中国的文化输出。留学生史中专门插入对赴华开展教育活动的"日本教习"

---

① 〔日〕实藤惠秀：《中国人留学日本史》，谭汝谦、林启彦译，北京大学出版社，2012，第399～402页。

的研究，称之为"留教"。因为在他看来，在向中国输出文化这一点上，"留教"与留学相同。①

实藤惠秀并不讳言，中国人到日本留学，是"为了到消化吸收了西方文化而成为强国的日本来学习'强壮剂'——西方文化"。②《留学史稿》绪论"中国人日本留学史研究之意义"中写道：

> 近代中国的文化史与此前的文化史有着质的区别。我所定义的"近代"，意味着受西欧文化影响以后的时代。在我看来，近代中国文化因此是中国固有文化与西方文化接触、摩擦、反拨、吸收等的历史。③

"近代"也就是西方文化降临的时代，不仅是中国人留日的背景，也是实藤书写留学史以及中日文化关系史最重要的背景。《留学史稿》开头花大篇幅叙述了西方文化如何一步步进入东亚世界，将东亚近代史的开始形容为西方各国"如雪崩般争先恐后地来到东方"，欧洲文化伴随着贸易和殖民地开发进入亚洲，"使世界成为一体的近代史的序幕拉开了"。④那么，东亚文化圈这个文化体如何应对来自西方的异质的"近代"？中日之间维系了千年的文化关系因此发生了怎样的嬗变？回答这些问题才是实藤展开留学史研究的根本目的。因为，留学正是应对"近代"的一种重要方式。

《留学史稿》将中国人留学日本的原因归结为，对待西方文化的不同态度而带来的"日中两国文化地位之逆转"。积极主动翻译西书、向西方派遣留学生的日本，与消极被动的中国很快"在西洋文化的移植上产生差距"，⑤曾经是东亚文化圈中心国、文化输出国的中国，被曾经的边缘国、文化接受国日本所超越，中国开始成为日

---

① 実藤恵秀『中国人日本留学史稿』、不二出版、1993、第 140 頁。
② 実藤恵秀『中国人日本留学史稿』、不二出版、1993、第 68 頁。
③ 実藤恵秀『中国人日本留学史稿』、不二出版、1993、第 1 頁。
④ 実藤恵秀『中国人日本留学史稿』、不二出版、1993、第 8 頁。
⑤ 実藤恵秀『中国人日本留学史稿』、不二出版、1993、第 59 頁。

本文化的接受国。实藤书写留学史，目的就是建构一个中日之间以追求"近代"为目的、以留学生为载体的"文化移植"系统，它将成为东亚文化圈这个古老文化场的新运作模式。

基于上述理念，实藤首先选择从最具"近代"特色，也是传播"近代"文化最有力的工具——新闻出版和翻译事业入手展开研究，而这些都是中国留日学生特别活跃的领域。

实藤的早期研究首先从新闻出版业入手。在他看来，新闻出版业是最具"近代"特色的"近代文明的喇叭手"。[①]《留学史稿》写作初期，实藤就在《中国文学月报》1936年12月第21号上发表文章《报纸杂志中所见日华关系》，比较了新闻出版业在两国的出现和发展。该文后来被浓缩收入《留学史稿》第三章，可视为实藤自1930年代开始以留学生为中心展开中日文化关系研究的阶段性成果。文章同样以西方文化进入东方开篇，写道："报纸和杂志对现代人而言，是仅次于面包的必需品，因此毋庸置疑是文明标准的明确表现。"[②] 文中指出，虽然中国新闻业的出现远早于日本，但早期的中国报纸和杂志，其实都是由西方人为了向中国人传播西方文化而使用汉字出版的，"是由西洋人给予的"。若从真正的"自主经营"论，那么无论是报纸还是杂志，中国都晚于日本。[③] 中国杂志业真正启动自主现代化进程，也就是由中国人自主经营，是在梁启超流亡日本——在实藤看来这也可视为一种留学——之后。实藤指出，从梁启超到横滨后发行的《新民丛报》，不仅可以看出他的思想变化，也可见他"受当时日本杂志的刺激之处亦不少"，如使用西洋纸印刷、由中式线装改为西洋式装订、加入英文等，这些都是"近代化"的标志。中国杂志事业终于"因为梁氏亡命日本而开始接近日本"，

---

① 実藤恵秀『中国人日本留学史稿』、不二出版、1993、第59頁。
② 実藤恵秀「新聞、雑誌に於ける日華関係」『中国文学月報』（汲古書院復刻本）1936年第21号、第167頁。
③ 実藤恵秀「新聞、雑誌に於ける日華関係」『中国文学月報』（汲古書院復刻本）1936年第21号、第168頁。

并且此后都持续受到日本杂志的影响。①

进入 1940 年代，实藤惠秀根据在中国收集到的新资料，针对留日中国学生的新闻出版和翻译活动继续展开深入研究，并越发着力考察这种活动在推动中国现代化进程的作用上。

他整理出《中国杂志年表》，分两期发表于《中国文学》1941年第 74 号和第 76 号。该《年表》的序言指出，从晚清到民初，由留日学生（包括梁启超式的流亡党人和以《译书汇编》社同人为代表的留日学生团体）发行的杂志相比于同时期中国国内的杂志，"从质到量方面都具有压倒性的优势"。随着这批留学生归国，又引出整个中国的杂志出版潮和改革潮，这些受日本影响良多的杂志成为中国开展新文化运动的平台。② 同年出版的《近代日中文化论》，梳理了从晚清到 1930 年代末以留日学生为主体进行的日本书籍的翻译活动、中国新式书店的盛衰与留日学生活动消长间的紧密联系等。③ 1943 年出版的《明治日中文化交涉》，专门研究了由《译书汇编》社发展起来的清末留日学生的翻译出版活动，指出清末中国留日学生的核心组织——中国留学生会馆"可以视为由译书汇编社发展而来"。④ 也就是说，这是一个首先以翻译为中心，之后才发展出其他功能的留学生团体。实藤称赞《译书汇编》这本由留日学生自己创办的刊载汉译日籍的杂志，可以视为中国人"日本留学的一个成果"。该刊不仅表现出积极主动的学习愿望，体现出留学生们已经成为"文化移植"所必需的合格的翻译人才，其日语水平已经达到能够进行翻译的程度，而且还采用了当时日本杂志通行使用的"菊

---

① 実藤惠秀「新聞、雑誌に於ける日華関係」『中国文学月報』（汲古書院復刻本）1936 年第 21 号、第 163 頁。

② 実藤惠秀「中国雑誌年表（1）」『中国文学』（汲古書院復刻本）1941 年第 74号、第 176～177 頁。

③ 実藤惠秀『近代日支文化論』、大東出版社、1941、第 106～107 頁。

④ 実藤惠秀『明治日支文化交渉』、光風館、1943、第 262 頁。

版①西洋纸"进行印刷，这是由中国人主办的杂志首次采用这种形式。②

　　上述研究都旨在强调留日学生的翻译活动在中国新闻出版事业发展中所扮演的关键性角色。这些观点、例证在战后修订的《留学史》中都得到了保留和加强。书中还多次强调，中国的现代出版印刷技术是依靠留日学生的翻译和印刷活动而"加速形成"的。③

　　可见，实藤惠秀在留学史中勾勒出一个以追求"近代"为目标，留学、翻译和新闻出版三位一体的"文化移植"系统。学习"近代"的欲求，首先促进了作为"文化移植"手段的翻译的发展，对翻译人才的需求和"文化移植"的深入，进一步催生了留学的需求。即《留学史稿》中所言，"以书籍翻译方式进行的文化移植进一步发展的话，留学的必要性自然就会出现"。④留学生群体的成熟，又必然促进翻译以及作为"文化移植"工具的新闻出版业的发展。

　　来自西方的"近代"在成为中国人留学日本的动力的同时，也带来另一个问题：在将"近代日本"塑造成西方文化的"嫡传弟子"的同时，如何避免日本只被视为西方文化传播的单纯中介？当时日本知识界共同面对的问题是：面对中国和西方这两个强大的文化体，如何定位日本的文化身份？正如李永晶所指出的，日本在现代化过程中一直被"到底应以何种方式成为东亚与东洋文明的盟主？"，以及"如何保证这种文明超克了西洋文明的弊端，并使得日本文明获得新生？"⑤这样的问题所困扰。这也是为什么实藤惠秀会在《留学史》中反复强调，有"日本的东西"在中国留学生输入西方文化的过程中一起传播到了中国的原因。他写道：

---

① 菊版：日式书籍的一种版本格式，22cm×15cm。
② 実藤惠秀『明治日支文化交渉』、光風館、1943、第255～256頁。
③ 〔日〕実藤惠秀：《中国人留学日本史》，谭汝谦、林启彦译，北京大学出版社，2012，第235～236页。
④ 実藤惠秀『中国人日本留学史稿』、不二出版、1993、第56頁。
⑤ 李永晶：《分身：新日本论》，北京联合出版公司，2020，第257页。

中国的日本留学理念是输入经由日本消化的西欧文化。但是，在这一过程中，必然有"日本的东西"附着、混入其中而被一起输入过去。

对日华文化交流关系感兴趣的人不可忽视近代中国的日本留学史，其原因正在于此。对于想研究近代中国文化史、近代日华文化交流史的我而言，中国的日本留学史是这些研究的基础之一。[①]

那么，什么才是"日本的东西"？在由留日中国学生输入中国的那些文化中，有多少是真正被视为"日本的东西"而被中国人所接受的？这些问题成为实藤惠秀 1940 年代的研究重心。

1938 年 9 月到 1939 年 9 月，实藤以日本外务省文化事业部特别研究员的身份来到中国，在北京居住了九个月，此外还到访天津、大连、哈尔滨、南京、上海、厦门、汕头、香港、广东等地。旅华期间，实藤除了访问早期留日学生如唐宝锷、曹汝霖等人之外，着重收集了"与留学史有直接或间接关系的"资料共四千余册，包括中国人的日本游记、中国人学习日语的书籍、日本书的汉译本、西方人所写的有关中国古籍以及其他有关现代中国文化的书籍。[②] 收录的标准是："1. 由日本人独立原著者；2. 单行本。倘由日本人与西方人合著或同时收录日本人与西方人文章的单行本，以及日译西书的汉译本都不收。"[③] 归国后，他根据上述资料展开研究，先是在中国文学研究会的会刊上发表了一部分，后来又增补、集结成了三部被他视为"留学史副产品"的中日文化关系方面的著作：《日本文化对中国的影响》（1940 年萤雪书院出版）、《近代日中文化论》（1941 年大东出版社出版）、《明治日中文化交涉》（1943 年光风馆

---

① 实藤惠秀：『中国人日本留学史稿』、不二出版、1993、第 3 页。
② 〔日〕实藤惠秀：《中国人留学日本史》，谭汝谦、林启彦译，北京大学出版社，2012，第 418~419 页。
③ 实藤惠秀『近代日支文化論』、大東出版社、1941、第 117 页。

出版)。这三部著作与《留学史稿》一起，构成了实藤以留学史为基础延展开的近代中日文化关系史的研究主体。从中明显可见，他的关注重点已经从有多少西方文化经由日本输入中国，转变为有多少"日本的"文化输入中国？通过怎样的路径、方式，输出了哪些内容？

对于近代以来日本文化对中国的影响，实藤惠秀做了很多专题案例研究，比如革命思想和民族主义，① 日本文学对中国现代文学的影响，② 甚至是"情死"的行为③等。不过，其中最深入且系统的，当属现代日语对现代汉语之影响方面的开拓性研究。

实藤惠秀1920年进入早稻田第一高等学院文学部文学科中国文学专业学习，这里正是当时日本汉语教育的重要机构之一。实藤对中日关系史的兴趣本就源于中国现代文学。④ 尽管当时的早稻田还是以古典汉文为中心教授汉语，但实藤学习期间，曾从片上伸、丸山幸一郎等人处接触到许多新文学杂志和鲁迅、周作人、胡适等现代文学作家的作品。1926年毕业后到中国旅行时，他又购入了张资平、徐祖正等人的作品集。⑤ 归国后，实藤长期在早稻田教授汉语，他反对过去只注重古代汉语和古典汉文的教学法，力主以现代文学为基础进行现代汉语教学，采用当时民国政府官定的注音符号以取代旧式的威妥玛式注音法。这些改革措施对此后日本的汉语教学产生了深远影响。实藤惠秀还主持编辑了《中国文学》1942年第83号中的"日本与中国语"特辑，他在后记中写道："中国语的历史包含

① 参见《中国人日本留学史稿》第七章"革命前的日本留学"、第八章"民国初年的日本留学"第一和第二节（实藤惠秀『中国人日本留学史稿』、不二出版、1993）。另见〔日〕实藤惠秀《中国人留学日本史》第八章"留日学生的政治活动"（谭汝谦、林启彦译，北京大学出版社，2012）。

② 实藤惠秀等「来朝中の中国文人」『中国文学月报』（汲古書院復刻本）1935年第2号、第13～17頁；实藤惠秀等「今年度の中国文化」『中国文学月报』（汲古書院復刻本）1935年第10号、第109～118頁。

③ 实藤惠秀「中国情死考」『中国文学月报』（汲古書院復刻本）1938年第37号、第13頁。

④ 实藤惠秀『近代日支文化論』、大東出版社、1941、第116頁。

⑤ 〔日〕实藤惠秀：《中国人留学日本史》，谭汝谦、林启彦译，北京大学出版社，2012，第399～400頁。

着语言学以外的问题，关联着日中文化交涉史和日本人的大陆扩张史。"[1] 特辑发表了多位日本汉语界元老级人物的访谈，以及实藤与另一位汉语语言学专家鱼返善雄合作完成的《日本中国语研究年表》等。该特辑的出版可视为实藤借助中国文学研究会的平台，将日本汉语教育史放到两国政治、经济、外交以及留学生派遣的大背景下进行书写的尝试。

实藤对现代汉语的关注不仅仅出于职业关系，他更是注意到现代汉语的形成与日本的密切关系。如果说来自日本的新闻印刷出版技术为中国提供了传播"近代"的工具的话，那么，现代日语则为中国提供了可以言说"近代"的语言工具。更重要的是，它既是"日本的"，也足够"近代"。

因此，实藤首先从中国留日学生的翻译入手，梳理出现代日语对现代汉语的影响路径。他直言民国以后，"从文化上看，应该称为翻译日本文化的时代"。[2] "中国日本化的基础在于日本人著作的翻译。"[3] 他并不否认这些翻译是利用"同文"之便更快地吸收西方文化，但同时强调，日本在翻译西方书籍时利用汉字制造了大量新词，而因为汉字在两国的共通使用，中国留学生在翻译日文书时便常常直接搬用这些日制汉字词。此外，大量阅读明治以来用新式文体写作的日文文章也影响了他们的汉语表达。这些日制汉字词以及日式句法、文法就这样经由留学生输入中国，对正在形成中的现代汉语产生了重大影响。

实藤惠秀在早期研究日本杂志对中国的影响时就提及，亡命日本的梁启超不仅模仿日本杂志的装帧、版式，还"果断地采用了'新文体'"。而所谓的"新文体"，就是"勇敢地将日本语句纳入汉

---

① 実藤恵秀「後記」『中国文学』（汲古書院復刻本）1942 年第 83 号、第 86 頁。
② 実藤恵秀「近代中国人著作在日本初印本覚書（資料）」『中国文学月報』（汲古書院復刻本）1938 年第 41 号、第 76 頁。
③ 実藤恵秀『日本文化の支那への影響』、蛍雪書院、1940、第 5 頁。

文中"。①《日本文化对中国的影响》中设有"语言、文章的日本化"一节，指出民国以后，"翻译、重译日本书的大潮必然带来中国语言和文章的日本化"。随着梁启超成为新文学运动的启蒙者，"梁启超文体"和他的刊物、他传播新思想的文章一起输入中国，被大量模仿，这种文体"其实就是日本化的文体"。文学革命以后，随着留日学生如陈独秀、周氏兄弟、创造社成员等成为新文学运动的核心力量，文学、学术各方面都使用现代文翻译日本书，日语词、日式语法、文体更进一步融入当时正处在形成期的现代汉语之中，"只需颠倒宾语，替换助词，就立刻可以写成一篇与日本文并无二致的文章"。②《近代日中文化论》在介绍了周作人等留日学生翻译日本文学的情况后也写道："日本学术和文学的影响使中国的语言为之一变。学术和文学的各个领域都在使用日本制的术语。"③ 战后修订版的《留学史》更是专设一章，除整合、扩充了战前的研究外，还参考了王力等中国学者的研究，从专业词汇学和语法学角度讨论现代汉语对日语词汇的摄取，并再次强调留日中国学生将日语输入汉语的载体身份："使用日本词汇，受到日本文体的影响，其实也不仅梁启超一人。即使说所有留日学生都如此，我想亦不为太过。"④

实藤惠秀意识到，日语对现代汉语的影响不仅是语言学问题，还关联着更为广大的文化体系嬗变问题。他的研究试图呈现如下结论：正是由于留日学生输入了现代日语的词汇、语法、文体，现代汉语——一种适用于现代的语言才诞生了。有了现代汉语，中国才有了接受和传播现代文化的语言工具，才有可能表达现代思想、研究现代学术、写作现代文学。《留学史》总结现代汉语之于中国现代化进程的影响时写道：

---

① 実藤惠秀「新聞、雑誌に於ける日華関係」『中国文学月報』（汲古書院復刻本）1936 年第 21 号、第 163 頁。
② 実藤惠秀『日本文化の支那への影響』、蛍雪書院、1940、第 20~21 頁。
③ 実藤惠秀『近代日支文化論』、大東出版社、1941、第 32 頁。
④ 〔日〕実藤惠秀：《中国人留学日本史》，谭汝谦、林启彦译，北京大学出版社，2012，第 246 页。

中国语文的复音化与其表现法，变得更致密和详尽，这是中国语文本身的进步。至于表现中国所无的事物的词汇日益丰富，却是中国语文的发展。甚至可以说，由于有这件出色的武器，中国在摄取近代文化时，得到最大的便利。在整个通过日本书籍吸收近代化的过程中，适宜吸收近代文化的近代汉语便产生了。①

新的文化需要新的语言，日制汉字词用以指涉"中国所无的事物"，日式语法和文体用以表达新的思想、学术和感情，这些都是古代中华文化中从未有过的"日本的东西"。它们由远赴日本学习"近代"的中国留学生传播回中国，转化为促进中国现代化的力量。与此同时，现代日语也利用汉字宣告了相对于汉语和汉文的独立，获得了它的主体性，继而通过影响现代汉语的形成，使日本由一直以来的汉字文化接受国逆转成输出国。然而，实藤一味希望将日本塑造成中国现代化进程中的文化导师，希望现代日语能够取得像古代汉语那样在东亚文化圈的地位，却罔顾中国自身能动意识的作用，仿佛没有现代日语的引导，中国就无法产生出现代语言。他所希冀的日语取代汉语的主导地位终究没能到来，原因也正在于此。

综上所述，自 1930 年代开始从翻译和新闻出版业等入手展开留学史研究，到 1940 年代将留学史拓展到更为广泛的日中文化关系史，再到经历了战败反思后重写留学史，实藤一以贯之的思想就是究明日中之间以"近代"为目标，以留学生为主体所进行的"文化移植"路线。《留学史》中对此有过如下总结：

> 他们（指中国留日学生——引者注）在日本学到的东西，全都给翻译出来。这些在日本翻译和印刷的书刊，一方面促成中国书籍印刷和装订技术的改革，一方面把日本语的语汇带进

---

① 〔日〕实藤惠秀：《中国人留学日本史》，谭汝谦、林启彦译，北京大学出版社，2012，第 284 页。

现代汉语中。中国人进而利用这些近代的印刷术和词汇作为工具，吸收各方面的文化，并使之融合于中国的文化之中。①

实藤惠秀对近代以来中日之间以留学生为载体进行的文化传播的关注，最终延展为对于日本和中国间因为"文化地位的逆转"而发生的现代"文化移植"的研究。他重点展开研究的新闻出版、翻译事业以及现代日语的传播，都伴随着留日学生的文化活动对中国现代化进程产生了影响。②

第二节　新"同文"文化共同体的建构

如前所述，实藤研究留学史的野心并未止于描述西方文化在中日之间的"移植"，他念兹在兹要分离出中国留学生输入中国的"日本的东西"，根本目的是让日本取代中国成为东亚文化的主导者。他在论述完日语对现代汉语的影响后甚至宣称："在现在的中国，如果不使用日本用语，简直就无法谈论任何高尚的东西。可以说，东亚文化圈的基础已经筑成了。"③ 这与其说是论述现代日语对现代汉语影响之深，不如说是为了宣示新的取代古典汉文的文字表记系统——现代日语的诞生。而这种认为应由现代日语主导东亚文化圈的叙事话语，已然与当时日本为了侵华所宣扬的"大东亚共荣圈"的口号相应和，如后文所论，这已经预示了他的文化设想最终将不可避免地沦为侵略政策的附庸。他相信，通过中国留日学生这个载体的传播，现代日语将取代古典汉文，成为东亚文化圈新的共通书写系统。实藤之所以如此在意日语是否能够在东亚文化圈中"谈论

---

① 〔日〕实藤惠秀：《中国人留学日本史》，谭汝谦、林启彦译，北京大学出版社，2012，第 362 页。
② 〔日〕实藤惠秀：《中国人留学日本史》，谭汝谦、林启彦译，北京大学出版社，2012，第 170 页。
③ 实藤惠秀『日本文化の支那への影響』、蛍雪書院、1940、第 28 頁。

高尚的东西",是因为心中存在"古典汉文"这个"假想敌"。长久以来,东亚诸国一直共享以汉字和古典汉文为基础的共通书写系统,这也是这个文化圈又被称为"汉字文化圈"的原因所在。汉字和古典汉文承担了千年以来东亚地区的文化交流职能,起到联结诸国精神文化的纽带作用。更重要的是,它们代表着以"中华文化"为中心的最高等级的文化,使用汉字、阅读和书写汉文就意味着进入这个最高级的文化体系中。及至近代,面对西方文化的入侵,这种联系被冠以"同文"之名,在中日两国被反复提起,用以强调彼此的区域文化联系。而两国间围绕"同文"所进行的文化博弈,也显示出双方对东亚文化圈话语权的争夺。

实藤惠秀对现代日语与现代汉语关系的研究,正是在上述语境下展开的。"同文"首先引起实藤注意的,是汉字在中日两国接受西方文化时所起的作用。他在1930年代初进行中日新闻出版事业的比较研究时就发现,许多中国杂志的名称都有意无意地模仿日本杂志名,如《新文学》《文学界》《太阳》《新小说》等,"因为使用同样的汉字,所以模仿名称异常地容易"。[1]《留学史稿》中指出,尽管中国人留学日本的目的在于学习西方文化,但是他们更倾向于使用西籍的日译本。因为使用大量汉字的日译本对中国人而言显然更容易理解,也就是张之洞《劝学篇》里提到的"两国汉字(同文)"。[2]《近代日中文化论》中指出,甲午之后中国知识界开始关注日本文化,但当时既没有专门为中国人所写的介绍日本之书,也没有翻译人才,于是他们"首先想到的就是翻刻日本人用汉文为日本人所写之书,以解燃眉之急"。[3] 日俄战争后,日本出版物已经超越西方,风靡中国读书界。根据实藤所收集到的汉译日籍数据统计,仅单行本便达2200余种。

---

[1] 実藤恵秀「新聞、雑誌に於ける日華関係」『中国文学月報』(汲古書院復刻本)1936年第21号、第167頁。

[2] 実藤恵秀『中国人日本留学史稿』、不二出版、1993、第68頁。

[3] 実藤恵秀『近代日支文化論』、大東出版社、1941、第99頁。

对于中国人更加青睐西籍日译本的原因，实藤给出的第一条理由就是，"日本与中国使用相同汉字的部分理解起来比较容易"。[1]战后修订版的《留学史》也保留了这种观点："中国人留学日本，而且翻译日本书籍，因为日本书籍使用大量汉字，中日'同文'的要素甚多，故此中国人翻译日文较为容易。"即便是日本人新造的汉字词，"中国人一听解说便可理解；理解之后，记忆便容易；只要改换读音，便可以立刻当做中国语使用了"。[2]

实藤还注意到，同样的现象也发生在日本人早期通过中国吸收西方文化之时。江户末年，日本从中国输入汉字报纸，也是"因为日本与中国都使用相同的汉字"，所以"不用'翻译'，只要'翻刻'就够了"。[3]当时的日本人也更倾向于选择西籍汉译本，而非日语直译本。实藤引用土井贽牙《翻译〈全体新论〉序》中所言，就像当年日本通过汉译佛经接受佛教一样，直接使用已经译成汉文的西籍比起用日语重新翻译更加方便，可以"不劳而溥"，早期西籍汉译本的影响至今仍然保留在日本的思想、学术以及用语方面。[4]早期日本翻译、翻刻西方人为中国人所写的著作时吸收了许多汉语词，如英吉利、基督、数学、力学等。[5]也就是说，无论是中国人喜欢日译本，还是日本人喜欢汉译本，都是出于同样的理由，即汉字的共通使用——"同文"。这使得两国间文化的传播和接受更为便利，也为现代日语输入中国开辟了途径。

从这一层面重新审视实藤惠秀对现代日语与现代汉语关系的研究就可以发现，他并不满足于只是从纯粹语言学角度究明从日本到中国的语词传播路线，而是希望更进一步，勾勒出"同文"这个以

① 実藤恵秀『近代日支文化論』、大東出版社、1941、第24頁。
② 〔日〕実藤恵秀：《中国人留学日本史》，谭汝谦、林启彦译，北京大学出版社，2012，第240页。
③ 実藤恵秀「新聞、雑誌に於ける日華関係」『中国文学月報』（汲古書院復刻本）1936年第21号、第167頁。
④ 実藤恵秀『中国人日本留学史稿』、不二出版、1993、第45頁。
⑤ 実藤恵秀『中国人日本留学史稿』、不二出版、1993、第46頁。

汉字为基础形成的古老文化场能量如何与外来的"近代"相碰撞，从而作用于整个东亚文化圈。现代汉语的产生当然与西方文化的挑战有关，日制汉字词的产生和传播本来也是源于更便捷地移植西方文化的需求，但是，在实藤的阐释之下，它更像是"同文"所产生的文化场主体积极运作的结果。日制汉字词虽然使用了源自中国的汉字，却是由日本人独力创出的。而日本在使用汉字制造新词时又"全部依照汉语语法"，甚至使用了违背日语语法的"动词＋宾语"的构词法，"虽然大逆不道，日本人仍然乐于取用这种方法"。① 实藤向读者展示了"同文"的文化场力量并不受民族国家的政治边界限制，日本人使用汉字和汉语语法制造新词，中国人将日制汉字词融入现代汉语，都显示出汉字具有强大的跨文化整合能力。实藤在这里试图通过汉字唤起中日间千年的文化交流记忆，西方文化在这种叙述下不再是导致千年未有之大变局的强大外部势力，而不过是引发了文化圈内部的另一次轮回流转：中国现在输入日制汉字词，影响了现代汉语的形成，正如古代日本从中国输入汉字，最终推动了日语假名的诞生一样。而承担起这种文化流转的，也如同当年一样，是汉字与留学生。

> 送出（中国）和接收（日本）这大批留学生的两国，文化间自然产生了深厚的联系。
>
> 日中两国文化的交流以前是日本输入汉学，现在则是中国出现了留学日本的趋势。而且，其媒介是"汉字"。中国用以前给予日本的汉字，从日本吸收西方文化。②

实藤通过开拓性地研究现代日语对现代汉语的影响，从"同文"观念入手，的确发掘出汉字作为区域共通文字在东亚文化圈现代转

---

① 〔日〕实藤惠秀：《中国人留学日本史》，谭汝谦、林启彦译，北京大学出版社，2012，第239页。
② 実藤惠秀『中国人日本留学史稿』、不二出版、1993、第3页。

型中所发挥的作用。中国留学生大量翻译日本文学和学术作品，输入了大量日语汉字词，因为汉字的共通使用，"除了发音不同外，只是用眼睛阅读文章的话，双方都很容易读懂"，由此形成了"两国间的文化共通性"。① 中日之间因为"同文"而形成的新文化场，不仅有利于更便捷地吸收西方文化，还启动了两国之间新的文化交流。他乐观地写道："不管怎样，因为使用了相同的汉字，所以产生文化上的交流是必然的。"② 到了 1940 年代写作的《近代日中文化论》中，"同文"的便利更是直接与建立"大东亚共荣圈"的侵略政策相挂钩。实藤甚至得出结论：对汉字的共同使用使无论日本人读中国文，还是中国人读日本文都十分容易，由此可以认为"东亚文化共荣圈其实在不知不觉间就已经形成了"。③ 如果仅从文化角度看，实藤确实希望构建一种新的"同文"状态：以汉字为基础，以中国留学生为载体，以翻译和新闻出版为手段，进行从日本到中国的"文化移植"，最终形成一个既继承了东亚文化圈的汉字传统，又以日本为中心的新的"同文"文化共同体。然而，如前所述，实藤欲将现代日语塑造为东亚文化圈共通书写符号时已不可避免地滑向侵华的叙事话语，因为在当时的历史语境下，文化根本无法完全独立于政治之外。同样，这种"同文"的文化构想也根本无法独立于日本侵华的政治话语之外，最终只能沦为侵略话语的附庸，这也是实藤的"同文"构想最终失败的根本原因。

不过，实藤也清楚，尽管"同文"这个词从明治时代开始就在中日两国反复被提起，但是，双方对于"同文"之"同"的理解却并不相同。《近代日中文化论》中"同文同种之斟酌"一章中写道，中日对于"同文"之"同"的不同理解可以归结为，"对于'如何同'这个问题的认识上的不同，以及'为何同'这个问题的感情上

---

① 実藤恵秀『近代日支文化論』、大東出版社、1941、第 250 ~ 251 頁。
② 実藤恵秀「新聞、雑誌に於ける日華関係」『中国文学月報』（汲古書院復刻本）1936 年第 21 号、第 164 頁。
③ 実藤恵秀：『近代日支文化論』、東京：大東出版社、1941 年、第 32 頁。

的不同"①。实藤首先在到访日本的中国人身上观察到，对他们而言，"同文"意味着"他们日本"也使用"我们中国"的汉字。

> "同文"的"同"是以我们为本，与我们相同，这"文"是我们所赋予的，所以才同。这种想法根深蒂固，连不怎么识字的中国人也这样认为。②

日语中的大量汉字使中国人很容易将日语视为类似于汉语的语言，甚至是汉语的一种方言。

> 中国人来到日本，首先注意到的是街头的招牌。
> "这些全是用汉字写的！"
> 他们这么说着，既惊喜又骄傲。
> "日本用的是我们的汉字！"③

实藤自己在中国的经历也佐证了这一点：

> 我在北京时，中国的伙计看到我写汉字，一面表现出赞许，一面也表露出骄傲之情。
> 意思是"虽然是个外国人，却会写我国的字"。④

　　尽管日语中很多汉字的用法和意义与汉语并不相同，即存在所谓中日同形异义词、日语特有汉字词等，可这并不能改变中国人"自我国习得汉字之东夷"的观念。⑤ 实藤引用了张之洞《劝学篇》中认为日本留学的便利之一就是"东文近中文，易通晓"，以及梁启超《论学日本文之益》中认为日文对于中国人而言易学易懂的观点，指出"同文"观念导致许多中国留学生并不热心于日语学习，他们

---

①　実藤恵秀『近代日支文化論』、大東出版社、1941、第 153～154 頁。
②　実藤恵秀『近代日支文化論』、大東出版社、1941、第 252 頁。
③　実藤恵秀『明治日支文化交渉』、光風館、1943、第 162～163 頁。
④　実藤恵秀『近代日支文化論』、大東出版社、1941、第 156～157 頁。
⑤　実藤恵秀『日本文化の支那への影響』、蛍雪書院、1940、第 110 頁。

相信只要使用"和文汉读法","正如我们颠倒读汉文一样，颠倒读日本文"就可以大致了解文意。① 对于目睹了日文中大量汉字的中国留学生而言，"同文"不过是再一次确认了中华文化对于日本文化的权威。"看到日本使用汉字，便感到日本是在自己文化圈之内的，这是来日中国人共通的想法"，既而"由汉字的使用开始，认为日本所有的风俗习惯都追随中国"。② 实藤甚至直言，"同文思想"是导致日本留学生教育失败的原因之一。因为这非但没有引起中国人对日本文化独特性的认识，反而助长了他们对日本文化的轻视："中国人虽然从日本摄取文化，但是从传统的'中华思想'看来却并不承认日本文化的价值。"他认为古代日本模仿中国，现代日本模仿西方，倘若去掉中国文化和西方文化，"日本文化就一无所有"。③

这是包括实藤惠秀在内，急于确立日本文化独立性和主体性的日本知识分子所无法接受的。要建立以现代日语为中心的新的"同文"文化场，不可能只取汉字而无视其背后那个庞大的中华文化。据六角恒广回忆，实藤早年的日语文章中使用汉字较多，被人批评生硬，由此开始意识到："汉字自有其性格，所以有时无法如其所是地表达自己想说的话。（……）要做到我手写我口，就必须离开汉字而使用表音文字。"④ 实藤后来的绝大部分文章和著作都特意使用日语假名"さねとう・けいしゅう"而非汉字"实藤惠秀"来署名，甚至一度尝试过完全不用汉字，只用假名来写作。他于 1956 年出版《为了日本语的纯洁》一书，旗帜鲜明地反对日语的过度"汉字化"，主张尽量减少汉字的使用。谭汝谦回忆，自己曾向实藤建议，为了文化交流之便，统一中日两国的简化字/略字，但是遭到了实藤的反对，理由是两国简化字/略字各有其特色，没有必要强行统一。⑤

---

① 実藤恵秀『近代日支文化論』、大東出版社、1941、第 157 頁。
② 実藤恵秀『明治日支文化交渉』、光風館、1943、第 165 頁。
③ 実藤恵秀『近代日支文化論』、大東出版社、1941、第 30 頁。
④ 六角恒広「ああ実藤恵秀先生」『中国研究月報』1984 年 12 月号、第 17 頁。
⑤ 譚汝謙「実藤恵秀先生を悼む」、実藤恵秀『日中友好百花　別冊』、東方書店、1985、第 4 頁。

由此可见，实藤很早就意识到每种语言都自有其文化性格，人们在使用一种语言时，其表达也会受到该语言背后的文化所影响。那么，使用了大量汉字的日语自然也会受到汉文化的影响。

因此，实藤所欲构建的新"同文"文化体愿景关键有二：一是建构汉字的"东亚性"而弱化其"中国性"；二是强调日语与汉语的差异性。

他多次强调，在日本人的理解中，"同文"的"文"指"文字"，中日"同文"只是指文章中"某一部分使用相同的汉字"之意，而非中国人所理解的"文章"相同。① 这里的"文章"其实特指古典汉文。实藤本人和他参加的中国文学研究会一直以来都是古典汉文的反对者，他们认为以日本汉学家为代表的古典汉文崇拜妨碍了日本文化的独立。否定中日之间存在相同的文章，仅主张汉字相同，实际就是要在保留汉字传统的同时消解古典汉文的权威。当时急于取代中国成为东亚文化圈新盟主的日本，一方面需要摆脱从属国的地位，另一方面又需要证明自己并未背离以汉字为基础的文化传统。这就是为什么实藤要反复强调"同文"意味着中日都使用"东亚共同的"而非"中国的"汉字，要建构"东亚的汉字"就必须剥除汉字作为中国一国文字的"中国性"，而赋予其"东亚性"，使之成为模糊了文化国籍的区域性书写工具。

在论述日语对汉语影响的同时，实藤也总是反复强调二者的不同："日本文与汉文的关系说近也近，说远也是十分之远，越是真正的日本文，与汉文的距离就越远。"② 他在解释日本用新制汉字词翻译西方典籍时，强调日本人并非只固守于汉字的汉语意义，而是常常创造出"新鲜义"，当没有现成的词语可用时，还会"组合不同的汉字来制作新语"。即便使用了汉语的构词法，也"并非和中国

---

① 実藤惠秀『近代日支文化論』、大東出版社、1941、第 154～155 頁。
② 実藤惠秀『近代日支文化論』、大東出版社、1941、第 157～158 頁。

人协议而后决定的"，而是独立"创出仅在日本才使用的词汇"。①
他十分注意收集中国留日学生所写的关于日制汉字词和中日同形异义词的书籍，曾在书中专门提到，日语汉字拥有在汉语中所没有的意义这种现象"令留学生们很是吃惊"，才会有黄遵宪《日本国志》和《日本杂事诗》对日语汉字词的专门解释，有陶珉《和文奇字解》、彭文祖《盲人瞎马之新名词》这样专门解释日语汉字词的著作出版。②

现代日语并非不证自明的先天存在，它伴随着日本现代民族国家的形成而产生，体现了民族国家以统一的民族语言统合国民的诉求。正如子安宣邦所指出的，"'国语'和'日本语'都是在日本近现代历史过程中由政治性话语构成的概念"，"是在日本近现代史面临历史性、政治性的变局之际"才出现的概念，而当时众多的日本学者都有意无意地回避了这个问题。③ 强调汉字的外来性、强调汉语与日语的差异性，是近代以来日本学界的流行观念，体现了现代日语作为民族国家的语言，对于确立自我文化身份的主体性要求，这种现象在实藤写作留学史的1930～1940年代尤为显著。无论是对假名书写的执着，对日语汉字词独特性的强调，还是对日汉同形异义词的重视，都是实藤在努力划定汉语与日语各自作为民族国家语言的边界。实藤明白，唯有划清界限，现代日语和其背后的现代日本文化才能摆脱古典汉文和其背后中华文化权威的支配，获得独立。

可以看到，实藤一面构想着东亚"同文"的愿景，一面又追求着日语的"纯洁"。他对待汉字的态度，也因此一直在强调汉字作为区域文化交流工具的重要性（"同"）与维护日本汉字相对于汉语的独立性（"异"）之间摇摆。这种摇摆是在解构中华文化的权威和维

①　〔日〕实藤惠秀：《中国人留学日本史》，谭汝谦、林启彦译，北京大学出版社，2012，第238～239页。

②　実藤惠秀『明治日支文化交涉』、光風館、1943、第312頁。

③　〔日〕子安宣邦：《日本现代思想批判》，赵京华译，上海译文出版社，2017，第56～57页。

持汉字文化的传统之间寻求平衡的小心尝试。只有解构中华文化的权威，才能确立"近代日本"的文化独立性，这是民族国家文化认同的必备条件。同时，只有维持住汉字文化传统，他所希望建构的新的"同文"文化共同体才不会失去"汉字"这个根基，易言之，日本取代中国成为东亚文化圈新盟主的地位才不会失去合法性。实藤通过现代日语与现代汉语间的影响关系研究，试图消解汉字的中国文化属性，代之以强调其作为区域共通文字功能的"东亚性"。通过重新定义"同文"，重组东亚特别是中日间的文化权力局面。

在这一语境中，留日中国学生作为将现代日语输入中国的最大载体，为实藤提供了再好没有的例证。实藤对如周氏兄弟、创造社成员这些留日学生的评价，高于对早期以速成教育为主的留学生，认为前者接受的几乎都是更为系统的大学教育，因此"学问更加深厚，对日本的学术和文学的理解也更加深厚"，"他们对于日本文学充分肯定了其独特性和优秀性"。正是这批留学生归国后成为新文学运动的核心领袖，将大量日本文学、学术作品译介到中国，对中国现代文学、学术和现代汉语都产生了深远的影响。[1] 在实藤的叙述中，这些中国留日学生正如古代日本派往中国的留华学生，不仅能够理解日本文化的优秀之处，而且通过翻译，将更"先进"的文化装载在汉字中带回他们的祖国。

第三节　"近代"的迷思

战后，实藤惠秀反省自己战时深受弥漫全国的军国主义氛围影响，将 1940 年代出版的几部著作称为"足以说明我已经变成百分之百的普通日本人（好侵略的日本人）"，[2] "完全变成了军部的一个吹

---

[1]　実藤恵秀『近代日支文化論』、大東出版社、1941、第 29~31 頁。

[2]　〔日〕实藤惠秀：《中国人留学日本史》，谭汝谦、林启彦译，北京大学出版社，2012，第 419 页。

鼓手"①的证明。陈言也批评实藤"从最初对时代氛围的抗拒到不断内化，最后完全被时代情绪的权力关系所规训"。②不过，如果仅归结于一时的氛围，或许不能完全解释曾经深爱中国、坚决反对侵华的实藤为何会突变为侵华政策的鼓吹者？马场公彦分析日本知识界的战后反思时指出，实藤的反思聚焦于为何自己所追求的文化最终难以摆脱政治和军事力量。③从实藤以中国留日学生为中心所构想的"文化移植"系统和新"同文"文化共同体中，都可以读出近代以来日本知识界以"文化"抵抗"政治"的经典思想主题。他的确一直憧憬着国与国之间能够建立起超越国家政治界限和经济利益得失的文化关系。他曾这样写道：

> 在政治经济关系上，常常是一方的得利相应地意味着另一方的损失，一方的进入相应地意味着另一方的退却。然而文化却是无限的，正如基督将一片面包分给了许多人，却还能剩余许多，又好比中国古代故事里仙人壶中酌之不尽的酒。文化具有即使无限延长，原来的所有者也不会有丝毫减少的本质。一国之文化能够成为全世界的文化。④

然而，这种对"文化"的期许并未能帮助实藤抵抗战争的暴力裹挟，反而导致他最终对"政治"话语的顺从。那么，抵抗"政治"的"文化"如何成了"政治"的话语？对"近代"的追求又如何成了侵略者的背书？

从实藤后来披露的战时日记中可见，七七事变爆发初期，他对日本的侵略行径相当反感，因此陷入思想痛苦之中，为自己不得不

---

① 〔日〕实藤惠秀：《中国人留学日本史》，谭汝谦、林启彦译，北京大学出版社，2012，第421页。

② 陈言：《留学场域内的感情与逻辑——以近代日本学问留学生为例》，《探索与争鸣》2019年第4期，第130～131页。

③ 〔日〕马场公彦：《战后日本人的中国观》（上册），苑崇利等译，社会科学文献出版社，2015，第90页。

④ 実藤惠秀『日本文化の支那への影響』、蛍雪書院、1940、第4頁。

"迎合别人的论调而大放厥词感到苦恼"。在这种处境中，留学史的写作成了精神上的支柱。

> 幸好时值暑假，他无须和人谈话，每天把自己关在家里，继续完成去年开始动笔撰写的《中国人日本留学史稿》。他的研究对象——中国留学生，在暑假以前，约有六千人，现在几乎全部回国了。他想，这书稿明年完成时，日中关系会变成什么样子呢？到那时，自己最初的构想会不会有所改变呢？他还想到，到那时，留学史之类的书，对日本社会而言是不是还需要呢？不过，他不想就此停下来，也并不讨厌这项工作。①

中国留日学生承载了实藤建立中日理想文化关系的期望。《留学史稿》虽然止于1937年日本侵华战争全面爆发，中国停止派遣留学生赴日，但实藤坚持认为，"九一八""一·二八"事变之后，中国留学生所进行的虽然主要是抗日运动，"但是，只要是留学生，就不能说没有文化活动的一面。只是这一时期，文化运动与抗日活动无法截然两分"。他引用中华留日学生联合会《学联半月刊》的发刊词："我们这些在海外学习的人，现在虽然不能为祖国做大贡献，但是介绍文化却是可以的。祖国现正需要海外文化，特别是日本的文化。"同时评价道："第一段抗日的口气很强烈，第二段文化运动的倾向很强烈。"② 试图以此证明，中国留学生即使在进行抗日活动时，也依然没有停止传播日本文化。书中所呈现出的由留学生承担起的中日间理想文化桥梁的愿景，就是在战争的痛苦现实中勾画而成的。然而，战后修订的《留学史》最后却感叹道："日本对中国留日学生的教育是失败的，那是国策的错误使然；但归

---

① 〔日〕实藤惠秀：《中国人留学日本史》，谭汝谦、林启彦译，北京大学出版社，2012，第404页。

② 実藤惠秀『中国人日本留学史稿』、不二出版、1993、第320页。

根究底，还是文化脱离不了政治的缘故。"① 对于战时言论，他反省自己身为"研究现代中国的人，却不自觉间被政治口号所迷惑！竟至如此无知！"② 不过，实藤 1940 年代的几部著作中所体现出的迎合侵略"国策"、支持战争的态度，与其归咎于政治压力，不如说是他经过了 1930 年代后半期的思想痛苦和挣扎之后的必然结果。

战争爆发初期，随着身边许多曾一起学习汉语、研究中国文学的朋友和学生陆续自愿或被动地加入军队为侵华服务，实藤的无力感和孤独感与日俱增，加之初期日军在中国战场连续取得的几场胜利，彼时的他相信日本有可能通过侵略、吞并的暴力手段使亚洲合为一体："经过这次事变，亚洲也许会被迫逐渐合成一体。这与其说是由文化所致，不如说是由'次善'的政策所造成的。"③ 这种依靠暴力手段实现的"亚洲一体"不是他所希望看到的，因为政治是"次善"，文化才是"最善"。"次善"的政治造成的既成事实应由"最善"的文化来补救、完善，他"相信如果不进行各种广泛而又强有力的文化工作，是无法改变目前的紧张形势的"，这唤起了他思想深处"始终认为需要一个大亚洲主义的新理论"的观念。④ 这种意识成为此后实藤思想转变的关键。在 1937 年 12 月的日记中，记叙了他接受一位即将参加日军对华广播工作的学生的请求，写介绍信给在特务机关工作的熟人 H，尽管"迄今为止，他从未对 H 所干的事有过好印象"。这件事令实藤认为，正是战争使这位学习汉语的学生终于找到了用武之地：通过广播向更为广泛的中国受众传播日

① 〔日〕实藤惠秀：《中国人留学日本史》，谭汝谦、林启彦译，北京大学出版社，2012，第 363 页。
② 〔日〕实藤惠秀：《中国人留学日本史》，谭汝谦、林启彦译，北京大学出版社，2012，第 417 页。
③ 〔日〕实藤惠秀：《中国人留学日本史》，谭汝谦、林启彦译，北京大学出版社，2012，第 412 页。
④ 〔日〕实藤惠秀：《中国人留学日本史》，谭汝谦、林启彦译，北京大学出版社，2012，第 413 页。

本文化，这是此前的日本教习们根本无法做到的，也正是以"文化"补救"政治"之失的绝好途径。不久，此前一直厌恶日军侵略行径的实藤主动加入了 12 月 14 日举行的"庆祝南京攻陷日"游行，被游行队伍的气氛所感染，"热烈地呼喊着'万岁'"。他不再质疑日本应当"领导"中国，只是认为应当"恩威并施"：

> 如果说要让日本人去领导中国，那就该让那些热爱中国的人去；像现在这样，只让一些粗暴的家伙去是不行的。虽然同样都是以权威去强制政策的执行，然而让热爱中国的人去，就会产生不同的效果。所谓恩威并施，只有了解中国、热爱中国的人才能办到。①

实藤还认为，日本目前之所以没能令中国人臣服，是因为思想界还没有出现能够与中国的抗日思想相抗衡的思想。② 因此，在随后的中国文学研究会的同人会议上，他发言表示研究会此后应当致力于这一点。也是在这次会议上，实藤发现同人们也都像自己一样表现出罕见的政治热情，而"讨论政治问题过去在会中绝少发生"。③

欲以文化力量解决政治问题的实藤相信，自己能够通过研究中日文化关系，寻找到令"全部日本人和所有中国知识分子都能接受的真理"。从他接下来的著述中能够看到，他所谓的能够为日本辩护、让中国人理解的理论，就是说服中国人相信日本拥有更为优越的文化，而教育留学生，使其抛弃"中华天下"的观念，理解日本文化的独特性因此就显得尤为重要。《近代日中文化论》总结了日本

---

① 〔日〕实藤惠秀：《中国人留学日本史》，谭汝谦、林启彦译，北京大学出版社，2012，第 414 页。

② 〔日〕实藤惠秀：《中国人留学日本史》，谭汝谦、林启彦译，北京大学出版社，2012，第 410 页。

③ 〔日〕实藤惠秀：《中国人留学日本史》，谭汝谦、林启彦译，北京大学出版社，2012，第 415 页。

的中国留学生教育观，认为明治以来的中国留学生教育都不是从国家层面出发，而主要是依靠民间志士间流行的思想，不成系统，没有明确的思想方针，教育制度上也不统一。[①] 实藤相信，这种不成系统的留学生教育政策是导致中国人轻视日本文化的重要原因，中国人抗日、反日是因为"不了解日本文化的真相和价值，即便了解也不进行研究"，所以应该努力发展日本文化，向世界展示日本文化。他甚至认为，日本若能够更好地开展中国留学生教育，战争就不会爆发：

> 留学生问题不仅仅是留学生问题。过去的留学生教育如果能顺利展开，就不会发生此次事变了吧。至于将来，留学生教育可以说是兴亚之基础。[②]

可以看到，实藤的留学史叙事至此已经完全与日本的侵略话语合流，其留学史研究思想已被侵略话语所侵蚀，开始主动为侵华辩护，而他辩护时所使用的话语正是"文化的"。他认为只要通过加强对华留学生教育，由此向中国人传播日本文化，就可以使中国人接受日本的统治，却没有意识到在当时的政治语境下，这种文化传播本身正是侵略政策的一部分。他对文化作用的追求，之所以不仅没能抵抗政治，反而成为政治暴力话语的附庸，是因为他的"文化"走向了"固有文化"决定论，即认为"固有文化"决定了中国无法通过自身力量进行现代化，需要来自外部也就是日本的指导。他相信只要通过教育中国留学生，使他们理解日本文化对于中国的优越性，就能令中国人心悦诚服地接受日本的"领导"。

"固有文化"的概念在写作《留学史稿》时就被引入，用以比较中日现代化。实藤认为，中国"固有文化"本来很发达，所以

---

① 实藤惠秀『近代日支文化論』、大東出版社、1941、第255頁。
② 实藤惠秀『近代日支文化論』、大東出版社、1941、第268～269頁。

"其他文化难以浸润，也是常见之事。生而为旧家的少爷，很难向别人低头也是常事。这在他人看来或许是可悲的滑稽，在本人则是宿命"。① 因此，中国接受西方文化时相当踌躇也是理所当然，而日本移植西方文化则正缘于善取他国之长处的日本"固有文化"。对于中日面对西方的态度，实藤做过如下比喻：

> A 家是世家。过去曾在这家干过活的男仆现在出人头地了，送给这家的孩子一辆漂亮的小汽车。孩子性格文静，只玩家中旧有的玩具，对小汽车不置一顾，丢弃在外。邻居 B 家的孩子没有得到馈赠，却十分想坐上试一试。于是，这孩子照着被扔在 A 家外面的小汽车的样子，自己用纸板悄悄地做了一个，因此成了了不起的发明家。——明治以前的日本正好比这个 B 家的孩子。②

在这个比喻中，西方文化虽然是"近代"的同义语，却被置于第三者的角色，甚至还被比作古代中国文化的仆役。再通过强调源自日本"固有文化"的主动性，实藤将西方现代文化描述为促成东亚文化圈新的场域运动、带来"中日两国文化地位的逆转"的触媒。他将中日文化地位的变化形容为"如季节变换般逆转"，③ 与其说西方文化是刺激和冲击中日两国、东亚文化圈的外部力量，不如说是被东亚文化圈消化成自身蜕变的能量。西方文化并未动摇文化圈本来的结构，而是被微妙地转化为触发东亚文化圈新的场域运动的一个外因。

实藤通过使用"固有文化"的概念，将外来文化的影响叙述成内源性的自主变革：日本对"近代"是自主接受，向中国"输出近代"是出于文化报恩。孙歌指出，明治以来一直困扰日本的难题，就是如何以一幅亚洲面孔在西方主导的世界文明秩序中确立自己的

---

① 　实藤惠秀『中国人日本留学史稿』、不二出版、1993、第47頁。
② 　实藤惠秀『日本文化の支那への影響』、螢雪書院、1940、第149頁。
③ 　实藤惠秀『中国人日本留学史稿』、不二出版、1993、第66頁。

位置，又如何以西方文明追随者的身份重整东亚国际关系秩序。① 李永晶也指出，日本为了对抗"西洋"，需要赋予"东洋"能与"西洋"相抗衡的更高意义："日本既要成为亚洲旧秩序的克服者，还要成为亚洲新秩序的代言人，而这个新亚洲还要以亚洲的传统文明为基础。"② 实藤之所以如此执着于强调日本学习西方是缘于"固有文化"，也是因为希望解决上述难题。他希望通过这种叙述一举摆脱日本"中华文化从属者"和"西洋文化模仿者"的身份，由此建构起"近代日本"在东亚文化圈现代化进程中的主导者地位，同时证明这是东亚文化圈自身运作而非西方强加的结果。日本凭借主动接受、吸收、传播"近代"，已成为新的东亚文化圈中心，由此逆转日本在古代中华文化圈中的"东夷"身份——中华文化的从属国、接受者。

实藤一方面强调日本的"固有文化"决定了日本进行现代化的主体性，另一方面论说中国的"固有文化"决定了中国在现代化上的落后。写作《留学史稿》的同时，他在日记中引用了一位日本学者讨论"开发"中国华北的文章。文中认为中国民众"没有发展自治组织的能力"，因此"日本有必要给予充分的助力"，不仅是具体的技术细节，还包括宏观的社会和经济上的"指导"。实藤受到启发，将问题更进一步引到现代化能力上：

> 中国在近代化方面，确实是落后了，这是一种宿命。中国和日本相比，差距是不小的。最可怜的是老百姓，他们处于军阀和外国势力的双重压迫之下。正如孙中山所说，次殖民地的境况比殖民地更坏。从这一点看，这次的事件说不定是值得庆幸的。
>
> 那种认为应该感谢中国古代文化的想法是错误的。同样，

① 孙歌：《主体弥散的空间——亚洲论述之两难》，江西教育出版社，2002，第100页。
② 李永晶：《分身：新日本论》，北京联合出版公司，2020，第110页。

对近代中国新兴势力作出过高的估计恐怕也是错误的。①

《日本文化对中国的影响》对上述观念进一步整合，明确地表达了"固有文化"必然决定了日本的先进和中国的落后的观点：

> 我国比贵国先接受西洋文化的影响，所谓"笨鸟先飞"，因此日本率先实现了近代化可以说是一种必然。长久以来，贵国比周边诸国都拥有文化优势，即使在武力上败退了，也能反过来在文化上虏获对方。正是有了这种深厚的经验，所以总是不能从"中华即天下"的梦中醒来，到了必须学习欧美文化的近世，却不愿意学习。这种状态或许是像贵国这样固有文化丰厚之国（加之这种文化长久处于静止状态）无法避免的吧。因此，我认为，贵国在近代化方面的落后正是命运的悲剧。②

至此，实藤的思想已经与他极力反对的日本汉学家的中国观毫无二致，尽管他始终相信自己的中国论是反汉学的。他通过论证在现代化中日本文化"固有的优越"和中国文化"宿命的落后"，来说明应该由日本指导中国："因为日本现在拥有优秀的文化"，所以中国人应该向日本的虾夷人、熊袭人这些"落后"的部族一样与更为"先进"的大和民族融合，而不再可能像历史上那样反过来用汉文化征服蒙古人和满人。③

当实藤使用"固有文化"决定论开始为日本侵华辩护时，就决定了这种文化话语无法与政治对抗，因为所谓的"固有文化"本身就从属于日本国家政治话语，本质上就是"政治的"。这种"固有文化"话语的根本理念建筑于"近代"的合理性之上，对"固有文

---

① 〔日〕实藤惠秀：《中国人留学日本史》，谭汝谦、林启彦译，北京大学出版社，2012，第415~416页。

② 実藤惠秀『日本文化の支那への影響』、蛍雪書院、1940、第287頁。

③ 〔日〕实藤惠秀：《中国人留学日本史》，谭汝谦、林启彦译，北京大学出版社，2012，第416页。

化"的追求与"近代日本"国家的合法性的确认是互为表里的，它从属于 1930 年代通过输入欧洲文化学而建立起来的日本文化解释学。子安宣邦指出，这种文化解释学"最重要的解释目的在于找出日本文化的固有形态"，而根本上是为了确立作为民族国家的"近代日本"的同一性，负载着"近代国家日本的确立、向外扩张及转世重生课题"。①

在实藤留学史研究中，无论是对中日间"文化移植"系统的建构，对新"同文"文化共同体愿景的描绘，还是对"固有文化"的强调，其实都代表了"近代日本"在东亚文化圈传统的继承者与背叛者间的身份困境中寻求解决之道的尝试：如果成为完全的传统继承者，那么便永远无法摆脱中华文化的巨大影响；如果成为完全的传统背叛者，那么其成为文化圈盟主的资格将受到质疑。面对这个问题，实藤的逻辑是，用强调日本接受西方文化是根源于自身"固有文化"的方式来确立日本的新盟主地位。正如子安宣邦所指出的，日本要确立自己现代国家的合法性，就必然要求"东亚的中华中心之文明论政治图式的变更与重组"，也就是以西方文明的"嫡传弟子"身份取代中国，成为"东亚文明的中心"，这是自福泽谕吉写下《文明论概略》以来日本文明论的核心课题。② 实藤试图将对西方的"文化移植"解释为基于东亚文化圈"固有文化"运动的叙事，看似只在文化层面讨论问题，其实却是从属于"近代日本"国家身份建构的政治话语。其所赖以成立的，无论是"固有文化"的合法性，还是"文化移植"和新"同文"文化体建构的可行性，都必须依靠"近代"，而且是被简化为"先进－落后"模式的"文明论"话语建立起来的"近代"。他的"文化移植"的前提不是多样性的文化语境，不是异质而对等的文化体间的文化传播和交流，而

---

① 〔日〕子安宣邦：《日本现代思想批判》，赵京华译，上海译文出版社，2017，第 1~4 页。
② 〔日〕子安宣邦：《近代日本的亚洲观》，赵京华译，生活·读书·新知三联书店，2019，第 105~106 页。

是在"文明论"体系下，特指"先进"地区对"落后"地区的文化启蒙，论证"日中两国文化地位之逆转"，也就是论证迟于应对西方的中国的"落后"和积极学习西方的日本的"先进"。他写道："文化总是向低级的方向流动。日本渐渐在世界文化方面优于中国（中国方面承认这一点是在之后）。"① 实藤对日本如何成功地移植了西方文化的描述，几乎总是在与中国的对比中进行的：在"移植"西方文化方面，日本和中国谁更积极、更成功，谁就更进步。早期写作的《报纸杂志中所见日华关系》最后总结道：

> 从这里就已经可以看到近代日本与近代中国面对欧美文化的竞技成绩了吧！所谓"跃进的日本"和所谓"落后的中国"的因子就在这里吧！
>
> 日华两国以明治维新为中心，发生了文化地位的反转。笨鸟先飞。日本越发努力地持续奔跑了七十年，中国则无知无觉地打着盹，或者王顾左右，有时还会后退。终于意识到被超越了的时候是一八九五年。那时已经比日本落后了三十年。②

他在《留学史稿》中制作了《日中两国西洋事始比较表》，详细比较了两国在交通、通讯、新闻、教育、宗教、政治、习俗、语言、历法等各个方面进行现代化改革的起始时间，并归纳道："最初诸事皆由中国领先，安政③以后，则反过来由日本领先。特别值得注意的是，由中国先行之事全都是受动的（或者强制的）。"④ 他称，中国人难以从"中华天下"的思想中走出，未能认识到欧洲文化不同于历史上曾经入主中原而又被中华文化所征服的"夷狄"，⑤ 未能

---

① 実藤恵秀『中国人日本留学史稿』、不二出版、1993、第65頁。

② 実藤恵秀「新聞、雑誌に於ける日華関係」『中国文学月報』（汲古書院復刻本）1936年第21号、第168頁。

③ 安政：江户末期孝明天皇所使用的年号，自1854年11月27日至1860年4月8日。

④ 実藤恵秀『中国人日本留学史稿』、不二出版、1993、第61~62頁。

⑤ 実藤恵秀『中国人日本留学史稿』、不二出版、1993、第10頁。

意识到"东方与西方的文化地位已经倒转"。① 东亚国家中，能够对西方"近代"的到来进行积极应对的唯有日本。通过这些关于"近代"的背景叙述，实藤塑造出因无法走出"中华天下"的传统思想而最终被迫接受西方文化的"落后的中国"形象，以及积极主动吸收、接纳西方文明的"进步的日本"的形象。经过这样长篇的"近代"背景铺垫后方才推出该书主题：积极学习西方的日本成了"先进国"，而疏于学习西方的中国则成了"落后"者，由此带来"中日两国文化地位的逆转"，成为促使中国人留学日本的关键。

实藤继承了福泽谕吉的"文明论"话语，在留学史叙事中频繁使用"文化差距""文化地位"等表述，"文明论"语境中"近代日本"的文化优势地位就这样在向中国"输出近代"的过程中被建构起来。中国留学生这一群体在这种基于"文明论"的观察视线下，被赋予了代表"近代日本"启蒙中国的中介角色，研究中国留日学生史就是研究"先进"的日本面向"落后"的中国的文化传播史，或者更确切地说，是日本对中国的启蒙史。实藤通过留学史叙事建构的"文化移植"系统，和新"同文"文化共同体一起，支撑着"进步的日本"向"落后的中国"输出"近代"，以确保"近代日本"成为古旧中国的启蒙者。实藤写道："鸦片战争的确是近代中国史的发端，但是未能让顽固的清廷君臣从自大自尊的思想中醒来。这不过是庭院中的大树被微风吹落了几片叶子而已。"② 日本在甲午和日俄两次战争中的胜利，才是促使中国"向区区'东夷'的日本输送留学生的主因"。③

中国的留学史始于"中学为体，西学为用"的思想。而且，使其特别感到这种必要性的是东邻日本的跃进。④

---

① 実藤恵秀『中国人日本留学史稿』、不二出版、1993，第 13 頁。
② 実藤恵秀『中国人日本留学史稿』、不二出版、1993、第 21 頁。
③ 実藤恵秀『中国人日本留学史稿』、不二出版、1993、第 67 頁。
④ 実藤恵秀『中国人日本留学史稿』、不二出版、1993、第 2 頁。

李永晶指出，甲午战争的胜利在日本知识界被福泽谕吉等国民意见领袖赋予了"文明"战胜"野蛮"的意义，对日本而言，"意味着它第一次克服了'中国'或者'中华世界'在它内心留下的阴影"。① 这场战争巩固了日本对"近代"的迷思，日本人相信可以凭此挑战中国在东亚文化圈的权威。实藤通过书写中国人留日史，塑造了日本在中国现代化进程中所扮演的关键角色：促使中国决定接受西方文化的，不是西方发动的鸦片战争，而是日本展示的现代化"样板"。中国人的留日史因此是日本引导、推动中国接受"近代"的历史，留日中国学生就是日本向中国输入"近代"的载体。当日本向中国"输出近代"的叙述话语被建立起来后，相较于被视为中华文化辐射边缘地的"古代日本"，"近代日本"首先通过积极主动地接受"近代"，实现了中日文化地位的逆转，继而通过积极向中国"输出近代"，进行"文化移植"，建立起新"同文"文化共同体。最终，实藤与彼时的日本政府一样，相信中国应该在日本的"指导"下走向"近代"。他所持的异议只在于，这种"指导"不应由武力而应由文化——比如教育留学生——来实现。

实藤在战后多次为自己战时支持侵略的言论深深忏悔，重写《留学史》也是反思的部分结果。然而，他的反思却未能触及根本，未能摆脱笼罩着整个日本近现代史的对于"近代"的迷思。修订后的《留学史》诚然如其汉译者谭汝谦和林启彦所言，"扬弃了《史稿》中不少偏激和主观的论点"，② 但是，书中对"近代"的态度并未发生根本变化。

日本战败之时，实藤发出了"白费劲，战败了！""中国大概不会再派学生到日本来留学吧"的感叹，因此一度停止了自己的留学史研究。之所以认为中国不会再派留学生来日本，是因为在他的意

① 李永晶：《分身：新日本论》，北京联合出版公司，2020，第120页。
② 谭汝谦、林启彦：《译序》，〔日〕实藤惠秀：《中国人留学日本史》，谭汝谦、林启彦译，北京大学出版社，2012，第2页。

识中，留学就是"后进国"向"先进国"学习，日本的战败、中国
革命的成功证明了中国已经比日本"先进"，所以"先进"的中国
不再需要向"落后"的日本学习。在他看来，日本战败是又一次的
"中日两国文化地位的逆转"。与实藤关系密切的永井算已认为，日
本的战败迫使实藤"对于此前《史稿》中所贯彻的热烈的问题意识
展开自我否定，导致一段时间甚至因为绝望、怀疑和彷徨而无法继
续研究"。他重新展开中国问题研究的出发点是，中国为何会"笨鸟
先飞""后来者居上"。① 实藤通过反思所否定的，并非"近代"的
合法性，而只是日本比中国"先进"的认识。他战后重新开始中国
研究，也是想要究明曾经"落后"的中国为何会超越"先进"的日
本："中国在战争以前是落后于日本的（我这样认为），而现在却比
日本进步了（我也这样认为）。这一所谓'后来者居上'的原因何
在？"② 如前所引，"笨鸟先飞""后来者居上"正是实藤曾用于形容
"近代日本"比中国"先进"的词语，就是说，当他重启中国研究
时，依旧沿用了当年的思维模式和话语体系。正是因为这种"先
进－落后"的思维模式并未改变，所以，重写的《留学史》依然保
留了《留学史稿》中对中日两国现代化程度的比较，如中国的中华
文化中心思想阻碍了中国的现代化进程，中日现代化时间比较表，
日本比中国更为积极的学习西方的态度等。后记中还引用郭沫若认
为中国人到日本留学，就是为了"通过日本学西洋的文化……促进
中国近代化"的观点，再次强调留学生作为日本向中国输出"近
代"的载体角色。③

实藤惠秀有关中日两国谁更"近代"谁就更"先进"的这种
观念，并未因为经历战败而改变。他发自内心地、真诚地、反复

---

① 永井算巳「実藤恵秀著『中国人日本留学史』」『東洋学報』1961 年第 43 巻第 4
　号、第 591 頁。
② 〔日〕实藤惠秀：《中国人留学日本史》，谭汝谦、林启彦译，北京大学出版社，
　2012，第 422 页。
③ 〔日〕实藤惠秀：《中国人留学日本史》，谭汝谦、林启彦译，北京大学出版社，
　2012，第 167 页。

地忏悔日本对中国的侵略罪行，却从不怀疑"近代"本身。他将日本文化的合法性与主体性全部建立在"近代"之上，"近代"在他那里是不证自明的，并且被简化为"先进–落后"的文明论模式，他从未对"近代"本身产生过质疑，认为需要辨明的只是谁更"近代"、更"先进"。他没能像竹内好那样对贯穿日本"近代"的"优等生意识"进行反思，最终没能摆脱这种"近代"的迷思。他或许没有思考过这样一种可能：为日本侵略背书的正是"近代"的合法性。

小　结

在"民族国家"取代"中华天下"的语境中，实藤惠秀研究中国留日学生史，就是研究近代以来中国的日本文化接受史，希望由此反转一直以来以中国为中心、日本为边缘的东亚文化圈的文化权力结构。他没有像彼时许多日本汉学家一样将"古典中国"和"现代中国"视为不同的两种存在，而是强调二者之间的连续性，以及更重要的，"近代日本"在由"古典中国"变成"现代中国"的过程中所发挥的作用。实藤数十年潜心于留学史研究，意在叙述在日本而非西方或中国主导下的东亚文化圈的现代转型，想要在消解中华文化权威的同时维持东亚文化圈的运转，在"近代日本"的文化独特性与东亚的区域文化共通性间寻求平衡。他想建构的是这样一种历史话语：日本不仅通过自主吸收西方文化实现了自身的"近代化"，还促使中国从"中华天下"的思想中走出来，走向"近代"。在这一过程中，日本通过接收、教育中国留学生，向中国"输出近代"，不仅成功地应对了来自西方的挑战，还启动了东亚文化圈的现代变局。"近代日本"已经从东亚文化圈的文化接受国变成了输出国，甚至是中心国。这也是实藤反复强调自己的留学史研究是在近代中日文化关系研究的大前提下进行的原因。

实藤越希望建构日本在东亚文化圈中的新盟主地位，也就越需要将留日中国学生塑造为新文化的中介者。正是这批以汉语为母语的学生对于汉字共通性的依赖，使得在向中国输入"西方的近代"的同时挟带"日本的东西"成为可能。留日中国学生群体，既体现了东亚文化圈久远的传统，象征着中日两国间"同文"的文化纽带，又满足了"近代日本"作为民族国家对"固有文化"的认同要求，以及向中国"输出近代"，并在"近代"名义下掌握文化圈话语权的渴望。

实藤的留学史以及在此基础上所做的中日关系史叙事，试图用古老的文化圈力量应对"近代"的降临，但是，因为未能摆脱"进步－落后"的思维模式，反而落入了"文明论"的陷阱，映照出1930～1940年代日本知识界的思想现场：一个发自内心热爱中国和中国文化的日本知识人最终没能抵抗住时代的政治裹挟，而与侵略战争话语同调。这个结局，与其归咎于时代政治的压力，不如说早在他开始追随福泽"文明论"的叙事话语，坚信"近代"的合理性之时就已经注定了。正如子安宣邦所批判的，日本对包括中国在内的亚洲国家的侵略行为，根本上是建立在一套有关"近代"的合理性话语之上的。从实藤的留学史研究中也可以看到同样的叙事逻辑：日本通过移植"近代"超越了中国，带来中日文化地位的逆转；日本通过留日学生向中国输出"近代"，最终演变成中国这个"落后"的国家需要"先进"的日本指导才能实现"近代化"。实藤试图通过诉诸"文化"话语以抵抗"政治"，但是这种"文化"其实与"政治"一体同源，二者都将自己的合法性建立在"近代"之上，从属于确立"近代日本"国家合法性的政治意图。实藤对日本侵华行为以及自己战时对这种行为的认同、参与进行了痛切的忏悔，但是最终未能对日本自福泽谕吉以来开始规划的、以"近代"为目的的"文明化"路线进行反思。

实藤晚年终于意识到，真正的友好不应以某一个国家为中心，而"应该是在互相尊重、互相帮助和平等对待的基础上发展的友好关系"。留学教育和派遣的目的不应该是"先进国"对"落后国"的文化启蒙，而是在彼此都尊重对方为平等的文化体的基础上"互派留学生"。①

---

① 〔日〕实藤惠秀：《中国人留学日本史》，谭汝谦、林启彦译，北京大学出版社，2012，第 363 页。

第八章 左翼越境者的中国书写

——以夏衍 1924 年旅行为例

1920~1930 年代，马克思主义的流行在中日两国间形成了一个左翼文学联盟，当时中国左翼文学的许多核心成员都有过日本留学经历，与日本左翼文坛保持了密切的联系。这种与日本社会、文坛的紧密联系，不仅影响了他们对马克思主义思想的接受，也影响了他们对"现代中国"形象的认识。作为来往于两国间的越境者，他们的民族国家想象也受到马克思主义思想的影响，这在他们的中国书写中可见一斑，比如 1930 年代的左翼文学大家——夏衍。

夏衍于 1920 年 9 月至日本，开始留学生活。次年 1 月取得官费留学生资格，进入位于北九州户畑町的明治专门学校（以下简称"明专"）电气工学科学习。夏衍留学时代的基本资料主要包括，本人在留学时期写作的《残樱》《童心颂赞》《新月之下》《圣诞之夜》等作品、1925 年的留学日记，[①] 以及 1984 年完成的回忆录《懒寻旧梦录》。目前有关夏衍日本留学时期的研究，最值得注目的是阿部幸夫编译的《杭州月明：夏衍留学日记・一九二五》。该书不仅包括对夏衍 1925 年留学日记和留学时期作品的翻译，还以笺注方式对日记

---

① 2005 年由浙江文艺出版社出版的《夏衍全集》，首次以"日本日记"为题收录了夏衍的这部用中、日、英三种语言交杂写成的日记，系该日记在中国大陆首次公开出版。日本学者阿部幸夫随后将其译为日文，以『杭州月明：夏衍日本留学日记・一九二五』为题，由东京研文出版社于 2008 年出版。

和作品中出现的事件、人物、社会、文坛背景等进行了详细注解和评论。板谷俊生以明专创立前后的情形及夏衍入学时期的学校状况等为中心，进行了相关背景资料的整理。① 小谷一郎则对1925年夏衍正式开始左翼政治活动后直接参与的国民党驻日总支部、社会科学研究会、青年艺术家联盟等组织的相关资料进行了细致的发掘、整理和考察。② 可以看到，目前对夏衍日本留学时代的研究主要集中于左翼转向以后，转向以前的研究基本停留于史料整理阶段。

明专时代的夏衍曾在暑假利用官费留学生的旅行费进行了一次从日本出发，经朝鲜、我国的东北和华北，最后回到故乡杭州的旅行。本章将从这一迄今为止尚未引起注目的旅行入手，通过对这次旅行的时间、路程、当时的社会和文坛背景的考察，探讨如下问题：其对夏衍心理、思想、创作有哪些影响，以及如何影响留学生夏衍的中国想象？这种想象与他在越境旅行中目睹的故国现实之间所发生的冲突，又如何影响了他笔下的中国形象？作为夹在浪漫的"古典中国"和被侵略的"现代中国"之间的个体，夏衍又有过怎样的思想挣扎？

第一节 旅行的时间和路线

关于这次旅行的时间，有1923年暑假和1924年暑假两种说法，且夏衍本人的说法也前后不一。夏衍关于此次旅行的最早记述，根据目前所见资料，是在1924年11月所作的《童心颂赞》中。文中写道："今年夏天，走了一条长路——经过朝鲜、满洲、北京、南

---

① 板谷俊生「北九州と中国人留学生夏衍について」『北九州市立大学外国語学部紀要』2005年第112号、第29～59頁。
② 小谷一郎『一九三〇年代中国人日本留学生文学・芸術活動史』、汲古書院、2010。

京，回到了我挚爱的杭州。"① 其次是在 1944 年 12 月完成的话剧《离离草》的后记中："那是二十年前的事了，在一个暑假期内，我曾经在朝鲜、满洲作过一次无目的的旅行。"② 两则材料都显示旅行的时间是在 1924 年。然而，时隔六十年后，84 岁的夏衍撰写回忆录《懒寻旧梦录》时，则说自己是在 1923 年的暑假进行这次旅行的："这一年暑假，我忽发奇想，一个人经朝鲜到东北、华北去作了一次旅行。"③

会林和绍武编著的《夏衍生平年表（初稿）》认为，夏衍在 1923 年和 1924 年暑假都曾回国省亲，而经朝鲜、中国东北的返乡之旅是在 1924 年。④ 夏衍孙女沈芸所编《夏衍生平年表（第四稿）》认为，他是在 1923 年 "7 月暑假经朝鲜及我国东北、北平回国，并回乡探亲"。⑤ 陈坚和张艳梅合著的《世纪行吟——夏衍传》认为，夏衍留日期间 "共有三次暑假回国探亲的经历，时间分别是 1923 年、1924 年和 1925 年"，经朝鲜和我国东北的返乡旅行在 1923 年。⑥

夏衍 1925 年的日记或许可以提供一些新的线索。3 月 30 日日记中有 "友三⑦与我三次回国，备受冷遇，于去年尤甚。（……）故初同伊春假回省" 之语。⑧ 此时的夏衍正在为筹措未婚妻蔡淑馨的留日费用而打算利用春假著书攒钱，没有回国。当时夏衍家境贫寒，归国省亲的主要费用来源是三年发放一次的官费留学生旅行费。由此推算，1921 年 1 月考取官费的他首次拿到旅行费，确如《懒录旧梦录》所述是在 1923 年。那么，此则日记中所述 "三次回国" 应当在 1923～1924 年间，除去一次 "春假归省"，其余两次应当分别在

① 夏衍：《童心颂赞》，《夏衍全集》第 9 卷，浙江文艺出版社，2005，第 14 页。
② 夏衍：《记〈离离草〉》，《离离草》，进修出版教育社，1945，第 90～91 页。
③ 夏衍：《懒寻旧梦录》，生活·读书·新知三联书店，2005，第 51 页。
④ 会林等编《夏衍研究资料》，中国戏剧出版社，1983，第 296 页。
⑤ 沈芸：《夏衍生平年表（第四稿）》，《新文学史料》2001 年第 1 期，第 182 页。
⑥ 陈坚、张艳梅：《世纪行吟——夏衍传》，浙江人民出版社，2005，第 22～25 页。
⑦ 友三：即蔡经铭，是夏衍嫂子的弟弟，也是夏在浙江公立甲种工业学校时期的同学，二人后结伴赴日，又一起考入明专。
⑧ 夏衍：《日本日记》，《夏衍全集》第 16 卷，浙江文艺出版社，2005，第 220 页。

1923 年和 1924 年的暑假。

另一个证据是，1923 年暑假夏衍回国，爱上了后来成为"湖畔诗人"汪静之夫人的符竹因（又名符竹英）。有关此事，夏衍 1925 年 2 月 28 日日记中这样写道："我今晚上拿出许多竹英给我的来信看了一回，真好像是一个梦——一个噩梦！我本来想在去年日记里写的话，现在也将他写在这里吧！"① 符竹因 1923 年 7 月 18 日致汪静之的信中也记录了夏衍暑假归国后来访之事："那个同耍子的朋友姓沈的，我们并不十分要好，但我相信他的人格是很高尚的，尽可不必担心！（……）沈新回国，远道来访二次（一次我正在你那里）。"② 根据符信，夏衍在 1923 年 7 月 18 日前至少已回国数日，方才能"远道来访二次"。而按《懒录旧梦录》中的描述，他是 7 月从日本下关出发（按夏衍 1925 年 7 月 9 日的日记有"试验终了"的记载，③ 可知当时明专暑假确于 7 月初开始），在朝鲜以及我国东北、华北等地停留在二十二日以上（朝鲜十日，奉天两日，哈尔滨三日，北京一周），加之路上交通所需时间，8 月上旬才回到杭州，因此他是不可能在 1923 年进行这次旅行的。

综上可以推测，夏衍在 1923 年和 1924 年暑假都曾回国省亲。至于本章讨论的这次旅行，1924 年所作《童心颂赞》中所述的"今年夏天"当然要比事隔六十年后的回忆更加可信。因此，笔者认为，经朝鲜以及中国东北的返乡之旅是在 1924 年（以下简称"1924 年旅行"），而非《懒寻旧梦录》中所说的 1923 年。不过，"1923 年说"也不能单纯视为记忆错误，有关此点，将在后面再做讨论。

夏衍 1924 年旅行的一个重要背景是，随着日本大正时代现代旅游业的发达而兴起了中国旅行热。

有关旅行的路线，《童心颂赞》的记述是："经过朝鲜、满洲、北京、南京，回到了我挚爱的杭州。（……）在平壤的古战场我也曾

---

① 夏衍：《日本日记》，《夏衍全集》第 16 卷，浙江文艺出版社，2005，第 215 页。
② 飞白、方素平编《汪静之文集》，西泠印社，2006，第 224 页。
③ 夏衍：《日本日记》，《夏衍全集》第 16 卷，浙江文艺出版社，2005，第 233 页。

为根深蒂固的爱国思想的原故，流过一次眼泪。我在火车里，浏览些三韩和满洲交界的特有的风光。"① 《记〈离离草〉》叙述，旅行中"攀登过金刚山的高峰，凭吊过牡丹江的战迹，在泰山之巅看过日出，在八达岭上听过驼铃，我也曾象一个哑行者似的呆坐过异国情调的哈尔滨的酒馆"。② 《懒寻旧梦录》记载，当时"从下关搭渡轮到朝鲜的釜山，只要七八个小时。（……）到了汉城、平壤，大约在朝鲜呆了十天左右"。之后又到奉天（今沈阳）、哈尔滨、北京等地，最后回到杭州老家，停留数日后从上海乘船回日本。③

由此可以整理出夏衍旅行的大致路线，即：下关—釜山—汉城—平壤—奉天—哈尔滨—牡丹江—北京—山东—南京—上海—杭州。旅行所利用的主要交通线有：首先通过下关—釜山间的海上航线到达釜山，经纵贯朝鲜半岛的朝鲜铁路，从新义州过鸭绿江大桥至安东（今丹东）进入中国境内，经安奉铁路至奉天，由奉天经南满铁路越过日俄战争分界线至哈尔滨，停留两三天后，再次由南满铁路和京奉铁路，从哈尔滨经奉天入关至北京，经津浦线、沪宁线、沪杭线到达杭州，最后再利用上海—长崎间的海上航线回到日本。

夏衍所走的这条路线，正是随着大正时期日本旅游业的发达而开辟的环游朝鲜—中国的漫游路线。西原大辅指出，一战后日本的现代旅游业迅速发展，交通设施的建设，特别是大陆铁道网的整备，现代旅馆、旅行社的建立等，使越来越多的日本人能够自行出境旅行，朝鲜和中国自然成为旅行目的地的首选。1911 年 11 月 1 日，日本建设的连接朝鲜新义州和中国安东的鸭绿江大桥完成，朝鲜与中国东北间的直通列车开始运行。这样，通过下关—釜山的海上航线，加上纵贯朝鲜半岛的铁路线，实现了日本与中国东北的直接连接。同年，连接奉天与北京的京奉铁路，以及连接天津与南京浦口的津浦铁路也铺设完成。这些铁路的竣工，使日本人进行中国环游的现

---

① 夏衍：《童心颂赞》，《夏衍全集》第 9 卷，浙江文艺出版社，2005，第 14 页。
② 夏衍：《记〈离离草〉》，《离离草》，进修出版教育社，1945，第 90 页。
③ 夏衍：《懒寻旧梦录》，生活·读书·新知三联书店，2005，第 51 页。

代旅行终于成为现实。刘建辉在《魔都上海》中则指出，大正中期以后，日本观光客日益增多，1924 年成立了旨在提升日本旅行文化的文化运动团体——日本旅行文化协会。

在日本旅行文化协会成立时创刊的机关杂志《旅》这一旅行专门杂志的创刊号上，在说明该协会成立宗旨时，把"介绍日本内地以及朝鲜、满蒙、中国等地的风土人情"作为其活动目的之一。另外，在该创刊号上刊登的满铁广告上，印刷着一句极为直观的宣传标语："旅行的季节到了！去朝鲜！去满洲！去中国！"[①]

由政府支持的学生团体的出国"修学旅行"也随之兴盛。

战前的中学和商业学校（现在的高中生）的海外修学旅行，是从日清战争结束的翌年一八九六年（明治二十九年）兵库县立丰冈中学的朝鲜旅行开始的。日俄战争后的一九〇六年以后则出现了到朝鲜、"满洲"的修学旅行热。

成为旅行热契机的是文部省和陆军省共同主办的，以中学生为对象的"满洲"修学旅行。

一九〇六年七月，利用暑假，将全国的中学生分成五班，进行了以日俄战争遗迹为中心的"中学共同满洲旅行。"[②]

夏衍日记中对修学旅行也有记载。1925 年 4 月 29 日就记载了当时日本女专学生访问中国之事。据阿部幸夫考证，此处"日本女专"似当指外务省派遣的由奈良女子高师师生组成的考察团，事见《大阪朝日新闻》1925 年 3 月 21 日所载新闻。旅行团所走路线为：神户—上海—杭州—苏州—南京—汉口—武昌—汉阳—北京—天津—

---

① 〔日〕刘建辉：《魔都上海——日本知识人的"近代"体验》，甘慧杰译，上海古籍出版社，2003，第 90 页。
② 久保尚之『満州の誕生』、丸善株式会社、1996、第 21 頁。

济南—青岛—大连—旅顺—奉天—抚顺—安东—京城—釜山—下关。①
除武汉三镇至北京的京汉一线外，这一行程与夏衍一年前的旅行路
线相同，而顺序相反。

在这种政界、商界、文化教育界异口同声地"去朝鲜！去满洲！
去中国！"的鼓励和刺激下，中国漫游风靡一时，大批日本文人也正
是从这一时期起纷纷开始了他们的中国之旅，包括芥川龙之介、菊
池宽、永井荷风、志贺直哉、横光利一、佐藤春夫，当时夏衍"非
常喜欢"的日本作家、② 写作过一系列"中国趣味"作品的"耽美
派"作家谷崎润一郎。从旅行的路线和观光地的选择上可以推测，
夏衍的旅行大概也受到这股中国漫游热的影响。他旅行的 1924 年，
正是新成立的日本旅行文化协会发出"去朝鲜！去满洲！去中国！"
的宣传口号之时，他心仪的作家谷崎润一郎已于 1918 年完成了自己
的第一次中国之旅。西原大辅还指出，由于当时交通条件所限，中
国国内现代交通设施尚未完善，因此当时来中国旅行的日本人虽多，
其行程路线却颇为相似。③ 从这一点看，想要进行日本—朝鲜—中国
的环游，这条由日本人开辟的中国漫游路线对夏衍而言想必也是十
分便利的选择。

第二节　作为趣味的　"古典中国"

除了日本的中国漫游热和政府发给的旅费外，促使夏衍旅行的
还有一个重要原因，就是他在日本留学期间受到浪漫主义影响，形
成了以浪漫主义的眼光看待中国的方式。他将中国视为远离现代资

---

① 阿部幸夫编著『杭州月明：夏衍日本留学日记・一九二五』、研文出版、2008、
　　第 119 頁。

② 夏衍：《日本日记》，《夏衍全集》第 16 卷，浙江文艺出版社，2005，第 211 頁。

③ 西原大辅『谷崎潤一郎とオリエンタリズム：大正日本の中国幻想』、中央公論
　　新社、2003、第 37 頁、第 145～146 頁。

本主义文明污染的古典纯真理想之乡，相信"古典中国"才保存了东亚文化圈最纯粹的古代文明。

当时的夏衍十分崇拜英国作家 R. L. 史蒂文生（R. L. Stevenson）。他在回忆录中写道，自己从小在乡间长大，少有远游机会，拿到旅费之后，"就浩然起了远游之念"。于是，"仿照史蒂文生的'携驴旅行'，带了一只手提箱"，只身开始旅行。① 当时明专本科一年级的英语课本就是史蒂文生的《携驴旅行记》（*Travels with a Donkey*），夏衍正是由此喜欢上了这位作家。在随后的几年里，夏衍阅读了明专图书馆所藏的史蒂文生的全部作品，并专门到博多的丸善书店购买了他的传记。

史蒂文生出生于苏格兰一个中产阶级家庭，他的工程师父亲希望这个独子能够承继父业，而他却从小表现出对文学的浓厚兴趣。双方妥协的结果是史蒂文生进入爱丁堡大学学习法律，然而整个大学时代，他都以一个自由波希米亚者的姿态继续与自己的布尔乔亚家庭作对。他后来比较著名的作品有小说《化身博士》《金银岛》等。② 史蒂文生的经历，与同样迫于家计而学习工科却无法抑制对文学之热爱的夏衍颇有相似之处，这大概也是令夏衍喜爱这位作家的原因之一。《携驴旅行记》出版于 1879 年，其中所记的旅行始于1878 年 9 月，史蒂文生带着一头小毛驴，穿越法国南部的塞文山区，与偶然相遇的人们交谈，倾听不同教派者的诉说，常常露宿在林中的星光下。游记笔调温润，不乏幽默，饱含着作者对宗教和人性的思考和感悟。对史蒂文生而言，这次旅行是"愉快而又幸运的"。他在自序中写道："我们都是约翰·班扬著作里称为人世荒野中的旅行者呀——也包括一切带着毛驴行走的旅行者；而最好的运气是在我们的旅行中遇到一位诚实的朋友。"③

---

① 夏衍：《懒寻旧梦录》，生活·读书·新知三联书店，2005，第 51 页。
② *The New Encyclopædia Britannica*，Volume11，Chicago：Encyclopædia Britannica Inc.，1989，pp. 262 – 263.
③ 〔英〕斯蒂文生：《携驴旅行记》，戴子钦译，辽宁教育出版社，1997。

　　不过，吸引夏衍的并不是史蒂文生作品中的宗教感悟。夏衍正式接触新文学，始自旅日之后阅读郭沫若、郁达夫、陶晶孙等创造社作家的作品。他喜欢的是"沫若的诗剧，晶孙的小说——尤其是《木樨》"。①"读了郁达夫、陶晶孙的短篇，忽动写小说之念，一口气写了五篇，陆续寄给上海创造社办的刊物。"② 郭沫若翻译的《少年维特之烦恼》等德国浪漫派作品也是他的爱读之作。夏衍的新文学创作之路正是从写作创造社式的浪漫主义作品，如《残樱》《新月之下》《童心颂赞》《圣诞之夜》等开始的。他在 1925 年 4 月 14 日的日记中写道："我等享受最大的物质文明的恩惠，却依然想保持原人之本性。尽管有法律之习惯、群众之黄金，但不能剥夺我等之'童心'，即原始人之赤裸裸的态度。我以为，唯具有此童心之人，才能恋，才能爱，才能创作。"③ 这种卢梭式的浪漫主义思想，也影响了夏衍对史蒂文生的解读与接受。《童心颂赞》中写道：

　　　　当代最优秀的小说家、以风格被称为英国文坛空前的作家史蒂文生，谁都知道他是一个愤慨于"我们的文明是一种肮脏的、粗鄙的东西，它如此堕落，以致远离人性"而献身于纯真的一个人。我爱歌德，我爱华兹华斯，我更爱史蒂文生，但是，啊，啊！像他们一样遗留下来的天真到底在哪里？④

《懒寻旧梦录》中也写道：

　　　　欢喜史蒂文生，除了他的文笔清新流利之外，主要是对他的浪漫主义色彩和人道主义精神有好感，特别是他为了同情麻疯病人，举家远离故国，到英国放逐麻疯病人的南太平洋上的

---

① 夏衍：《我的文艺生活》，《大众文艺》第 2 卷第 5、6 期合刊，1930 年，第 1586 页。
② 夏衍：《〈夏衍杂文随笔集〉后记》，会林等编《夏衍研究资料》，中国戏剧出版社，1983，第 286 页。
③ 夏衍：《日本日记》，《夏衍全集》第 16 卷，浙江文艺出版社，2005，第 223 页。
④ 夏衍：《童心颂赞》，《夏衍全集》第 9 卷，浙江文艺出版社，2005，第 13 页的。

一个小岛西萨莫亚去定居那一壮举。①

在夏衍心目中，史蒂文生这位几乎一生都在不停旅行的作家，是自放于"故国"和"文明"之外，以旅行的方式追寻"童心"和"纯真"的浪漫主义波希米亚。他模仿史蒂文生旅行，也是想模仿其浪漫主义的生活方式。

西原大辅指出，中国漫游热与当时文坛流行的浪漫主义、唯美主义相互作用，成为大正日本"中国趣味"产生的一个重要原因。"中国趣味"当时作为新日语词，是"大正摩登主义的产物"，"'中国'和'趣味'相连，是在生活日益西洋化的大正末期出现的"。"玩味中国风的家具、饮食、旅行的摩登新生活，这才是'中国趣味'。（……）一种与从来的汉学家迥异的接触中国文化的新方式，在大正时代末期产生了。"② 中国，成了大正文人逃避为西方资本主义文明所物化的现代日本而幻想出来的，散发着浓烈浪漫主义气息的纯真理想之乡。谷崎润一郎等崇尚浪漫主义、唯美主义的"耽美派"作家，正是在这种"中国趣味"的氛围下凝视、书写中国的。西原大辅评论这些作家的中国巡游时这样写道：

> 耽美派不是帝国的建设者，而是一味的享受者。他们尽情地沐浴在大日本帝国荣华的恩惠中，悠然地周游中国，用"漫游""趣味"的态度描绘中国，胸中怀着对乌托邦的憧憬面向中国。这不曾被丑恶的现代所污染的、纯真的理想之乡，中国。梦一样的幻想之国，中国。"中国趣味"散发着浪漫主义的气息。③

---

① 夏衍：《懒寻旧梦录》，生活·读书·新知三联书店，2005，第50页。
② 西原大辅『谷崎潤一郎とオリエンタリズム：大正日本の中国幻想』、中央公論新社、2003、第24~25頁、第32頁。
③ 西原大辅『谷崎潤一郎とオリエンタリズム：大正日本の中国幻想』、中央公論新社、2003、第39頁。

对于这种"中国趣味"，田汉在《银色的梦》中回忆 1926 年拍摄电影《到民间去》时的情形，他写道：

> 我们两月前在西湖拍《到民间去》的外景的时候，日本画家三岸好太郎同行。晚上住在旅馆里，喝了几杯老酒，倒在沙发上休息日间的疲劳的时候，他总要我说些 Fantastical 的故事给他听。他说五十年间被物质化了的蓬莱三岛，已经找不出"幻想"了，有之则在中国，他是为找"幻想"而来中国的。①

谷崎润一郎等"耽美派"文人的浪漫主义，与当时夏衍所追奉的创造社式浪漫主义虽然不尽一致，但在试图通过"旅行"寻找现代资本主义物质文明之外的"理想之乡"这一点上是相通的。无论是夏衍、谷崎润一郎，还是三岸好太郎，其所抱的浪漫主义经典"思乡情结"（nostalgia）都是显而易见的。

本来，一个留学他乡的学生利用暑假在异国旅行才更像是通常的做法。实藤惠秀《中国人留学日本史》所录章宗祥《日本游学指南》（1901）述及旅行费一项时，就以为利用旅行费进行"修学旅行，此亦于游学最有益处，且可以借此入其内地考察一切"，② 是深入日本内地，考察其风俗国情的良机。夏衍自幼在乡间长大，鲜有远游机会，而一旦拿到旅费，他首先想到的不是观赏异国日本的本地风光，而是游览故国的"异乡风景"：

> 今年夏天，走了一条长路——经过朝鲜、满洲、北京、南京，回到了我挚爱的杭州，像我这样童心泯灭的行尸，见了这般不曾见过的异乡风景，也曾略动了些诗的情调。③

在这里，夏衍下意识地把"满洲、北京、南京"这些属于故国

---

① 田汉：《银色的梦》，良友图书印刷公司，1928，第 6 页。
② 〔日〕实藤惠秀：《中国人日本留学史》，谭汝谦、林启彦译，北京大学出版社，2012，第 125 页。
③ 夏衍：《童心颂赞》，《夏衍全集》第 9 卷，浙江文艺出版社，2005，第 14 页。

的土地与朝鲜一并称为"异乡风景"。东北和华北虽属故国土地，却与自幼生长在南方、不曾远游过的夏衍的生活从未产生过交集，因此在他眼中也是陌生而遥远的所在。这些地方在大正日本"去朝鲜！去满洲！去中国！"的中国漫游热，以及洋溢于日本文坛的"中国趣味"氛围中，未始不曾染上几分"异国情调"。可以说，留学日本期间所接受的浪漫主义影响了夏衍观看故国的方式，他在现代中国土地上进行了这场旅行，所欲寻找的却是远离现代的"古典中国"。

第三节　异乡与故乡·个体与国家

夏衍最初设想的大概是一次浪漫的"异乡之旅"。他的确曾为"三韩和满洲交界的特有的风光"所吸引，也曾倾心于火车上偶遇的"长袖翩翩的岛国女郎的风貌"，一度是沉醉于"山川的美，肉体的美"的"象牙塔里的醉者"，① 去哈尔滨也是因为"一位到过东北的日本同学"推荐"哈尔滨的夏天很漂亮"。② 然而，随着旅途的行进，夏衍发现自己既无法像史蒂文生的"携驴旅行"那样"愉快而又幸运"，也无法像谷崎润一郎等日本文人那样悠然巡游，尽情地把玩"中国趣味"。他的旅行实际上交缠着国事与家事的困扰，"异乡"与"故乡"的矛盾。

中国漫游热和"中国趣味"流行的背后，是日本节节推进的侵略扩张。夏衍旅行所利用的，由日本修筑的连接日本本土和朝鲜、中国东北的一系列铁路线，都是日本意欲侵略中国东北的"满洲经营策"的组成部分。日俄战争后缔结的《朴次茅斯和约》（1905 年）使日本从俄国手中获得了中东铁路长春—旅顺段，即"南满铁路"，该铁路由"南满洲"铁道株式会社（即"满铁"）经营。此外，日

---

① 夏衍：《童心颂赞》，《夏衍全集》第 9 卷，浙江文艺出版社，2005，第 14 页。
② 夏衍：《懒寻旧梦录》，生活·读书·新知三联书店，2005，第 52 页。

本又修筑了安奉铁路和跨鸭绿江大桥，这就把当时中国东北的两大核心城市长春和奉天通过朝鲜半岛与日本本土连接到一起。时任东三省总督的锡良曾感叹，日本据有"南满"、安奉两线，则"彼自仁川而奉天，自奉天而北至长春，南至大连、旅顺，节节灵活，脉络贯通，乃得徐以侵蚀我人民有限之利益，启发我内地无尽之宝藏；且万一变起仓猝，彼屯驻于朝鲜之兵队，可以朝发军书，夕至疆场。（……）国界混淆，国防坐失，其后患实不堪缕指"。①

久保尚之指出，甲午战争和日俄战争后由日本政府组织的中学生"满鲜"修学旅行，"都有着由战胜而产生的国力高扬感的背景"。② 然而与此同时，夏衍目睹已经沦为殖民地的朝鲜和被侵略的中国东北的现状，由此而激发了母国国民的身份意识。这使他无法和谷崎等日本文人一样尽情享受这种"帝国荣华"，无法一直沉浸于浪漫主义"古典中国"的幻梦中。"我们"（被侵略者）与"他们"（侵略者）的隔阂乃至对立，使他不得不直视"现代中国"被侵略的现状。

明专所在地北九州户畑町，在夏衍的记忆中是一个"环境幽美，人情朴质"、宛如世外桃源的地方。"五四"时期曾是学生运动急先锋的他在这里颇度过了几年平静逍遥的读书生活，没有在东京等大城市的中国留学生所感受到的被歧视为弱国子民的屈辱：

> 我在东京的那时候，"支那人"是很受歧视的，可是我在"明专"五年，从校长、教授到同学，对我们这些中国留学生是平等相待，一视同仁的，有几位教授还很关心我们，假节日邀我们到他们家里去作客等等。所以我们也就没有抬不起头来的那种屈辱感。③

---

① 宓汝成：《帝国主义与中国铁路（1847~1949）》，经济管理出版社，2007，第96~101页。
② 久保尚之『満州の誕生』、丸善株式会社、1996、第24页。
③ 夏衍：《懒寻旧梦录》，生活·读书·新知三联书店，2005，第60页。

与身处东京的郁达夫不同，夏衍不是在日本感受到中国"国际地位落后的大悲哀"，[①] 而恰恰是在祖国土地上旅行之时才真正体验到"异国人的悲哀，弱国的痛苦"。由沿途风光和偶遇的日本女郎之美所引起的一度陶醉，终于被"我们"与"他们"的民族尖锐对立打断。《童心颂赞》中述及旅途中目睹日本人呵斥中国人时写道：

> "去，王八！"生涩的中国话发源于两个眼睛圆睁的日本人的口中，影响及于并不曾不买票的奉天老百姓身上！山川的美，肉体的美，这个巨雷，将象牙塔里的醉者，化做一个"战神"阿瑞斯的化身的恶汉。我方才鉴赏的佳人，正是我们敌人的一员。我的血沸得厉害。[②]

一直以来所抱持的"实业救国"的信念，也在旅途中目睹的现实面前发生了动摇。

> 说心里话，这次旅行，我心里感触很深，也就是家事和国事之间的矛盾，想起朝鲜和东北的情况，像一块铅压在心上。我还去拜访了许炳堃先生，谈了这次旅行的感受，但他还是强调"实业救国"，我当然不敢顶撞，但心里想，在中国目前的情况下，读死书，拿文凭，得学位，真的能救国吗？对这样一个问题，我感到孤独，没有一个人可以商量。[③]

旅行中的所闻所睹使夏衍对中国东北这片被侵略的土地有了"出于常情之外"的牵挂，他日后创作中的"东北情结"正是由此埋下的。夏衍夫人蔡淑馨的同学钱青回忆她们 1925 年随夏衍赴日留学途中，夏衍曾"气愤地讲述当时日本欲侵略中国的野心，他说日本的孩子要求家长购买零食、糖果，父母总说：你长大了到'支那

---

① 郁达夫：《雪夜》，《郁达夫全集》第 4 卷，浙江大学出版社，2007，第 306 页。
② 夏衍：《童心颂赞》，《夏衍全集》第 9 卷，浙江文艺出版社，2005，第 14 页。
③ 夏衍：《懒寻旧梦录》，生活·读书·新知三联书店，2005，第 52～53 页。

满洲'去，那里什么都有。日本敌视中国、侵略中国的野心，早已深入人心"。① 陈坚和张艳梅合撰的《世纪行吟——夏衍传》指出："对于沦陷最早的东北，夏衍有剪不断的情结，他的第一部独幕剧《都会的一角》便是因为'东北是我们的'这一句话而引起了一场大风波。"② 夏衍的"东北情结"之深，从他 1944 年在重庆写作的、以日本统治下的东北为背景的四幕话剧《离离草》中也可看出。他在后记中写道：

> 我生长在江南，在北方所耽的时间和全生涯比较起来几乎是渺不足道，但是出于常情之外，我永远永远地怀念着那一片渺无边际的在风雪中受难的地方。我攀登过金刚山的高峰，凭吊过牡丹江的战迹，在泰山之巅看过日出，在八达岭上听过驼铃，我也曾象一个哑行者似的呆坐过异国情调的哈尔滨的酒馆。我不能忘掉这些地方，但更使我一想起就发生亲切之感的却是那些数不清的生长在这块土地上的苦难深重的人像。那是二十年前的事了，在一个暑假期内，我曾经在朝鲜、满洲作过一次无目的的旅行，在京城的一条不知名的街上，我看见过一队日本宪兵，为了夸示他们的威武而纵马践踏了整个的菜市。在奉天车站，我目睹过一个日本路警任何一点借口都没有地把一个苦力推下火车急驶中的轨道。而在这种场合，一方面说，我在周围群众脸上看到的可以说是一种没有表情的悲伤，一种没有言语的反抗，而在另一方面，在长期的威压之下，我也看到了为着维持最低最苦的生存，人们也就不知不觉地学会了一种应顺一切压迫和作践的习性，在奉天车站附近的一家小旅馆里，一天清晨我听到了一种奇妙的叫卖声音：
>
> "Nappa 喔，白菜，Kiuri 喔，黄瓜！"
>
> Nappa 和 Kiuri 是白菜黄瓜的日本语发音，在中国地方，在

---

① 钱青：《随夏衍赴日》，《文汇报》1995 年 4 月 11 日。

② 陈坚、张艳梅：《世纪行吟——夏衍传》，浙江人民出版社，2005，第 169 页。

二十年前，做小贩的农民也已经不能不为着生活而学会几句日本话了。①

菊池租评论《离离草》时提出过如下疑问："夏衍为什么要在1944年这样一个战争差不多已胜利在望的时候还要写作这样一篇抗战宣传作品呢？本来《离离草》就不是单纯的抗战宣传作品，而是此外还有别的什么目的吧。"他以作品中对朝鲜人的描写为例，推测作者怀着善意的描写"大概有着特殊的意味"。② 1940年代版本的《离离草》中还附有写作时的参考资料，包括汤浅克卫《先驱移民》（小说，载于《改造》第20卷第12号）、岛木健作《再建》、长谷川敏《弥荣村与千振村》（报告，未刊稿）、《周报》（第143号）《满洲移民与分村分乡计划》、《外交部半月刊》（1944年2、3月）、杨觉勇《日本东北移民之检讨》。上述报告和笔记多与当时日本在中国东北的移民相关。可以推测，夏衍一直对东北保持着相当的关注，而这又重新唤起他当年在这片受难之地上旅行时的回忆。那么，菊池租提出的《离离草》的创作动机问题，除了受战争的外部环境影响外，大概与夏衍自身一直抱有的"东北情结"也有重要关系。作品中怀着善意的对朝鲜人的描写，大概也是出于当年目睹为殖民所苦的朝鲜人的生活状态而生的同病相怜之感。

在晚年的回忆中，夏衍把1923年称为自己青年时代的一个重要时间点，说"1923年在我的青年时代有过几件难忘的事情"。这几件事指，三四月间去博多拜访郭沫若，是为二人初次见面，七八月间的朝鲜—东北之旅，9月的关东大地震，10月在同学郑汉先的介绍下加入九州帝大的左翼组织"社会科学研究会"。③ 但如之前所论，朝鲜—东北之旅其实在1924年，与郭沫若的会面，按《童心颂

---

① 夏衍：《记〈离离草〉》，《离离草》，进修出版教育社，1945，第90~91页。
② 菊池租「夏衍・〈離離草〉について」『中国文学』（汲古書院復刻本）1948年第104号、第511页。
③ 夏衍：《懒寻旧梦录》，生活·读书·新知三联书店，2005，第51~56页。

赞》所述，也是在 1924 年春。这种有意无意的记忆混淆也许意味着，夏衍希望向世人讲述一个有关自己如何走上革命之路的因果完整的故事。

> 这一个暑假对我说来可以说是"多事之秋"，看得很多，也想得很多。天灾，是无法抗拒的，那么，这样那样的人祸呢？在釜山、汉城看到的朝鲜人——包括儿童、妇女的那种无声的敌意，在奉天车站听到的"满铁"护路警对中国苦力的凶暴的吼声，在北京街头看到的插着草标卖儿卖女的惨状……我的心很久不能平静。学一点科学技术，当然是必要的，但再也不能心安理得地看外国小说，读"闲书"了。我重新想起了《浙江新潮》时期的往事，我不像前两年那样的"逍遥"了。①

1924 年的旅行让夏衍"发现"了那片原本遥远而陌生的祖国土地，对"民族"和"国家"有了切肤的感悟。在他日后讲述的自己如何走上革命之路的故事中，出现最频繁的关键词不是"无产阶级"，而是"民族"和"国家"。他说与自己喜爱的作家郭沫若初次会面，谈国事多于文学②：1924 年旅行中感受到的被侵略的屈辱，以及关东大地震后大批朝鲜人和中国人被日本人虐杀的惨状。也就是说，在夏衍的故事中，促使他转向马克思主义的决定性因素，是那个被侵略的"现代中国"。

同时，与民族国家意识变得同样强烈的，还有"我是谁？"的身份疑问。夏衍需要面对的不仅是"我们"与"他们"的对立，还有夹在"我们"与"他们"之间的"我"的所归所属。《记〈离离草〉》中写道：

---

① 夏衍：《懒寻旧梦录》，生活·读书·新知三联书店，2005，第 55 页。
② 当年《童心颂赞》中关于这次会面的叙述则是："今春到博多去看沫若的时候，与博生和生在松林的竞走，令我深深印着沫若还是一个孩子的印象！"见夏衍《童心颂赞》，《夏衍全集》第 9 卷，浙江文艺出版社，2005，第 13 页。

那时候，我是一个日本工科大学的学生，在旅行中我穿的日本学生制服，在朝鲜在满洲，为了言语不通，我通常用的也只能是日本言语，在全旅行中，由于这种服装语言的原故，我和我们同胞兄弟以及亲如骨肉的近邻民族之间，造成了一道不可逾越的高墙，在日常生活中也不止一次地酿成了异常险恶的充满了敌意空气。在从釜山到平壤的火车中，一位同座的朝鲜女学生峻烈地拒绝了我对他的谈话，我从她表情中明白地感到：在她眼中我几乎是一个虎狼一般可怕，毛虫一般可憎的对象。我惭愧当时的钝感，我还以为她的冷若冰霜只是由于少女应有的羞怯。可是，这样的敌意继续了一昼夜之后，当她在我手提箱的名刺上发现了我是一个中国人的时候，她的态度突变了。她告诉我平壤的宿屋，可以找到中国人的地方，还在有意无意之间流露了她对这个远隔了的邻居的向往。[①]

《懒录旧梦录》中忆及某夜投宿于平壤的一家日本旅馆的情形时写道：

忽然听到一阵低沉的二胡声音，于是，突然又感到了异乡的寂寞；我穿的是"明专"制服，不懂朝鲜话，只能讲日本话，住日本旅馆，因此不止一次受到朝鲜人的无言的敌视。于是第二天一早就坐火车到了奉天（沈阳），记得一位到过东北的日本同学说，哈尔滨的夏天很漂亮，于是在奉天住了两天，又北上到了哈尔滨。当然，哈尔滨是很美的，盛夏天气也很凉爽，可是住了三天，又觉得不是滋味，假如说当时的"南满"是日本人的世界，小贩会用日本话来吆喝，那么哈尔滨可以说是白俄的"势力范围"。我住在一家中国小旅馆，第二天早上，旅店的女佣人问我："要里巴（俄语面包）呢还是梅西（日本话米

---

① 夏衍：《记〈离离草〉》，《离离草》，进修出版教育社，1945，第91~92页。

饭)?"没有话说，只是一阵说不出的悲哀。①

夏衍在朝鲜和祖国的土地上，因为身着日本学生制服，且不通当地语言而只能使用日语，因此常被视为日本人而时时感受到"无声的敌意"。在这些包括自己同胞在内的沉默的"他者"眼中，夏衍俨然成了把玩"异国趣味"、观赏"异国景观"的侵略者。在朝鲜只能住日本旅馆，却听到祖国的音乐。在本属祖国土地的哈尔滨，住在中国旅馆，却只能选择俄式或日式的饮食，夏衍又成了在祖国土地上充满"异国情调"的酒馆里失语的"哑行者"。来自"他者"的敌意使"国家民族之类的概念"变得强烈，②而祖国土地上异乡者的处境又令他对"国家民族"产生了深深的疑问。

面对此种两难困境，夏衍首先投向的是他在日本接受的浪漫主义思想。他在旅行后所作《童心颂赞》中感叹，唯有"童心"才能在现代文明世界中超越民族国家的界限，远离都市文明的"乡间的孩子"，是唯一不曾为现代"民族国家"意识和"可诅咒的都会，可悲伤的教育"所污染的原始纯真之物。

> 我们住在乡间，比较的少受一点异国人的悲哀，弱国的痛苦。下屋里或是房东的孩子们，常常和我们玩，唱歌舞蹈，教我们许多不懂的方言。但是要注意，我的读者，这个可能性只能在孩子的天真里发现，我们可怜的邻人——中了强国毒的邻人的脸面，不是做作的殷勤，便是难遮的傲慢，这是足迹到过樱花之岛的人们的共同观察！上帝！我真不懂为什么人们不愿如孩子一般相亲相爱，一定要造出许多界限！最可怜的是东京大阪的小孩子，已经没有我们乡间一样的好了，和他们谈几句，"中国佬"的骂声可能性，是确实的。可诅咒的都会，可悲伤的教育，谁实为之？使纯白的孩子的心境里留了些揩不净的国家

---

① 夏衍：《懒寻旧梦录》，生活·读书·新知三联书店，2005，第51~52页。
② 夏衍：《记〈离离草〉》，《离离草》，进修出版教育社，1945，第90~91页。

的污点！①

这一主题也延续到 1942 年写作的《法西斯细菌》中。在剧中，留日多年的细菌学家俞实夫娶了日本女子静子为妻，中日关系日趋紧张之时，国族间的敌意也蔓延至孩童之间。

　　寿美子　（好容易抬起头来）他们骂我，打我……（抽噎）
　　俞实夫　不是从前跟你很好吗？一起念书……
　　寿美子　（用小手擦着泪）骂我小东洋，……还骂你。
（向他爸爸，抽噎）
　　俞实夫　（面色严重起来）骂我？骂我什么？
　　寿美子　骂你跟东洋人做事……
（…………）
　[小孩子们内声：“打，倒，小，东，洋……”
　“打，倒，日，本，帝，国，……”
　[笑声，骂声，拍手声。

　　赵安涛　（看了一下大家的面色，坐下来，沉默，点着一支烟，然后不胜感慨似的）这是很可怕的事情……
　　　　　[俞实夫望了他一眼，无言。
　　赵安涛　尽是些五六岁的小孩呀……
　　　　　[俞实夫用手搔头，无言，寿美子又跑回父亲身
边去。
　　俞实夫　（抚着她）乖孩子。
　　赵安涛　所以我说，世界变了，连天真的小孩们，也……
　　　　　[俞实夫望着撅起了嘴的寿美子，痛苦越甚，依

――――――――

① 夏衍：《童心颂赞》，《夏衍全集》第 9 卷，浙江文艺出版社，2005，第 13～14 页。

旧无言。①

追随丈夫多年，觉得自己"已经是一个中国人了"的静子，则既要遭受日人入侵的痛苦，内心深处"我是日本人"的意识又使她不得不忍受来自中国人的敌意。

> 静子 （低着头，从睫毛下面看了秦正谊一眼）前天碰到赵先生和你，我忽然想起一句话来，在东京的时候，赵先生不是讲吗？在东京街上走路，每一个日本人的眼光都像一根刺……现在，我在这儿住，也觉得每个人的眼光，都像一根刺了。
>
> 秦正谊 （苦笑了一下）那，在这儿，谁也不知道你是一个日本人啊。
>
> 静子 （依然低着头）可是，我是啊！（不讲了）本来，我从来就没有想过这种问题，到中国来之后，我觉得，已经是一个中国人了。
>
> 秦正谊 （安慰她）是啊，你现在已经……
>
> 静子 （抢着他的话）也许这是我的多心，不知道为什么，听人讲起中国和日本，讲到日本人的残暴，我总觉得非常地难受。②

日本化了的中国人俞实夫、中国化了的日本人静子、中日混血儿寿美子，在民族国家意识对立无比尖锐的战争语境下，这种有意模糊人物国族归属的设置耐人寻味。夏衍有意拨开喧嚣的意识形态口号，提醒读者/观众注意国家战争带给个体心灵的痛苦。作者对侵略者和战争的愤怒是真实而强烈的，但不同于可以立场鲜明地坚守国境的人们，俞实夫一家的处境想必更让夏衍感同身受：他们无法不假思索地选择站在哪一边，而只能徘徊无所归。在俞家三口身上，

---

① 夏衍：《法西斯细菌》，《夏衍全集》第 1 卷，浙江文艺出版社，2005，第 579 ~ 580 页。
② 夏衍：《法西斯细菌》，《夏衍全集》第 1 卷，浙江文艺出版社，2005，第 593 页。

正投射了当年著日服、操日语，在祖国土地上彷徨不知所归的夏衍的遭遇：他不得不一面作为中国人背负着被侵略的屈辱，一面又被视为"日本人"而承受投向侵略者的敌意。

小　结

伊藤虎丸讨论与夏衍 1924 年旅行颇为相似的郭沫若 1921 年的杭州之旅时指出，郭沫若"一方面作为中国人，目睹了日本对中国的侵略行径，正是这种行径支撑着日本的'现代'急速发展。与此同时，穿着可以说是所谓的日本'现代'象征的'帝大制服'，用日本人之眼看到了中国人的'不争气'和后进性。某种意味上可以说，他的'愤恨'中包含着由矛盾的这两点双重强化的构造。这是他们的民族主义的宿命"。[①] 在夏衍的越境体验中，除了可以看到伊藤虎丸所指出的双重构造的"民族主义的宿命"外，还可以体会到夹在中日两国间的个体的无归属感。夏衍从浪漫主义的"小资产阶级艺术家"到马克思主义的"革命文学家"的"方向转换"过程是在日本完成的，其中起关键作用的，正如历来研究所指出的，是"民族""国家""我们""他们"这些在日本留学生活中明确起来的民族主义意识。受日本大正时代浪漫主义影响的夏衍，本来想通过旅行找寻那个日本文人笔下浪漫理想的"古典中国"，不料却撞上"现代中国"被侵略的现实。

伴随着民族主义意识而生的，还有徘徊在国族边界上无所归属的"我"的异乡者意识。从《童心颂赞》对污染了人心的"强国的毒"、"国家的污点"和人为制造的国境线的批判，以及对去国远游的史蒂文生的生存方式的憧憬可以看出，1924 年旅行对夏衍的影响，

---

① 伊藤虎丸「問題としての創造社」、伊藤虎丸編『創造社研究』、アジア出版、1979、第 53 ~ 54 頁。

除了"实业救国"信念的动摇外，也带来对"国家"本身的疑问。更进一步伴随这一疑问的，是在祖国土地上成为"异乡者"的"我"的身份归属。在被侵略的土地上旅行的夏衍，一方面目睹了侵略者的横暴与被侵略者的屈辱，"我们"与"他们"的尖锐对立，民族国家的共同体意识由此变得异常强烈。另一方面，这次旅行同时也使夏衍产生了对民族国家共同体意识的疑问。

夏衍的这次越境旅行，不仅跨越了地理意义上的国境，也跨越了现代民族国家的国境界限，在筑成民族国家意识的同时也破坏了它。跨界的结果是严重的身份认同危机，那个著日服、操日语，从异国出发朝向故国寻找"古典中国"的"我"发现，自己已经成为"现代中国"土地上的异乡者，尽管通晓双语，却只能失语无言，无所归属，这一危机成为他此后必须面对的问题。从夏衍对留学生活中所感受到的日本人善意对待的回忆，对旅行的浪漫期待，以及日后创作中对"混血"型人物的着意塑造，都可以读出他对超越国家界限的民众间情感交流的渴望。从这一角度看，夏衍不久后转向马克思主义，或许可以视为他通过投身超越所有民族国家界限的无产阶级，以超越民族国家的方式寻求重建东亚民众间情感共同体的尝试。

第九章　告别"我"的故事

——1930 年代左翼文学的现代性探索
与"现代中国"书写

　　1930 年代左翼文学的形式探索乃是基于这样一种意识：拆开"五四"时代流行的作者 – 叙述者 – "我"三位一体的模式，寻找能与无产阶级的"现代"相匹配的文学形式。通过对"蒋光慈模式"和"五四"告白体的批判，伴随着引进日本左翼文学关于新写实主义、集纳主义、报告文学等最新理论，1930 年代的中国左翼文学把电影、摄影、新闻等现代形式相继引入文学创作，展开了对文学形式的现代性探索，尝试呈现一个充满现代都市色彩的"现代中国"。

第一节　对"五四"文体与"蒋光慈模式"的批判

　　1930 年代的左翼文学理论家对"既成文学"的批判，不仅是文学理念上的，也是文学形式上的。在他们眼中，"既成文学"的代表——"五四"文学的文体标志是书信体、日记体、手札体等以个人告白为目的的第一人称叙事体。

　　冯乃超在为《创造月刊》所撰的《悬赏征文审查报告》中，解释未能获奖文章的落选原因时写道："大抵因为表现技术的未熟，同时流贯内部的，只是个人主义的 Sentimentalism。"表现在形式上，便是"取日记或手札体裁的倾向"。① 冯乃超评论洪灵菲《家信》时也认为，小说采取书信体形式，"缚束了幽囚了事件的活如的本性"，而这种形式正是感伤主义的产物："感伤主义是小资产阶级个人主义的轻盈的情绪，它的发现常要找到接近独白的形式。书信体，日记体，（这有许多的例外）或者第一人称的作品里面，多少可以发现这个倾向。无产阶级文学不能不淘汰纤弱的形式而选择及创造强有力的能够耐苦的形式。"② 冯宪章翻译了日本左翼理论家三木清的《艺术价值与政治价值之哲学的考察》，该文系三木参与日本左翼文学论争时所写的论文之一。其中"内容与形式"部分写道：

> 新的内容要求并且产生新的形式。如果表现了的东西，限定表现它的形式；马克斯主义文学因为以如阶级斗争的政治事实的表现为目的，一定要生产艺术性最特殊的形式。于是要求与描写家庭生活，或告白个人私事的场合完全不同的新形式。③

夏衍则在随后的《到集团艺术的路》中讨论"是否单是固定的利用从来艺术形式的问题"：

> 从来的文学，——尤其是小说，彻底地拘束在个人主义性这一种致命的艺术样式之内，一方，一切被选为小说之内容的东西，都是个人的劳力所造成的以个人的思想感情乃至行动为主题的作品；他方，赏鉴这种作品的也都是隔离了的个人。在现在这样一个伟大的革命的飞跃的时代，这种个人主义的性能，对于从来的文学形式——尤其是小说——招致了一个致命的障碍。④

---

① 《悬赏征文审查报告》，《创造月刊》第 12 卷第 3 期，1928 年，第 77 页。
② 冯乃超：《作品与生活》，《拓荒者》第 2 期，1930 年，第 809 页。
③ 〔日〕三木清：《艺术价值与政治价值之哲学的考察》，冯宪章译，《拓荒者》第 3 期，1930 年，第 1054～1055 页。
④ 沈端先：《到集团艺术的路》，《拓荒者》第 4、5 期合刊，1930 年，第 1593～1594 页。

李欧梵讨论"五四"文学中的浪漫主义时指出，"个性以及不加文饰地任意表达个性"成为"五四"文学负载的新的"道"，其影响表现在文学形式上，就是日记、书信或独白体的泛滥。"五四运动使个人情感的堤坝崩决，如洪流般一泻如注。（……）众多小说作品也采用日记、书信或独白的形式，更不用说作品中经常用到主观的'我'。"① 对当时的左翼理论家们而言，盛行于"五四"时期的日记体、书信体或告白体之所以需要反对，是因为这些是与革命文学需要批判的"浪漫主义""感伤主义""个人主义""小资产阶级"紧密相连的文学形式，而且还代表着个人主义的意识形态。这种观念不仅表现在反对"五四"文体时，也表现在对"蒋光慈模式"的批判上。

蒋光慈，这位拜伦崇拜者，以"革命加恋爱"的"革命文学"模式垂范一时，也以一个诗人的任性对组织屡屡取不合作态度，并最终因此被开除出党。他所理解的马克思主义，是中国古典游侠想象（从其笔名"侠僧"可窥一斑）和西方浪漫主义精神的混合物，相信能够凭一己之身行拯救历史之事，后来被瞿秋白、钱杏邨批评的"'个人的英雄决定一切'的公式"和② "'碧玉无瑕'的天生的英雄"③ 于焉而生。

在左翼理论家们对蒋光慈及"革命的浪漫谛克"的批判中，创作主体的阶级属性被定性为"小资产阶级"，创作风格是脱离现实的"浪漫主义"。在左翼理论家眼中，蒋光慈代表着革命文学年代里的"五四"浪漫余绪："普罗革命文学的第一期，确实是一个浪漫主义的时代；因之，第一期的作品，也充满了浪漫主义的色彩。"④ 这种批评也的确捕捉到了蒋光慈文学的本质。即便曾经宣称革命作家应

① 〔美〕李欧梵：《中国现代作家的浪漫一代》，王宏志等译，新星出版社，2005，第265页。
② 瞿秋白：《普洛大众文艺的现实问题》，《瞿秋白文集》（文学编第1卷），人民文学出版社，1985，第478页。
③ 钱杏邨：《地泉序》，华汉：《地泉》，湖风书局，1932，第22页。
④ 郑伯奇：《地泉序》，华汉：《地泉》，湖风书局，1932，第10~11页。

是"集体主义（Collectivism）的歌者"，对蒋光慈而言，写作，仍然是由作家一个人完成的，是一个人面对整个时代、社会和历史说话。一个文学家的理想生存状态，应该是以文学写作的方式影响时代与历史进程，通过写作反映时代的伟大作品而进入历史。蒋光慈的小说中充满大量"我的故事"，他最喜用的形式正是书信体或第一人称的"讲故事体"，因为这种文体正可以放任人物滔滔不绝地倾诉他们的故事和情感。小说主人公有时简直是革命现场的游手好闲者，借用普罗题材讲他一个人的故事。《少年漂泊者》是少年汪中想要"表白表白我的身世"的一封长信，《鸭绿江上》是朝鲜人李孟汉讲述"我"与云姑的故事，《野祭》是陈季侠自叙的忏情录，《冲出云围的月亮》充斥着王曼英的个人独白，《丽莎的哀怨》则全由丽莎的哀怨诉说组成。钱杏邨批评蒋光慈小说首先是"哭诉"，"在'哭诉'之后，他是来了一次复仇"。① 这一评语正揭示了蒋光慈是把以暴易暴的革命伦理——"复仇"，建立在非常个人化的倾诉——"哭诉"之上。

以1927年上海工人武装起义为题材的《短裤党》，是蒋光慈创作中不那么蒋光慈的一篇，而这多半要归因于瞿秋白的介入。据当年与蒋光慈共同出入瞿家的郑超麟回忆，蒋是瞿家的常客，"他在动笔之前，总去征求秋白的意见；完稿以后，再送秋白看，征求意见"。② 《短裤党》"在某种意义上可以说是瞿秋白和蒋光赤合著的。文字是蒋光赤写的，但立意谋篇有瞿秋白的成分，连书名也是瞿秋白定的"。③ 在瞿秋白的影响下，蒋光慈努力尝试在叙述者的视野中放进更多的人和事，尝试讲述"大众"的而非"我"的故事。郑超麟回忆道："他告诉我，王任叔发表文章批评他写的《短裤党》，说只有群众没有主角。他同我说这些话，是要我运用中央宣传部的权

---

① 钱杏邨：《地泉序》，华汉：《地泉》，湖风书局，1932，第24页。
② 郑超麟：《对瞿秋白的一些回忆》，《郑超麟回忆录》（下），东方出版社，2004，第147页。
③ 郑超麟：《谈蒋光赤》，《郑超麟回忆录》（下），东方出版社，2004，第343页。

威制止人家批评他。""王任叔认为此书只有群众，没有主角，蒋光赤则辩护说：没有主角的群众小说也是一种新的体裁。"① 蒋光慈寄希望于中宣部的辩护，后来由钱杏邨来完成。钱杏邨在回应王任叔对《短裤党》的批评时写道："在这样狂风暴雨的群众已经起来的大革命时代，什么是创作家的人物，什么是创作家的小说里的行动呢？老实说，只有群众，只有群众的行动！个人主义的人物的时代早已过去了。"② 针对王任叔认为《短裤党》"结构散漫"和"全书兼用第三身称和第一身称失于客观态度"的批评，钱杏邨回应道，新时代——革命时代、新事实——革命、新人物——群众，应当有新方法来描写。"方法是不一定要泥守旧规的，新的方法也是应该随时产生的，Kellerman（凯勒曼）写《十一月九号》，Ererlerg（阿尔朗）写《妍娜的爱》，就是用第三身称第一身称兼用的方法。"③《短裤党》是蒋光慈在瞿秋白影响下讲述"大众的故事"的尝试，但他仍然无法克制地为笔下的人物们都安排了长篇独白和大段的心理描写。整部小说还是众多浪漫英雄抒情体的集合，这才是他"第三身称第一身称兼用"的真正原因。

蒋光慈显然无法放弃讲"我的故事"，在《短裤党》的短暂尝试之后，还是选择继续他的《野祭》《哭诉》。反倒是钱杏邨的辩护，揭示出彼时左翼文学必须直面的问题：怎样的手法才能让革命年代的"群众"成为真正的主角？如何描写这个迅速变化着的时代？如夏衍所提出的要求：新的无产阶级文学应当"抓住流动的现实世界"。④ 在这些1930年代的左翼理论家眼中，当下这个现实世界是急速的、流动着的，已经不是一个人的"控诉"能够表现的了的。

---

① 郑超麟：《谈蒋光赤》，《郑超麟回忆录》（下），东方出版社，2004，第342～344页。
② 钱杏邨：《新旧与调和》，阿英：《阿英全集》第1卷，安徽教育出版社，2000，第10页。
③ 钱杏邨：《新旧与调和》，阿英：《阿英全集》第1卷，安徽教育出版社，2000，第11页。
④ 沈端先：《文学运动的几个紧要问题》，《拓荒者》第3期，1930年，第1063页。

在 1931 年的《北斗》创刊号上，冯乃超（署名李易水）在《新人张天翼的作品》中借评价张天翼申明了自己理想中的"无产阶级文学形式"：

> 我们所谓旧形式，就是感伤主义，个人主义，颓废气分，甚至于理想主义烧成一炉的浪漫主义的形式；不是观然而是表现，不是观察而是体验的形式，不重结构而重灵感，不重客观而重主观的形式。（……）总之，张天翼的作品已经表示他要离旧形式的影响，而回到自然主义的路上去，并且这个循环也不会是平面上的循环，它必然的向另外一个形式——新写实主义发展去。[1]

冯乃超文中提到的"新写实主义"，源于苏联"拉普"的"辩证唯物主义的创作方法"，后经日本左翼理论家藏原惟人阐发为"普罗列塔利亚写实主义"，又称"新写实主义"。在周扬引入"社会主义的现实主义"创作论之前，这种认为应当从辩证唯物主义观点出发描写现实、批评作品的学说，一直主导着中国左翼文坛。当时中国左翼理论界对"新写实主义"的理解主要集中在两点：①无产阶级的意识，即所谓"普罗列塔利亚'前卫'的眼光"；②写实主义的态度。怎样才能摆脱小资产阶级浪漫主义的"旧形式"，体现无产阶级"新写实"的精神？寻找冯乃超所期待的，能够与无产阶级相匹配的"强有力的能够耐苦的形式"，成为 1930 年代左翼文学形式探索的核心问题。

这一点，其实也是当时日本左翼文学面临的问题。日本左翼文学引入以描写普罗大众为目标的无产阶级文学理论，有一个重要原因：对抗当时日本文坛的主流——私小说。这种文学观念认为，作家应该以自身经历为素材，最好是以自己为主人公原型，通过在小说中叙述身边的事情，描写自我体验，告白自我心境，塑造出一个

---

[1] 李易水：《新人张天翼的作品》，《北斗》第 1 卷第 1 号，1931 年，第 89 页。

对抗社会的孤高的"我"的形象。这种文学形式在大正至昭和初期
达至极盛，此后也对整个日本文学产生持续而深远的影响。1930 年
代日本左翼文学引入苏联无产阶级文学理论，正是为了对抗既成文
学中私小说一统天下的局面。三木清批评的"描写家庭生活，或告
白个人私事"，所指就是典型的私小说手法。中村光夫指出，日本无
产阶级文学运动实际上是小资产阶级的先锋艺术运动，不过与欧洲
先锋艺术以社会和既成艺术观念为敌不同，"我国的无产阶级文学作
家第一个否定的是作为小资产阶级的自己"。"正如对大正作家而言，
被称为俗物是最大的侮辱一样，对当时的无产阶级作家而言，被称
为小资产阶级是致命的，他们的文学必须建筑在对他们自己的出身
和教养的否定之上。"①

　　也就是说，与中国左翼文学需要推翻"五四"文学的第一人称
叙事体一样，日本左翼文学也需要借以大众为主角的无产阶级文学
推翻私小说里那个远离社会和政治的孤高的"我"。"对大正作家而
言，自我是全部，他人是无。与此相对，对无产阶级文学作家而言，
他人（社会）是全部，自我则是无。"② 所以，在 1930 年代中日左
翼文学对文学形式的探索中，否定那个小资产阶级的浪漫主义的
"我"是双方共同的追求。他们对自我告白、第一人称叙事的厌恶，
对描写群众的文学形式的探索，都是在这一目的下展开的。因此，
留日的中国左翼文学家们将日本左翼文学理论拿来批判强调自我表
现的"五四"告白体和"蒋光慈模式"，也就顺理成章了。

第二节　"动的力学的都市的精神"

　　对于 1930 年代中国的左翼理论家而言，离开了"现代都市"的

---

① 中村光夫『日本の現代小説』、岩波書店、1968、第 59 頁。
② 中村光夫『日本の現代小説』、岩波書店、1968、第 60 頁。

"无产阶级文学"是不可想象的。"都市"是必须反对的，因为它是资本主义的；同时也是必须认同的，因为它是"现代"的。资本主义都市的颓废奢靡诚然需要批判，但更重要的是通过这种批判，催生那个更为"现代"的无产阶级都市。他们将马克思主义整合进现代都市声色旋转的物化空间，相信二者都代表着力学、速度、进步和唯物主义。按照普列汉诺夫生产形式决定艺术形式的唯物史观艺术论，作为因应现代大工业机械生产的新艺术形式——无产阶级艺术，由缓歌慢板的古旧形式中产生是不可想象的。新的无产阶级艺术应该筑基于现代艺术形式之上，吸收其中的节奏、敏捷、力学与单纯，而统之以无产阶级的意识，最终形成一种"合目的，力学的"艺术。① 这种观念深刻地影响了这一时期左翼文学的形式探索，由此塑造出一个充溢着声、光、化、电的"现代中国"。

作为 1930 年代最负盛名的左翼都市文学作家，茅盾毫不掩饰地表达过自己的机械崇拜和对现代都市生活中"速"与"力"的深切体认："机械这东西本身是力强的，创造的，美的。"他相信描写"那都市大动脉的机械"才是真正描写"都市生活"，② 并在自己的创作中身体力行。《虹》里身为"现在教"教徒的梅女士，深信载着自己的钢铁轮船，"这个近代文明的产儿的怪物将要带新的'将来'给她"。③ 更不用说《子夜》那个著名的充满着都市"新感觉"的"Light，Heat，Power！"的开头，吴老太爷坐在"子不语"的怪物——汽车里经历了他的第一次都市"震惊体验"，而正是这次"震惊体验"要了他的命。如果说茅盾的"机械颂赞"更多集中在主题方面，那么钱杏邨则积极致力于把"都市"和"机械"内化成文学形式本身。通过钱杏邨的努力，"都市"以及与之相联系的现代生产方

---

① 〔日〕藏原惟人：《新艺术形式的探求》，葛莫美译，《新文艺》第 1 卷第 4 期，1929 年，第 609～621 页。

② 茅盾：《机械的颂赞》，《茅盾全集》第 19 卷，人民文学出版社，1991，第 401～402 页。

③ 茅盾：《虹》，《小说月报》第 20 卷第 6 号，1929 年，第 907 页。

式与技术，不仅作为一种主题，也作为一种手法，被紧密植入了1930 年代的左翼文学理论。

1928 年 3 月，钱杏邨在评论郭沫若的诗歌时，认为最应受重视的是其中"表现了二十世纪的动的精神"的"力的技巧"。[①] 正是这种"力的技巧"的运用，使郭沫若由一个"自然的歌者"变为"一个城市的歌者"，"由个人的歌者一变而为集体的歌者"。[②] 彼时的钱杏邨正努力提倡"力的文艺"，相信人类的原始本能之力和现代工业生产的机械力汇合到无产阶级身上，形成的革命之力将成为推动人类社会发展的历史演进之力。因此，能否运用这种"力的技巧"成为钱杏邨评价文学的标准。他评论戴平万的小说《都市之夜》不足之处在于，"在技术上的动的，力学的力量的缺乏"。[③] 又称赞蒋光慈的《冲出云围的月亮》，"必得进一步的很敏锐的把握住日渐发展了的尖锐了的斗争的现代的核心的时代的动的，力学的心"。[④]

怎样才是能够与都市脉搏合致的动的、力学的写法？钱杏邨在丁玲那里找到了令他满意的实践。1931 年，钱杏邨发表《丁玲论》（署名方英），满怀欣喜地称赞丁玲作品中"可以看到动的力学的都市，闪烁变幻的光色，机械马达的旋风，两个对立的阶级的肉搏，地底层的巨大力量的骚动……"[⑤] 其中"反映的都会性是特殊的强烈的，她的作品的脉搏，和都市的动态也是完全的合致"。[⑥] 钱杏邨这样评论道：

> 她描写了那"高耸几十丈以上的层楼，静静的伏着，各以锥形的顶，衬于青空，仿如立体派画稿，更以烟囱中之淡烟为

---

① 钱杏邨：《郭沫若及其创作》，《现代中国文学作家》第一卷，泰东书局，1928，第 71 页。
② 钱杏邨：《郭沫若及其创作》，《现代中国文学作家》第一卷，泰东书局，1928，第 75 页。
③ 钱杏邨：《关于"都市之夜"及其他》，《拓荒者》第 2 期，1930 年，第 789 页。
④ 钱杏邨：《创作月评（一九三〇年一月份）》，《拓荒者》第 2 期，1930 年，第 801 页。
⑤ 方英：《丁玲论》，《文艺新闻》1931 年第 24 号，第 3 版。
⑥ 方英：《丁玲论》，《文艺新闻》1931 年第 25 号，第 3 版。

点缀"的早晨的都市;她也描写了那"满马路奔走着的男女,在晚霞与电灯光交映的光辉中,尽浮着会意的微笑"的黄昏都市,她更描写了那"每个四方形的房子里,是刚刚才灭了那艳冶的红灯,在精致的桌上,就狼藉着装了醉人的甜酒的美杯,及残了的各种烟烬。轮椅上的垫枕四散着。人倦了,将娇嫩的四肢,任情的摊在柔滑软被上"的都市的夜生活。

在她的作品里面,不仅展开了如此的都会的场面,也细致的描写了那在"很暗的马路上,找不到生意,边唱着长气,边摇摆着两股"的卖淫的少女,和那在天亮时"从各人的瘦饿的妻的身旁起了身,用粗蓝布的工农的袖口,擦脸上的污垢,粗乱的发蓬着,鞋子破了,露出从袜缝中钻出的脚趾。而且大众都急忙的出了门,在临着臭沟的乱泥路上奔着,去到那为压榨成万工人以赚钱的工厂去"的男女工人群众……①

丁玲作品中以场景的迅速切换来表现都市的巡礼手法,有意识地模仿了电影镜头,这令钱杏邨颇为赞许。他再三强调:"应该特殊的认取她那与都市脉搏合致的,明快的,电影的,与机械一同旋转的,一种新的描写的手法。"② 作为对电影技术怀抱极大热情并率先身与实践的左翼理论家之一,钱杏邨积极地想把电影手法引入文学创作。他盛赞丁玲的这一跨界实验,不厌其烦地详细列举她小说中的种种电影化的细节场景,甚至在自己撰写评论时也频频使用了"音响""光色""旋风""肉搏"这些极具动感和强烈视觉效果的词语。在他看来,正是这一手法使丁玲"绘影绘声的描写了在都市里的各阶级阶层的人物,她从动的都市里了解得这'不停顿的宇宙'"。

1932 年,钱杏邨与夏衍、郑伯奇三人进入明星公司,从此开启了左翼电影的全盛时代。夏衍回忆当年苦心学习电影技术的情形时写道:

---

① 方英:《丁玲论》,《文艺新闻》1931 年第 25 号,第 3 版。
② 方英:《丁玲论》,《文艺新闻》1931 年第 25 号,第 3 版。

我们经常是通过看电影来学习电影表现手法。坐在电影院里，拿着小本、秒表、手电筒。先看一个镜头是远景、近景还是特写，然后分析这个镜头为什么这样用，为什么能感人。一个镜头或一段戏完后，用秒表算算几秒钟或几分钟，然后算算一共多少尺长，这样一个镜头一个镜头地加以研究，逐渐掌握了电影编剧技巧。[①]

这种对电影技术的潜心钻研，显然会更进一步影响左翼理论家们在文学形式上的新实验。像拍摄电影一样进行写作，钱杏邨对这种形式实验的兴奋不仅缘于个人对电影的爱好，背后也有普列汉诺夫理论的支持，即认为没有什么比现代工业的产物——电影更能体现理想的无产阶级艺术：充满着力量与速度，体现着"动的力学的都市的精神"，是真正的现代艺术与现代机械的交流，与这迅速旋转着的都会共同旋转。对他们而言，"现代中国"就应当由这种充满动的力学的精神的"现代都市"来呈现，这种认识为他们引入更多的日本左翼文学写作技法和理论奠定了基础。

第三节　"集纳主义的文学形式"

1930 年，夏衍从日本左翼文学中得到启发，开始推行一种新的写作手法。他在评论日本左翼作家小林多喜二描写"三·一五"事件的《一九二八·三·一五》时写道：

> 三·一五事件，是一件现实的决定了的事变，当时的前卫——先锋——分子的情绪与气氛，也是客观的地赋予了的内容。所以，写实主义者的作者没有构图地，多元的地，将这种

---

① 夏衍：《从事左翼电影工作的一些回忆》，会林等编《夏衍研究资料》，中国戏剧出版社，1983，第 79 页。

事件和人物描写出来，非但不会减杀了他作品的价值，——而且，在以这种事件为题材的作品里面，或许可以说开拓了一条新的进路。①

此前，身为日本左翼文坛掌门的理论家藏原惟人，于1927年发表了《到普罗列塔利亚写实主义之路》（后由林伯修译成中文，发表于《太阳月刊》1927年7月号），对左翼文学的创作方法问题进行了讨论，提出了新写实主义。小林多喜二的《一九二八·三·一五》正是在藏原惟人这篇文章的直接影响下产生的，也为此后的日本左翼文学创作定下基调。同样，致力于打破个体告白式文学统治局面的夏衍，以小林多喜二为范本，对这一时期中国左翼文学的形式探索也提出了一个新要求，即从蒋光慈式的讲述"一个人的故事"的"我控诉"，转变为多角度的、尽可能全方位地表现"一个事件"的"我看见"。这里的"我"不是向读者讲述自己故事的"我"，而是能够如摄影机般从各个侧面忠实记录事件，并且具备无产阶级前卫意识的叙述者"我"。《拓荒者》上随后刊载的殷夫和楼适夷的作品，显然是这种手法的实验之作。

殷夫的《"March 8" S – A sketch》，如题名所示，时间限定在3月8日这一天，叙述者的视线游走于国民党的市妇女协会、新闻报社、工厂门前、十字街头的集会场、地下党人隐蔽的住所等不同地点，以素描的手法迅速切换场景，并不时插入报纸新闻的片断。② 楼适夷（署名建南）的《甲子之役》则以上海某钱庄一个小伙计的视角，描写甲子年军阀卢永祥和齐燮元之间争夺江浙地方势力范围的"齐卢之战"。全篇由商店里人们对这场战争的"闲谈"，《民国日报》和《申报》报道这一事件的新闻片断，车夫阿福对战争的恐

---

① 沈端先：《小林多喜二的"一九二八·三·一五"》，《拓荒者》第2期，1930年，第764页。

② 殷夫：《"March 8" S – Asketch》，《拓荒者》第4、5期合刊，1930年，第1254 ~ 1275页。

惧，深谙商界与军界游戏规则的叔父指出战争背后的"金融哲学"等各自独立的部分连缀而成。① 从这两篇作品可见，此类作品多以某一事件为题，将其中涉及的不同人物、不同视角、不同场景写成相对独立的片断后再连缀而成，也就是夏衍所谓的以事件为题材，"没有构图地，多元的地，将这种事件和人物描写出来"。

夏衍对新手法的提倡，在他加入《文艺新闻》后得到该刊主编、同为留日学生的袁殊的鼎力支持。彼时袁殊正为在中国实现他的"集纳主义"理想而努力，创办《文艺新闻》意正在此。据夏衍回忆，首先将 journalism 翻译成"集纳主义"的正是袁殊，而自己和楼适夷、叶以群在冯雪峰安排下加入《文艺新闻》时见到袁殊："袁和我见面时，就一见如故，表示十分亲切；他对我说，他决心以新闻为终身事业，并很得意地说，把英语的 journalism 译成集纳主义是他的首创，看来抱负很大，颇有把《文艺新闻》办成一份有分量的文艺刊物的想法。"②

初次会面就让夏衍感觉"抱负很大"的袁殊，和那位作为同盟会会员的父亲一样，血液中充满着冒险精神。据其子曾龙描述，袁殊"自幼就不安分"，好冒险，有着"无所顾忌的为常情所不容的执拗性格"，③ 他日后成为周旋于国共两党间以及中日双方的谍报人员，大概也与这种性格相关。袁殊自云曾由醉心于新闻事业而醉心于飞行，因为二者都是现代高速度的产物。④ 从他对新闻和飞机这两种典型的现代产物的着迷可以看出，袁殊对"现代"有着近于痴迷的追求。他在 1931 年所作的《现代学生与现代新闻》中写道：

> 现代学生要将自己的精神及努力寄托给"现代"。现代的精神及努力的表现，是新闻纸。"新闻纸是一部活的人类生活史"，

---

① 建南：《甲子之役》，《拓荒者》第 4、5 期合刊，1930 年，第 1310～1324 页。
② 夏衍：《懒寻旧梦录》，生活·读书·新知三联书店，2005，第 134 页。
③ 曾龙：《我的父亲袁殊》，接力出版社，1994，第 36～37 页。
④ 袁殊：《"作个现代的人！"》，《袁殊文集》，南京出版社，1992，第 134 页。

> 我们不能疏忽了这伟大的历史之一断片。我们每一个人，都是历史推进中的分子，疏忽了时代就是疏忽了自己的生存的价值。①

对于立志要"作个现代的人！"的袁殊而言，唯有通过"新闻纸"（即报纸）和飞机这类"高速度的"现代产物，才能紧紧抓住这转瞬即逝的时代，进入历史，体味"现代的精神"，成为"历史推进中的分子"。追求"集纳主义"就是追求"现代"。

夏衍和楼适夷的加入，使《文艺新闻》的"集纳主义"实验从新闻学延伸到了文学领域。楼适夷从日本引入"报告文学"理论，为袁殊的"集纳主义精神"的展现提供了更为具体的文学形式。袁殊晚年回忆《文艺新闻》时写道：

> 夏衍首先提出"报告文学"的名称，并要求《文新》提倡。楼适夷写了几篇倡导文章，并翻译了日本《赤旗》杂志的墙头小说——《注立》，作为报告文学的介绍。根据夏衍、适夷和我的讨论，并参照了苏联的理论，我写了《报告文学论》一文，刊登于《文艺新闻》第18期上，文中正式提出"报告文学"这个中文译名。②

三人合作（仅署袁殊）的《报告文学论》里对"报告文学"作了如下阐释：

> 这文学的形式，自然不会是自古已有的；它是一种近代工业社会产物。
>
> 由于工业社会急激的发展，阶级对立的日趋尖锐，于是浪漫主义被摈出于政治的领域与文学的领域之外。溶矿炉喷着烈焰，兵工厂制造着精巧的杀人机器的现在，浸沉幻想与好闲的

---

① 袁殊：《现代学生与现代新闻》，《袁殊文集》，南京出版社，1992，第103页。
② 袁殊：《关于〈文艺新闻〉》，《袁殊文集》，南京出版社，1992，第67~68页。

耽乐，终是不可能的了。那些只以写作来消遣生活的人们，是不能不被感于新闻杂志的力的。这样，于是出现了近代的 Journalism；更从此产生了新形态的新闻文学。①

报告文学的作者"必须具备着一定的目的与倾向的；然后把事实通过印象加以批判的写出。这目的，是社会主义的目的"。② 上述阐释明显贯彻了藏原惟人的"新写实主义"理念：反浪漫主义的、快节奏的、"客观"的记录，无产阶级的眼光以及与大工业生产相适应的节奏，并与袁殊孜孜追求的"集纳主义"联系在了一起。Reportage 与 Journalism，和无产阶级一样，都是这个由机械和速度组成的"现代"的产物。

《文艺新闻》从 1931 年第 2 号起开始连载楼适夷的《上海狂舞曲》。在这篇后来被称为"集纳主义"实验之作的小说中，都市风景被比作"变化无绝的 Film"。作者频繁使用了源自日本的"新感觉派"创作笔法，并加入上海码头的实景照片，力求制造一种由机械镜头拍摄出的新闻纪实效果。

> 通上等舱的钓桥也架起来了，像决流的洪水似的，乘客一直线地喷泻了出来。③

> 红的，蓝的，白的 neon lights 争艳似地辉闪，电气照明不住地明灭流动，行人道上，电影院，CoFe，游艺场的门前，泛滥着人头的黑浪，在声与光之大海中，永无休息的波□。④

> "International Hotel！"
> "International H-o-t-e-l"

---

① 袁殊：《报告文学论》，《文艺新闻》1931 年第 18 号，第 3 版。
② 袁殊：《报告文学论》，《文艺新闻》1931 年第 18 号，第 3 版。
③ 适夷：《上海狂舞曲》，《文艺新闻》1931 年第 13 号，第 3 版。
④ 适夷：《上海狂舞曲》，《文艺新闻》1931 年第 14 号，第 3 版。

白热的电气照明，不歇地在九十六度以上的空气中闪刹，大的水晶柱一般的旋转门，不歇地滚滚旋舞。门柱边，站着小白水手帽，蓝制服白钮扣的侍役，不歇地为进出的宾客鞠躬……汽车，水一般的涌来；水一般地涌去，尖锐的，重钝的，轻快的，滞浊的汽车的警笛，捏出长的，短的，一下，二下，三下的一定的符号，向自己的所有主招呼。(第 22 号)①

袁殊在 1932 年元旦也作了一篇：《1932 初夜（伫立在上海大世界门前广场）》。楼适夷在《上海狂舞曲》中还安排了故事，而袁殊的这篇则纯粹是由迅速切换的不同场景组成。

> 1932 年的初夜，
>
> 街上，行着急步的人群：
>
> 在"大世界"门前，走进，流出，
>
> "大英"牌的广告钟，耀着红灯……
>
> Radio 播放着"四郎探母"，
>
> 齐天舞台的步道上——
>
> 无数的笑脸，睁大的眼睛——
>
> 野鸡瑟缩着，立在寒风里发抖，
>
> 瘪三，老枪，孤儿，蹲伏在门汀上，
>
> 告地状的
>
> ——呵呵！等待一枚铜板掷来手里
>
> 没有着落的，该死的游魄！
>
> "要买白兰花，白兰花要伐？"
>
> 卖花女擎了篮，牵着过路客的袖口：
>
> "顶香的，一串两角洋钿，先生。"

---

① 适夷：《上海狂舞曲》，《文艺新闻》1931 年第 22 号，第 2 版。

她的手冻的红肿，胖胖

送来一个强笑的媚眼，扭着颈。

时间仍如永长的驰逝，

流氓的拳头，苦力的叫喊，电车，汽车……

——1932 年的初夜——

上海奏着 Speed 的骚音，如裂！①

　　袁殊笔下的叙述者拥有一双摄影机般的机械眼，在"上海大世界门前广场"上往来巡礼，摄取着即闪即逝的声光色相。作者运用段落分割的手法以收到蒙太奇的电影效果，对人物面部表情的描写也显然是为了模拟电影面部特写的效果，结尾处则暗示了无产阶级的未来。

　　丁玲的《一九三〇年春上海》、殷夫的《"March 8"S‑A sketch》、袁殊的《1932 初夜（伫立在上海大世界门前广场）》，都使用时间和地点的命名方式揭示了作者的野心：凭借摄影机般的目光和新闻纪实的态度，他们相信自己已经把握住历史进程的时空坐标，有能力描写作为摩登都市的"现代中国"。

　　1932 年，《文艺新闻》上刊载了署名"壮一"的文章。这篇阶段总结式的短评，乐观地勾勒了从刘呐鸥到楼适夷、林疑今、姚蓬子的"集纳主义的文学形式"谱系，相信能够"意识地描写都市现代性"且"大规模地表现都市消费面"的文学形式舍此无他。②1930 年代的中国左翼文学，通过引入日本左翼文学的理论、借鉴其创作手法，展开了对"集纳主义的文学形式"的追求，表现出这样一种努力方向：让文学变得像新闻，像电影，用这种全新的手法去描绘全新的"现代中国"。在这种实验中，"五四"年代那个滔滔不

---

① 袁殊：《1932 初夜（伫立在上海大世界门前广场）》，《袁殊文集》，南京出版社，1992，第 135～136 页。

② 壮一：《红绿灯》，《文艺新闻》1932 年第 43 号，第 4 版。

绝诉说着的叙述者"我"消失了，叙述者从"大众"中抽离，或伫立在"十字街头"，或游走于"现代中国"都市的各个角落，隐身在摄影机镜头后，经常把自己想象成新闻记者，努力捕捉着各式各样的都市"震惊体验"，相信能够从中提炼出《资本论》的精义。

小　结

特里·伊格尔顿（T. Eagleton）曾有论道，新物质条件的出现，电影、收音机、摄影机等现代技术的发明，对现代主义的革命先锋艺术产生了深刻影响。"这种情况对于早期的革命先锋派来说已经相当明显，未来主义者、构成主义者和超现实主义者意识到革命文化不是把不同的材料顺着同样的管道倒下去，而是意味着对传播管道本身的改造。"① 本章所讨论的 1930 年代的中国左翼文学家和理论家，也尝试把电影、摄影、新闻等引入文学创作，忙不迭地进行各种跨界实验，只恨不能把写作从纸上移到街头。他们相信，文学这一太过古老的艺术种类如不进行变革，根本无法应付这变得太快的时代。

这些中国左翼文学家和理论家大都具有日本留学经历，他们从当时也在进行文体实验的日本左翼文学中汲取了大量的理论和创作样本，将之施用于本国文学革命之中，以求能够描摹出眼下正在急速现代化的"现代中国"。《子夜》开头，吴老太爷在汽车里有过的都市"震惊体验"，也未始不曾震慑过这些革命艺术家。这是一个"物"远远大于"人"，"个"淹没在"众"中的时代，声、光、色、电总是呼啸而过，没有时间细听一个人的诉说，也不是一个人的故事可以说尽。1930 年代左翼文学形式探索最重要的特质在于：反对追求"纯"文学。因为那很容易流于个人化的诉说，变成一个人的

---

① 〔英〕特里·伊格尔顿：《马克思主义文学理论》，《历史中的政治、哲学、爱欲》，马海良译，中国社会科学出版社，1999，第 117 页。

故事。传统的文学形式预设了作者与读者之间的私语对话，而"现代"需要做的却是面对"大众"，讲述"大众"的故事。冯乃超提出"新写实主义形式"的必备要素：不是表现的，而是观然的；不是体验的，而是观察的；重视结构而非灵感；重视客观而非主观。要旨所在，就是要抹去那个喁喁诉说着自己故事的"我"，拆开作者 - 叙述者 - "我"三位一体的模式。对1930年代初的左翼文学而言，需要的不是塑造个性鲜明的人物，而是展览充溢着声、光、色、电的"现代中国"和无穷无尽的都市群众。

在1930年代中日两国左翼文学家这场既跨越了民族国家界限，也跨越了艺术形式界限的共同实验中，既可以看到两国文人对被卷入"现代"进程的焦虑与兴奋，也昭示出双方试图运用马克思主义，立足于超国家的"无产阶级"和"现代"，探索东亚文化场新的运转可能性的努力。

结　论

　　本书从中日文人交往的角度探讨了 19 世纪末至 20 世纪中叶东亚文化圈的中国形象书写，追寻在这一跨文化语境中生产出的"文化中国"的诸种面相，希望由此探寻东亚文化圈如何利用自身的文化传统力量应对"现代"的降临，如何将来自西方的文化挑战转化成自我蜕变和更生的契机。具体围绕三种形象展开：作为身体的中国、古典中国和现代中国。这些中国形象的越境传播和变形，既展现了两国文人对各自国家所面对的独特问题的思考，也体现出他们对东亚文化圈现代转型这一共同问题的探索。

　　黄遵宪、严复、梁启超、周氏兄弟、左翼文学家所代表的中国文人，在书写中国形象时最关注的是如何应对中国沦为半殖民地国家的危局。黄遵宪通过自己在明治日本的亲身体验，思考古典中国应该如何进行现代变革，这种思考也启发了周作人。严复、梁启超和鲁迅将古代中国的"国家身体"话语、西方的进化论和国家有机体思想、日本的宪法和国家学说相融合，再结合自己身处世纪之交的体验，在号召全体国民共医"国病"的目标下凝聚起现代中国的民族向心力，也唤起对现代个体身体的重视。夏衍、创造社、太阳社等左翼文学家及其团体接受了马克思主义思想，从日本引入新的文学理论和新的文学形式，用以描写作为摩登都市的"现代中国"，根本上也是为了探索如何让中国摆脱半殖民地半封建社会的困境。

　　而武田泰淳、竹内好、实藤惠秀、田中庆太郎、谷崎润一郎等日本文人笔下的中国形象，则与日本如何平衡东亚文化传统和西方现代冲击，如何取代中国成为东亚文化圈新盟主的渴望息息相关。"古典中国"所象征的东亚文化圈传统，既是他们需要超越的对象，也是借以对抗西方的思想资源。以武田泰淳、竹内好为代表的日本现代中国研究的先驱们，通过与中国作家交往、译介"五四"以来的现代新文学，尝试从"现代中国"的经验出发，寻找现代日本文化主体性生成的契机。实藤惠秀通过研究留学日本的中国学生，希望发掘东亚文化圈自身的文化场域力量，在中日两国间建构起一个由日本主导的新"同文"文化共同体。田中庆太郎利用文化经纪人身份，把自己的书店打造成中日文人交流的跨境公共空间，用这种民间力量对抗日益西化、专制化的官方文化体制。谷崎润一郎则将"古典中国"塑造成躲避西化的现代日本的"桃花源"，并影响了夏衍这样的中国留学生对"现代中国"的认知。

与此同时，这些对各自国家问题的思考，又都联系着中日文人对东亚文化圈独立的现代化之路的共同探索，关涉到亚洲文化主体性的确立。在本书所讨论的中国形象的生产和传播中，可以看到两国文人对现代中国和现代日本自主革命道路的共同思考，对中日两国底层民众被压迫、被奴役命运的共同关注，对建立两国间平等文化关系的共同追求，对汉字这一共通书写符号在现代语境中的新功能的共同发掘，对将马克思主义应用于东亚现实的共同探寻等。这些努力都体现了文人们超越民族国家界限和一国中心观，在区域文化共同体的大视野中探索东亚文明的现代转型之路。

福泽谕吉在《文明论概略》中用"一身经二世"来形容自己这一代日本知识人："前世前身"经受了日本传统文明的熏陶，"今世今身"则得以接触完全异质的西洋文明。在他看来，这是得天独厚的幸运，因为"能够直接利用自己的切身体验与西洋文明互相比照"。① 子安宣邦评论福泽谕吉并非泛泛套入西方文明论，而是"将

---

① 〔日〕福泽谕吉：《文明论概略》，北京编译社译，商务印书馆，2014，第3页。

'前身前世'视为吸收西方文明最确实有效的基础",由此建构新的文明论。① 同样可以说,本书所讨论的这些越境文人,都是以"前世前身"直面"今世今身"的文化姿态,探索"文化中国"越境书写和传播的可能,也就是探索东亚文化圈传统转化、再生和延续的可能。这种探索并非总是一帆风顺,比如实藤惠秀对"近代"的迷思,左翼文人过于急切的革命文学诉求等,但是,其中毕竟蕴含着超越国家政治界限的文化追求。他们都相信,东亚文化圈现代转型的基础是广大民众的生活现实,是近百年来抵抗帝国主义侵略的共同命运,是区域内各个文化体千年交流和融合所产生的大传统。

在中日两国文人的思想碰撞、精神共鸣、文学交流与学术论争中,"文化中国"的形象也经历了反复越境、不断嬗变和多维度衍生。两国文人对"文化中国"的越境书写,既揭示出东亚文化圈在面对西方文明冲击时所展现的强韧文化生命力,也为此区域寻求未来共生和对话之路以及更为广大的人类文明发展的可能性,提供了足资借鉴的丰厚思想资源。

---

① 〔日〕子安宣邦:《福泽谕吉〈文明论概略〉精读》,陈玮芬译,清华大学出版社,2010,第8页。

参考文献

中文

阿英：《阿英全集》，安徽教育出版社，2000。

〔日〕安藤彦太郎：《早稻田大学与中国：架起通向未来之桥》，李国胜、徐水生译，武汉大学出版社，2010。

〔法〕巴斯蒂：《中国近代国家观念溯源——关于伯伦知理〈国家论〉的翻译》，《近代史研究》1997 年第 4 期。

〔日〕北冈正子：《摩罗诗力说材源考》，何乃英译，北京师范大学出版社，1983。

〔美〕本杰明·史华兹：《寻求富强：严复与西方》，叶凤美译，江苏人民出版社，2010。

〔丹麦〕勃兰兑斯：《十九世纪波兰浪漫主义文学》，成时译，人民文学出版社，1980。

卜庆华：《郭沫若致田中庆太郎的书简及说明》，《宁夏大学学报》（社会科学版）1991 年第 2 期。

蔡震：《打开尘封的记忆——郭沫若在日人际关系述略（之一）》，《郭沫若学刊》2004 年第 1 期。

〔日〕藏原惟人：《新艺术形式的探求》，葛莫美译，《新文艺》第 1 卷第 4 期，1929 年。

陈福康：《鲁迅与田中庆太郎》，《鲁迅研究月刊》1990 年第

7 期。

陈福康：《文求堂与〈羽陵馀蟫〉》，《读书》1992 年第 5 期。

陈坚、张艳梅：《世纪行吟——夏衍传》，浙江人民出版社，2005。

陈龙斌：《〈马可福音〉的结尾：从鲁迅的〈复仇（其二）谈起〉》，梁工主编《圣经文学研究》（第七辑），2013。

陈婉：《论武田泰淳的〈风媒花〉——占领期东京的都市空间折射出的"中国"》，北京外国语大学硕士论文，2018。

陈言：《留学场域内的感情与逻辑——以近代日本学问留学生为例》，《探索与争鸣》2019 年第 4 期。

程亚丽：《论鲁迅小说中女性伦理身体的病相表达》，《鲁迅研究月刊》2012 年第 6 期。

〔日〕川尻文彦：《梁启超的政治学——以明治日本的国家学和伯伦知理的受容为中心》，《洛阳师范学院学报》2011 年第 1 期。

戴东阳：《论黄遵宪对日本明治维新的认识》，《日本学刊》2018 年第 3 期。

丁文江、赵丰田编《梁启超年谱长编》，上海人民出版社，2009。

冯乃超：《作品与生活》，《拓荒者》第 2 期，1930 年。

冯天瑜：《"千岁丸"上海行》，商务印书馆，2001。

〔英〕弗雷泽（J. G. Frazer）：《金枝：巫术与宗教之研究》（*The Golden Bough：A Study in Magic and Religion*），汪培基等译，商务印书馆，2012。

〔日〕福泽谕吉：《文明论概略》，北京编译社译，商务印书馆，2014。

高华鑫：《以风为媒的文学因缘》，《读书》2019 年第 3 期。

郜元宝：《从舍身到身受——略谈鲁迅著作的身体语言》，《鲁迅研究月刊》2004 年第 4 期。

葛兆光：《想象异域》，中华书局，2014。

葛兆光：《宅兹中国》，中华书局，2011。

〔日〕沟口雄三、小岛毅主编《中国的思维世界》，孙歌译，江苏人民出版社，2006。

〔日〕沟口雄三：《中国的冲击》，王瑞根译，生活·读书·新知三联书店，2011。

〔日〕沟口雄三：《作为方法的中国》，孙军悦译，生活·读书·新知三联书店，2011。

顾农：《轩辕·寒星·神矢——解读〈自题小像〉中的几个关键词》，《新文学史料》2007 年第 3 期。

管林：《黄遵宪与中日文化交流》，华南师范大学近代文学研究室编：《中国近代文学评林》（第 1 辑），中州古籍出版社，1984。

〔日〕鹤见俊辅：《战争时期日本精神史（1931～1945）》，邱振瑞译，北京日报出版社，2019。

〔英〕胡司德（R. Sterckx）：《古代中国的动物与灵异》（*The Animal and the Daemon in Early China*），蓝旭译，江苏人民出版社，2016。

黄金麟：《历史、身体、国家：近代中国的身体形成（1895～1937）》，新星出版社，2006。

黄克武：《惟适之安：严复与近代中国的文化转型》，（台北）联经出版公司，2010。

黄克武：《严复与梁启超》，《台大文史哲学报》2002 年第 56 期。

黄胜任：《一百年来黄遵宪研究述评》，《黄遵宪研究新论——纪念黄遵宪逝世一百周年国际学术讨论会论文集》，社会科学文献出版社，2007。

会林等编《夏衍研究资料》，中国戏剧出版社，1983。

吉少甫：《中国的琉璃厂和日本的文求堂》，《中国出版》1991 年第 10～11 期。

建南：《甲子之役》，《拓荒者》第 4、5 期合刊，1930 年。

〔日〕酒井直树、陈湘静：《亚洲抵抗的方式：亚洲的知识生产与文化政治——酒井直树教授访谈录》，《现代中文学刊》2016 年第 6 期。

〔法〕赖朋（G. Le Bon）：《民族进化的心理定律》，张公表译，海文艺出版社，1991。

〔法〕勒庞：《乌合之众：大众心理研究》，冯克利译，中央编译出版社，2005。

雷勇：《国家比喻的意义转换与现代国家形象——梁启超国家有机体理论的西方背景及思想渊源》，《政法论坛》2010 年第 28 卷第 6 期。

〔美〕李欧梵：《中国现代作家的浪漫一代》，王宏志等译，新星出版社，2005。

李怡：《日本体验与中国现代文学的发生》，北京大学出版社，2009。

李易水：《新人张天翼的作品》，《北斗》第 1 卷第 1 号，1931 年。

李音：《再造"病人"——19 世纪与 20 世纪之交中国文界"疾病隐喻"的发生》，《文艺争鸣》2012 年第 9 期。

李永晶：《分身：新日本论》，北京联合出版公司，2020。

梁启超：《饮冰室合集》，中华书局，1989。

梁容若：《中日文化交流史论》，商务印书馆，1985。

林建刚：《勒庞思想在中国的传播及其影响》，《开放时代》2009 年第 11 期。

林毓生：《鲁迅个人主义的性质与含意——兼论"国民性"问题》，《鲁迅研究月刊》1993 年第 12 期。

林毓生：《中国意识的危机："五四"时期激烈的反传统主义》，穆善培译，贵州人民出版社，1988。

〔日〕铃木贞美：《日本的文化民族主义》，魏大海译，武汉大学出版社，2008。

刘禾：《跨语际实践》，宋伟杰等译，生活·读书·新知三联书店，2014

〔日〕刘建辉：《魔都上海——日本知识人的"近代"体验》，甘慧杰译，上海古籍出版社，2003。

刘平、〔日〕小谷一郎编《田汉在日本》，人民文学出版社，1997。

鲁迅：《鲁迅全集》，人民文学出版社，2005。

吕元明：《将冥福裕后昆：郭沫若和日本出版界友人田中庆太郎、岩波茂雄》，《东北师大学报》（哲学社会科学版）1979年第3期。

〔日〕马场公彦：《战后日本人的中国观》（上册），苑崇利等译，社会科学文献出版社，2015。

马良春、〔日〕伊藤虎丸编《郭沫若致文求堂书简》，文物出版社，1997。

〔日〕木山英雄：《北京苦住庵记：日中战争时代的周作人》，赵京华译，北京大学出版社，2008。

〔日〕木山英雄：《也算经验——从竹内好到"鲁迅研究会"》，《鲁迅研究月刊》2006年第7期。

彭定安、马蹄疾：《〈越铎日报〉署名"独应"的四篇"古文"为鲁迅佚文考》，《辽宁大学学报》（哲学社会科学版）1981年第5期。

〔日〕平石直昭：《竹内好历史观的转变——大东亚·鲁迅·亚洲》，《世界哲学》2010年第1期。

〔美〕浦嘉珉：《中国与达尔文》，钟永强译，江苏人民出版社，2014。

戚学民：《严复〈政治讲义〉文本溯源》，《历史研究》2004年第2期。

钱婉约、宋炎辑译《日本学人中国访书记》，中华书局，2006。

钱婉约：《田中庆太郎与文求堂》，《汉学研究》2000年第7集。

钱杏邨：《创作月评（一九三〇年一月份）》，《拓荒者》第2期，1930年。

钱杏邨：《关于"都市之夜"及其他》，《拓荒者》第2期，1930年。

钱杏邨：《郭沫若及其创作》，《现代中国文学作家》第一卷，泰东书局，1928。

（清）黄遵宪：《日本杂事诗》，游艺图书社，1909。

（清）黄遵宪：《黄遵宪全集》（上、下），中华书局，2005。

（清）孙希旦：《礼记集解》，中华书局，2015。

（清）孙诒让：《周礼正义》，中华书局，1987。

《清议报》第11、15～19、23、25～31期，1899年。

〔日〕三木清：《艺术价值与政治价值之哲学的考察》，冯宪章译，《拓荒者》第3期，1930年。

桑兵：《国学与汉学》，中国人民大学出版社，2010。

桑兵：《解读孙中山大亚洲主义演讲的真意》，《社会科学战线》2015年第1期。

申霞艳：《血的隐喻——从〈药〉到〈许三观卖血记〉》，《文艺争鸣》2009年第8期。

沈殿成：《中国人留学日本百年史1896～1996》，辽宁教育出版社，1997。

沈端先：《到集团艺术的路》，《拓荒者》第4、5期合刊，1930年。

沈端先：《文学运动的几个紧要问题》，《拓荒者》第3期，1930年。

沈国威：《近代中日词汇交流研究》，中华书局，2010。

沈松侨：《国权与民权：晚清的"国民"论述，1895～1911》，《"中央研究院"历史语言研究所集刊》第73本第4分，2002年。

沈芸：《夏衍生平年表（第四稿)》，《新文学史料》2001年第1期。

《十三经注疏·毛诗正义》，北京大学出版社，1999。

《十三经注疏·尚书正义》，北京大学出版社，1999。

《十三经注疏·周礼注疏》，北京大学出版社，1999。

〔日〕石川祯浩：《20世纪初年中国留日学生"黄帝"之再造——排满、肖像、西方起源论》，《清史研究》2005年第4期。

石井刚：《从"受苦"出发的主体实践——武田泰淳文学中的中国历史与"吃人"问题以及反思日本现代性的契机》，《开放时代》2016年第6期。

实藤惠秀：《中国人留学日本史》，谭汝谦、林启彦译，北京大学出版社，2012。

〔日〕实藤惠秀：《中国人留学日本史》，谭汝谦、林启彦译，生活·读书·新知三联书店，1983。

适夷：《上海狂舞曲》，《文艺新闻》1931年第12～22号。

舒新城编《中国近代教育史资料》，人民教育出版社，1981。

舒新城：《近代中国人留学史》（影印本），上海文化出版社，1989。

〔日〕松冈俊裕：《鲁迅〈自题小像〉诗生成考》（上）、《鲁迅研究月刊》2012年第5期。

〔日〕松原新一等《战后日本文学史·年表》，罗传开等译，上海译文出版社，1983。

宋剑华：《"在酒楼上"的"孤独者"——论鲁迅对"庸众"与"精英"的理性思辨》，《鲁迅研究月刊》2016年第1期。

孙歌：《竹内好的悖论》，北京大学出版社，2005。

孙歌：《竹内好的亚洲主义研究》，《开放时代》2019年第1期。

孙歌：《主体弥散的空间——亚洲论述之两难》，江西教育出版社，2002。

孙隆基：《历史学家的经线》，广西师范大学出版社，2004。

谭光辉：《症状的症状：疾病隐喻与中国现代小说》，中国社会科学出版社，2007。

唐永亮：《日本的"近代"与"近代的超克"之辩——以丸山真男的近代观为中心》，《世界历史》2017年第2期。

〔英〕特里·伊格尔顿：《历史中的政治、哲学、爱欲》，马海良译，中国社会科学出版社，1999。

〔法〕涂尔干：《乱伦禁忌及其起源》，汲喆等译，上海人民出版社，2006。

〔日〕丸川哲史：《回到朝鲜战争去——第二次朝鲜战争与回避

"核"危机的力量》，胡冬竹、黄宇晓译，《开放时代》2007 年第 3 期。

〔日〕丸山真男：《日本的思想》，区建英、刘兵岳译，生活·读书·新知三联书店，2009。

王飚：《从〈日本杂事诗〉到〈日本国志〉——黄遵宪思想发展的一段轨迹》，《东岳论丛》2005 年第 2 期。

王家平：《民国视域中的鲁迅研究》，花木兰出版社，2013。

王俊文：《武田泰淳与阿 Q——"自我"的分裂与浮游》，张瑶译，《新文学评论》2012 年第 2 期。

王昆：《梁启超与伯伦知理国家学说》，《中国国家博物馆馆刊》2013 年第 11 期。

王升远：《战争期间日本作家笔下周作人的实像与虚像（下）》，《鲁迅研究月刊》2011 年第 5 期。

王勇编《书籍之路与文化交流》，上海辞书出版社，2009。

魏奕雄：《文求堂与中日文化交流》，《文史杂志》1997 年第 2 期。

吴光辉：《日本的中国形象》，人民出版社，2010。

吴光辉：《他者之眼与文化交涉》，厦门大学出版社，2013。

〔日〕狭间直树、石川祯浩主编《近代东亚翻译概念的发生与传播》，袁广泉等译，社会科学文献出版社，2015。

夏晓红编《追忆梁启超》，生活·读书·新知三联书店，2009。

夏衍：《懒寻旧梦录》，生活·读书·新知三联书店，2005。

夏衍：《离离草》，进修出版教育社，1945。

夏衍：《夏衍全集》，浙江文艺出版社，2005。

〔日〕小谷一郎、刘平编《田汉在日本》，人民文学出版社，1997。

〔日〕小林基起、商金林：《日本〈中国文学〉月报中的周氏兄弟》，《中国现代文学研究丛刊》2016 年第 11 期。

《新民丛报》第 38、39 期合刊，1903 年。

熊鹰：《中日历史中的共通主体：中野重治"非他者"的鲁迅

论》，《文学评论》2019 年第 2 期。

徐静波：《日本中国文学研究会始末及与中国文坛的关联》，《新文学史料》2011 年第 3 期。

〔波兰〕亚当·密茨凯维奇：《先人祭》，易丽君等译，四川文艺出版社，2015。

严复：《严复集》，中华书局，1986。

杨联芬：《晚清至五四：中国文学现代性的发生》，北京大学出版社，2003。

杨瑞松：《想像民族的耻辱：近代中国思想文化史上的"东亚病夫"》，《"国立"政治大学历史学报》2005 年第 23 期。

叶伟敏：《简析"攻日论"之说的出现——20 世纪中叶日本"中国人的日本观"研究一侧面》，《史学集刊》2009 年第 3 期。

〔日〕伊藤德也：《周作人研究在日本》，文萍译，《鲁迅研究月刊》1993 年第 8 期。

〔日〕伊藤虎丸：《鲁迅、创造社与日本文学——中日近代比较文学初探》，孙猛等译，北京大学出版社，2005。

〔日〕伊藤虎丸：《鲁迅与终末论》，李冬木译，生活·读书·新知三联书店，2008。

〔日〕伊原泽周：《日本学人的黄遵宪研究》，《近代史研究》2003 年第 1 期。

〔日〕萌山达弥：《周作人与〈中国文学月报〉——竹内好的周作人观》，《文化论集》2019 年第 55 号。

殷夫：《"March 8"S》，《拓荒者》第 4、5 期合刊，1930 年。

袁殊：《报告文学论》，《文艺新闻》1931 年第 18 号。

袁殊：《袁殊文集》，南京出版社，1992。

袁一丹：《从小品文到"新俳文"：一场流产的文学运动》，《中国现代文学研究丛刊》2018 年第 7 期。

〔英〕约翰·麦克里兰：《西方政治思想史》，彭淮栋译，海南出版社，2003。

曾龙：《我的父亲袁殊》，接力出版社，1994。

〔日〕斋藤孝治：《承印郭沫若古文字研究著作的印刷所和与之相关的一首绝句》，中国郭沫若研究会、四川省郭沫若研究学会编《郭沫若与百年中国学术文化回望》，四川人民出版社，2005。

张伯伟：《作为方法的汉文化圈》，中华书局，2011。

赵京华：《从晚清到五四：亚洲主义在中国的消退及其后果》，《学术月刊》2016 年第 5 期。

赵京华：《中日间的思想》，生活·读书·新知三联书店，2019。

赵京华：《周氏兄弟与日本》，人民文学出版社，2011。

赵京华：《周作人与永井荷风、谷崎润一郎》，《中国现代文学丛刊》1998 年第 2 期。

郑超麟：《郑超麟回忆录》（上、下），东方出版社，2004。

中国社会科学研究会编《中国与日本的他者认识》，社会科学文献出版社，2004。

周保欣：《"他者伦理"、"身体思维"和"三个鲁迅"——论〈示众〉》，《文学评论》2014 年第 3 期。

周作人：《秉烛后谈》，北京十月文艺出版社，2012。

周作人：《秉烛谈》，北京十月文艺出版社，2012。

周作人：《儿童文学小论　中国新文学的源流》，北京十月文艺出版社，2011。

周作人：《风雨谈》，北京十月文艺出版社，2012。

周作人：《瓜豆集》，北京十月文艺出版社，2012。

周作人：《看云集》，北京十月文艺出版社，2011。

周作人：《苦茶随笔》，北京十月文艺出版社，2011。

周作人：《苦口甘口》，北京十月文艺出版社，2012。

周作人：《苦竹杂记》，北京十月文艺出版社，2011。

周作人：《鲁迅的青年时代》，北京十月文艺出版社，2013。

周作人：《谈虎集》，北京十月文艺出版社，2011。

周作人：《谈龙集》，北京十月文艺出版社，2013。

周作人：《药堂杂文》，北京十月文艺出版社，2012。

周作人：《药味集》，北京十月文艺出版社，2012。

周作人：《艺术与生活》，北京十月文艺出版社，2011。

周作人：《永日集》，北京十月文艺出版社，2011。

周作人：《知堂回想录》，北京十月文艺出版社，2013。

周作人：《周作人书信》，北京十月文艺出版社，2011。

〔日〕竹内好：《近代的超克》，李冬木等译，生活·读书·新知三联书店，2005。

〔日〕竹内荣美子：《武田泰淳的中国——鲁迅与竹内好》，侯冬梅译，《鲁迅研究月刊》2018 年第 11 期。

壮一：《红绿灯》，《文艺新闻》1932 年第 43 号。

〔日〕子安宣邦：《日本现代思想批判》，赵京华译，上海译文出版社，2017。

〔日〕子安宣邦：《东亚论》，赵京华编译，吉林人民出版社，2004。

〔日〕子安宣邦：《福泽谕吉〈文明论概略〉精读》，陈玮芬译，清华大学出版社，2010。

〔日〕子安宣邦：《何谓"现代的超克"》，董炳月译，生活·读书·新知三联书店，2018。

日文

安藤彦太郎『中国語と近代日本』、岩波書店、1988。

阿部洋編『日中教育文化交流と摩擦：戦前日本の在華教育事業』、第一書房、1983。

阿部洋『「対支文化事業」の研究』、汲古書院、2004。

八木正自「文求堂田中慶太郎、唐本商の泰斗」（12）『日本古書通信』2011 年第 980~981 号。

板谷俊生「北九州と中国人留学生夏衍について」『北九州市立大学外国語学部紀要』2005 年第 112 号。

兵藤正之助等『武田泰淳』，冬樹社、1978。

長澤規矩也『長澤規矩也著作集・書誌随想』第 6 巻、汲古書院、1984。

成家徹郎「郭沫若と文求堂田中慶太郎——交流の軌跡」『人文科学』2010 年第 15 号。

成家徹郎「日中友好の断層——郭沫若と文求堂田中慶太郎」（上下）『東方』2009 年第 9～10 号。

村上克尚「抵抗の複数性を求めて——武田泰淳『風媒花』における国民文学論批判の契機」『日本文学』2010 年第 59 巻第 11 号。

大里浩秋・孫安石編『中国人日本留学史研究の現段階』、御茶の水書房、2002。

渡邊一民『武田泰淳と竹内好：近代日本にとっての中国』、みすず書房、2010。

二見剛史「戦前日本における中国人留学教育」、阿部洋編『日中関係と文化摩擦』、厳南堂書店、1982。

反町茂雄編『紙魚の昔がたり』（明治大正編）、八木書店、1990。

方紀生編『周作人先生のこと』、大空社、1995。

岡崎俊夫文集刊行会編『天上人間：岡崎俊夫文集』、岡崎俊夫文集刊行会、1961。

高田淳「魯迅の〈復讐〉について」『東京女子大学論叢』1967 年第 18 巻第 1 号。

河村又介「加藤弘之と国家有機体説」『日本学士院紀要』1968 年第 26 巻第 1 号。

横山英「清末ナショナリズムと国家有機体説」『広島大学文学部紀要』1986 年第 45 号。

黄遵憲『日本雑事詩』、実藤恵秀・豊田穣訳、生活社、1943。

嘉戸一将「身体としての国家」『相愛大学人文科学研究所研

究年報』2010 年第 4 号。

　金文京『漢文と東アジア——訓読の文化圏』、岩波書店、2010。

　李慶国「郭沫若と文求堂主人田中慶太郎：重ねて『郭沫若致文求堂書簡』の誤りを訂正す」『アジア文化学科年報』2005 年第 8 号。

　立間祥介「中国文学研究会年譜」『復刻「中国文学」別冊』、汲古書院、1971。

　鈴木修次『日本漢語と中国』、中央公論社、1981。

　六角恒広「ああ実藤恵秀先生」『中国研究月報』1984 年第 442 号。

　ギュスターヴ・ル・ボン『民族発展の心理』、前田長太訳、大日本文明協会、1910。

　木山英雄「やや大仰に鬼に語る」『中国古典文学大系月報』1971 年 43 号。

　南富鎮「ル・ボンの民族心理学の東アジアへの受容—李光洙・夏目漱石・魯迅を中心に—」『翻訳の文化/文化の翻訳』2014 年第 9 巻。

　秋吉収「『随感録三十八』は誰の文章か?——ル・ボン学説への言及に注目して」『周作人研究通信』2015 年第 4 号。

　秋吉収「『中国文学(月報)』と中国語——竹内好らの活動を軸として」『中国文学論集』2006 年第 35 号。

　山根幸夫『近代中国のなかの日本人』、研文出版、1994。

　山田央子「ブルンチュリと近代日本政治思想——「国民」観念の成立とその受容」(上、下)『東京都立大学法学会雑誌』1991 年第 32 巻 2 号、1992 年第 33 巻第 1 号。

　杉野要吉編『交争する中国文学と日本文学：淪陥下北京 1937～45』、三元社、2000。

　上垣外憲一『日本留学と革命運動』、東京大学出版会、1982。

石原道博『黄遵憲の日本国志と日本雑事詩』（上、中、下）『茨城大学人文学部紀要．文学科論集』1974 年第 7 号、1975 年第 8 号、1976 年第 9 号。

実藤恵秀『日本文化の支那への影響』、蛍雪書院、1940。

実藤恵秀『近代日支文化論』、大東出版社、1941。

実藤恵秀『明治日支文化交渉』、光風館、1943。

実藤恵秀『中国人日本留学史稿』、不二出版、1993。

実藤恵秀『中国人日本留学史稿』、日華学会、1939。

実藤恵秀『日中友好百花　別冊』、東方書店、1985。

松本亀次郎『中華留学生教育小史・中華教育視察紀要』、東亜書房、1931。

松本健一『竹内好「日本のアジア主義」精読』、岩波書店、2000。

松浦正孝編著『アジア主義は何を語るのか』、ミネルヴァ書房、2013。

松枝茂夫『松枝茂夫文集』第 2 巻、研文出版、1999。

藤井省三『東京外語支那語部』、朝日新聞社、1992。

田中慶太郎「『これから』の古本屋に就いて——文求堂主田中慶太郎氏談」『日本古書通信』1934 年 2 月 10 日第 2 号。

田中慶太郎『支那文を讀む為の漢字典』、文求堂書店、1940。

田中壮吉編『日中友好的先駆者「文求堂」主人：田中慶太郎』、極東物産株式会社、1991。

土佐圭司「中野重治と魯迅についての試論——竹内好と武田泰淳を介して」『城西国際大学日本研究センター紀要』2007 年第 2 号。

丸川哲史『竹内好—アジアとの出会い』、河出書房新社、2010。

丸山昇『魯迅・文学・歴史』、汲古書院、2004。

丸山真男『丸山真男全集』第 12 巻、岩波書店、1996。

丸尾常喜『魯迅「人」と「鬼」の葛藤』、岩波書店、1993。

王俊文「一九三八年の北京に於ける竹内好と『鬼』の発見」『東京大学中国語中国文学研究室紀要』2007 年第 10 号。

武田泰淳『黄河海に入りて流る：中国・中国人・中国文学』、勁草書房、1970。

武田泰淳『混々沌々：武田泰淳対談集』、筑摩書房、1970。

武田泰淳『秋風秋雨人を愁殺す』、筑摩書房、1968。

武田泰淳『司馬遷』、講談社、1965。

武田泰淳『武田泰淳集』、学習研究社、1978。

武田泰淳『武田泰淳全集』第四巻、筑摩書房、1978。

武田泰淳『武田泰淳全集』第一巻、筑摩書房、1978。

武田泰淳『心身快楽』、創樹社、1977。

武田泰淳・中村真一郎『武田泰淳・中村真一郎集』、講談社、1980。

西原大輔『谷崎潤一郎とオリエンタリズム』、中央公論新社、2003。

狭間直樹編『梁啓超：西洋近代思想受容と明治日本共同研究』、みすず書房、1999。

小谷一郎『東京左連に関する基礎的研究』、研究成果報告書、1993。

小谷一郎「東京左連再建後の中国人日本留学生の文学・芸術活動について」『日中戦争と中国人留学生の文学・芸術運動に関する総合的研究』、研究成果報告書、2008。

小谷一郎『一九三〇年代中国人日本留学生文学・芸術活動史』、汲古書院、2010。

厳安生『日本留学精神史——近代中国知識人の軌跡』、岩波書店、1991。

厳安生『日本留学精神史』、岩波書店、1991。

伊藤虎丸編『創造社研究』、アジア出版、1979。

伊藤虎丸編『創造社資料』、アジア出版、1979。

伊藤虎丸『近代の精神と中国現代文学』、汲古書院、2007。

伊藤虎丸「魯迅思想の特異性とキリスト教」『東京女子大学付属比較文化研究所紀要』1988 年第 49 巻。

永井算巳「実藤恵秀著『中国人日本留学史』」『東洋学報』1961 年第 43 巻第 4 号。

遊佐徹「近代中国の自画像　序説―『獅』『東亜病夫』『少年中国』『三等国』」『岡山大学文学部紀要』2010 年第 53 号。

遊佐徹「梁啓超が描いた中国の自画像（資料編）」『中国文史論叢』2010 年第 6 号。

増田渉「黄遵憲について」『人文研究：大阪市立大学大学院文学研究科紀要』1964 年第 15 巻第 6 号。

齋藤希史『漢文脈の近代』、名古屋大学出版会、2005。

齋藤希史『漢文脈と近代日本』、角川学芸出版、2014。

埴谷雄高編『増補武田泰淳研究』、筑摩書房、1980。

中村光夫『日本の現代小説』、岩波書店、1968。

『中国文学』、汲古書院復刻本、汲古書院、1971。

『中国文学月報』、汲古書院復刻本、汲古書院、1971。

『心理学書解説――塚原政次先生解説ル・ボン氏民族心理学』、育成会、1900。

朱琳『近代日本における知識人の中国認識―中国文学研究会を中心に』、東北大学博士論文、2017。

竹内好『日本と中国のあいだ』、文藝春秋社、1973。

竹内好・橋川文三編『近代日本と中国』（上、下）、朝日新聞社、1974。

竹内好『竹内好全集』第 1 巻、筑摩書房、1980。

竹内好『竹内好全集』第 2 巻、筑摩書房、1981。

竹内好『竹内好全集』第 3 巻、筑摩書房、1981。

竹内好『竹内好全集』第 5 巻、筑摩書房、1981。

竹内好『竹内好全集』第 7 卷、筑摩書房、1981。

竹内好『竹内好全集』第 8 卷、筑摩書房、1980。

竹内好『竹内好全集』第 10 卷、筑摩書房、1981。

竹内好『竹内好全集』第 11 卷、筑摩書房、1981。

竹内好『竹内好全集』第 12 卷、筑摩書房、1981。

竹内好『竹内好全集』第 14 卷、筑摩書房、1981。

竹内好『竹内好全集』第 15 卷、筑摩書房、1981。

竹内好『状況的・竹内好対談集』、合同出版、1970。

子安宣邦『漢字論』、岩波書店、2003。

英文

André Lefevere：*Translation, Rewriting and the Manipulation of Literary Fame*，上海外语教育出版社，2010。

Fogel, Joshua A. ,：The Literature of Travel in The Japanese Rediscovery of China, 1862 – 1945, Stanford University Press, 1996.

图书在版编目（CIP）数据

文化中国的越境书写：近代中日文人交往与中国形
象建构 / 刘婉明著 . -- 北京：社会科学文献出版社，
2023.7
　　ISBN 978 - 7 - 5228 - 2099 - 6

　　Ⅰ.①文…　Ⅱ.①刘…　Ⅲ.①文人 - 文化交流 - 文化
史 - 研究 - 中国、日本 - 近代　Ⅳ.①K203②K313.03

　　中国国家版本馆 CIP 数据核字（2023）第 127610 号

文化中国的越境书写

——近代中日文人交往与中国形象建构

著　　者 / 刘婉明

出 版 人 / 王利民
责任编辑 / 赵晶华
责任印制 / 王京美

出　　版 / 社会科学文献出版社·联合出版中心（010）59367180
　　　　　　地址：北京市北三环中路甲 29 号院华龙大厦　邮编：100029
　　　　　　网址：www. ssap. com. cn
发　　行 / 社会科学文献出版社（010）59367028
印　　装 / 三河市东方印刷有限公司

规　　格 / 开　本：787mm × 1092mm　1/16
　　　　　　印　张：21　字　数：293 千字
版　　次 / 2023 年 7 月第 1 版　2023 年 7 月第 1 次印刷
书　　号 / ISBN 978 - 7 - 5228 - 2099 - 6
定　　价 / 148.00 元

读者服务电话：4008918866